中公新書 2814

薮本勝治著

吾妻鏡――鎌倉幕府「正史」の虚実

中央公論新社刊

はじめに

『吾妻鏡』は、鎌倉幕府の歴史を詳細に、かつ生き生きと記録するほぼ唯一のまとまった文献である。そのため、室町時代から江戸時代を経て現在に至るまで、根本史料として重要視されてきた。したがって、現在一般にイメージされる鎌倉時代の歴史像は、『吾妻鏡』に基づいて形成されてきたと言っても過言ではない。

たとえば、源頼政の主導による以仁王の挙兵、以仁王の令旨（命令書）による頼朝の旗挙げ、頼朝に疎まれた義経の腰越状の訴え、二代目将軍頼家の暗愚、三代目将軍実朝の文弱、実朝暗殺事件の黒幕としての北条義時、後鳥羽上皇が討幕を企てた承久の乱――。いずれも、『吾妻鏡』の記述をもとに形成され広く流布している。

しかし実は、これらは全てフィクションである。近年の研究により、『吾妻鏡』の中で構築された虚構のストーリーの産物であることがわかってきた。

『吾妻鏡』は、幕府の公式記録として一三〇〇年頃に編纂された、約五十巻の大部の史書である。治承四年（一一八〇）に源頼朝が伊豆で挙兵してから、文永三年（一二六六）に第六代将軍宗尊親王が京都に送還されるまでを、各将軍ごとに漢文編年体で記している。しかし、あくまで後世の編纂物、すなわち二次史料であり、記録（日記・帳簿など）や文書（書簡・公文書など）といった一次史料そのものではない。そのため、大小様々な曲筆や虚構が、この史書には紛れ込んでいる。

そもそも『吾妻鏡』の記述の信憑性については、江戸時代にはすでに疑問が呈されていた。たとえば寛政四年（一七九二）には、有職故実に長じた旗本榊原長俊が『東鑑要目集成』を著し、『吾妻鏡』の記事の曲筆や虚偽を指摘した。また、その学友大塚嘉樹が天明年間（一七八一～八九）に記した『東鑑別注』も、執権（幕政を統括する最高の職）を世襲した北条氏にとって都合のよい曲筆を指摘し、『吾妻鏡』前半部分は北条泰時の執権時代に編纂されたと推量した点で画期的であった。

その後、明治以降のアカデミズム史学において着実に進められた研究史の蓄積の上に、八代国治による金字塔的著書、『吾妻鏡の研究』がまとめられることとなる。初版は大正二年（一九一三）であるが、百年以上を経た今なお、『吾妻鏡』について最も基本的かつ重要な参考文献である。八代は前記の研究史を通覧した上で、「編纂の材料」を指摘するとともに、「切張の誤」「年月日の誤」「事実の誤」「生存者を死者となす」「死者を生存者となす」「偽文書の採録」「北条氏の為に曲筆す」「北条氏の為に舞文す」と、『吾妻鏡』の虚構性を白日の下にさらしたのだった。個々の具体例については、本書でも繰り返し言及することになる。

以来、さらに多くの研究が積み重ねられ、『吾妻鏡』の正体は鮮明になってきた。本書で順を追って解き明かしてゆくが、近年の研究水準によると、この史書はもはや「記録」というよりも「物語」に近いとさえ言える。しかし、やはり素朴に事実の書と見る向きも払拭されず、近接分野の研究者の間ですら、いまだに根本的な相対化がなされているとは言い難い。

その原因の一つには、漢文の編年体で記された形式からくる正式な記録らしい印象の作用があるだろう。また、江戸時代の最初期から権威的な正史として流布したことも大きいのではないか。

頼朝と同じく東国に幕府を開いた徳川家康が、政治の規範として『吾妻鏡』を愛読したことは有名である。家康の侍医、板坂卜斎が家康の言行を記した『慶長記』（別称『板坂卜斎記』）によると、書物を好んだ家康はたくさんの漢籍とともに和書では『吾妻鏡』を重んじ、古代中国の名君主たちと並べて日本の人物では源頼朝を常々話題にしていたという。そして関ケ原合戦を経て江戸に幕府を開いた家康は、慶長十年（一六〇五）、伏見版と呼ばれる出版事業の一環として、『東鑑』（『吾妻鏡』のこと）を刊行し流通せしめた。伏見版は周知すべき規範の書を流布させるためのもので、漢籍ばかりの中で『東鑑』は唯一の和書であった。かくして、長きにわたり正しき歴史として広く参照されることとなった。

家康は、東国に武家政権を樹立した頼朝と自己を重ね、江戸幕府の依るべき規範として、『吾妻鏡』をかくも重要視していた。家康が源氏姓を名乗ったのも、自らを頼朝になぞらえ歴史的権威を主張するためであり（小和田哲男「『吾妻鏡』と徳川家康」）、『吾妻鏡』はその企図に一役買うと同時に、権威的な書物ともなっていったわけである。

そのような、武家による東国政権の実録として『吾妻鏡』を位置づける見方は、古代専制を脱して中世封建制が生まれたと考える戦後歴史学においても継承された。そしてその見方は、草深い東国の地でたくましく育った質実剛健な武士たちが腐敗した貴族社会を打倒して自分たちの独立的政権を築いた、という階級闘争史観的イメージと結びつき、今も一般に流布しているのではないだろうか。しかし、そのような見方は、現在を肯定するための拠り所として過去を召喚し解釈する行為の産物であって、端的に言えば誤りである。

そこで本書は、歴史学の進展により明らかになってきた鎌倉時代の実像に照らすことで、『吾妻鏡』を信ずべき「記録」の枠から解放し、事後の視点から振り返って歴史を叙述する一種の「物語」として読み直していきたい。そのストーリーをひもとき、相対化してゆくことは、一般に事実と信じられてきた歴史像を相対化してゆくことにもなるだろう。ひいては、歴史を物語ること、すなわち、言葉の力で過去像を構築してゆくという、人間の営みの一端を明らかにすることができれば幸いである。

本書で取り上げる主なトピックは合戦である。鎌倉幕府の歴史の中でターニングポイントとなった武力衝突が、『吾妻鏡』にどう叙述されているかを中心に読み直してゆく。『吾妻鏡』という史書は、合戦の解釈を軸に歴史像を構築しているからである。

『吾妻鏡』は数々の合戦をどのように曲筆し、それによって鎌倉幕府の歴史をどのような論理で物語っているのか。また、そうした叙述操作を通して何を主張し、何を覆い隠そうとしているのか。それらを明らかにしてゆく中で、『吾妻鏡』という長大な歴史叙述は、ひとつの筋道を持った「物語」として読者の前に立ち現れるはずである。複雑に絡み合う謎（なぞ）を解きほぐしたとき、新たな視界がすっと開けてゆく感覚は、何とも言えずスリリングで、純粋に楽しい。何よりもその楽しさを大切にしながら、この「正史」を読み解いていきたい。

目次

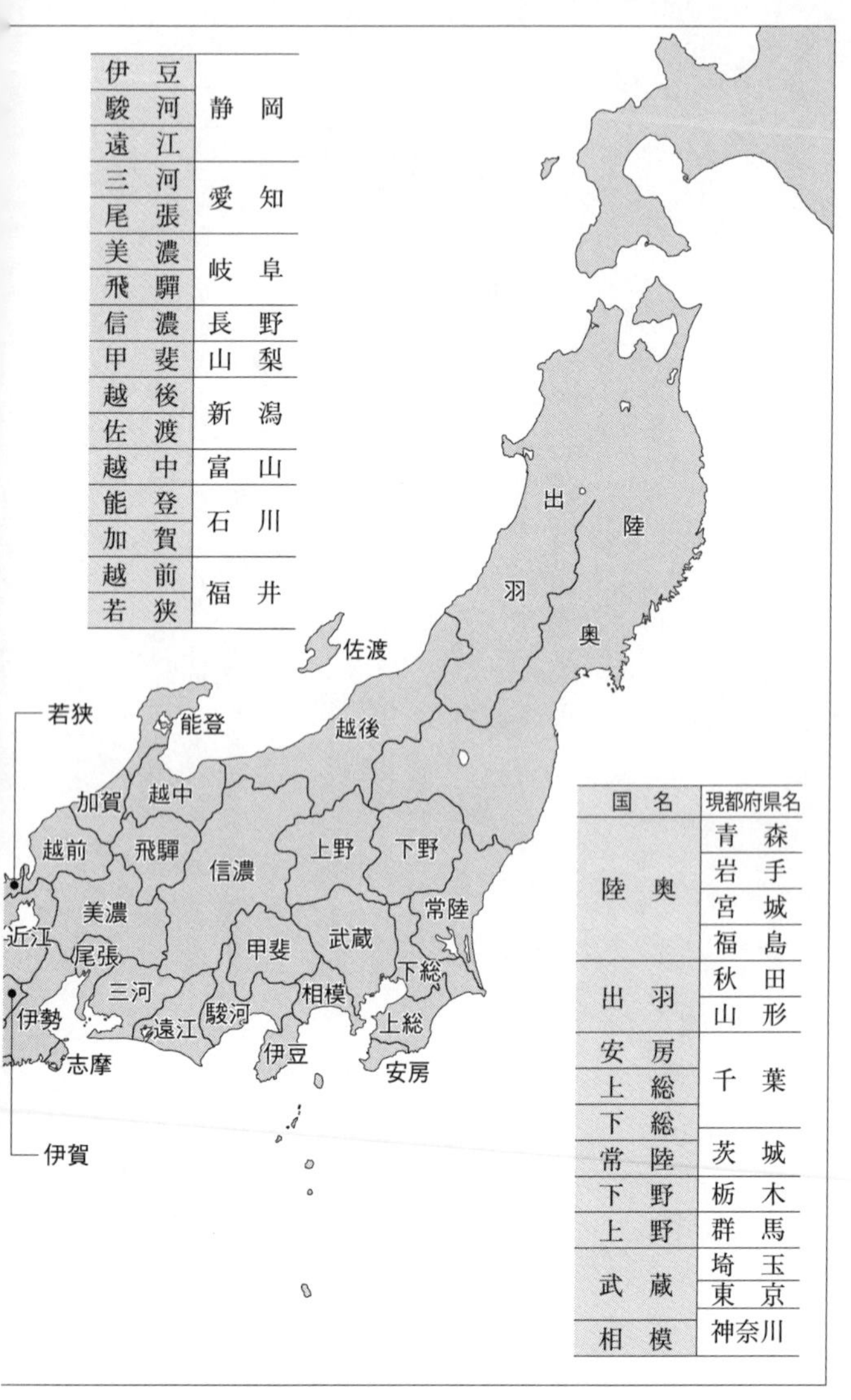

旧国名	現県名
伊豆	静岡
駿河	
遠江	
三河	愛知
尾張	
美濃	岐阜
飛驒	
信濃	長野
甲斐	山梨
越後	新潟
佐渡	
越中	富山
能登	石川
加賀	
越前	福井
若狭	

国名	現都府県名
陸奥	青森
	岩手
	宮城
	福島
出羽	秋田
	山形
安房	千葉
上総	
下総	
常陸	茨城
下野	栃木
上野	群馬
武蔵	埼玉
	東京
相模	神奈川

旧国名地図．国名は『延喜式』による．

旧国名	府県名
筑前	福岡
筑後	福岡
豊前	福岡・大分
豊後	大分
日向	宮崎・鹿児島
大隅	鹿児島
薩摩	鹿児島
肥後	熊本
肥前	佐賀・長崎
壱岐	長崎
対馬	長崎

旧国名	府県名
阿波	徳島
土佐	高知
伊予	愛媛
讃岐	香川
備前	岡山
美作	岡山
備中	岡山
備後	広島
安芸	広島
周防	山口
長門	山口
石見	島根
出雲	島根
隠岐	島根
伯耆	鳥取
因幡	鳥取

旧国名	府県名
近江	滋賀
山城	京都
丹後	京都
丹波	京都・兵庫
但馬	兵庫
播磨	兵庫
淡路	兵庫
摂津	兵庫・大阪
和泉	大阪
河内	大阪
大和	奈良
伊賀	三重
伊勢	三重
志摩	三重
紀伊	三重・和歌山

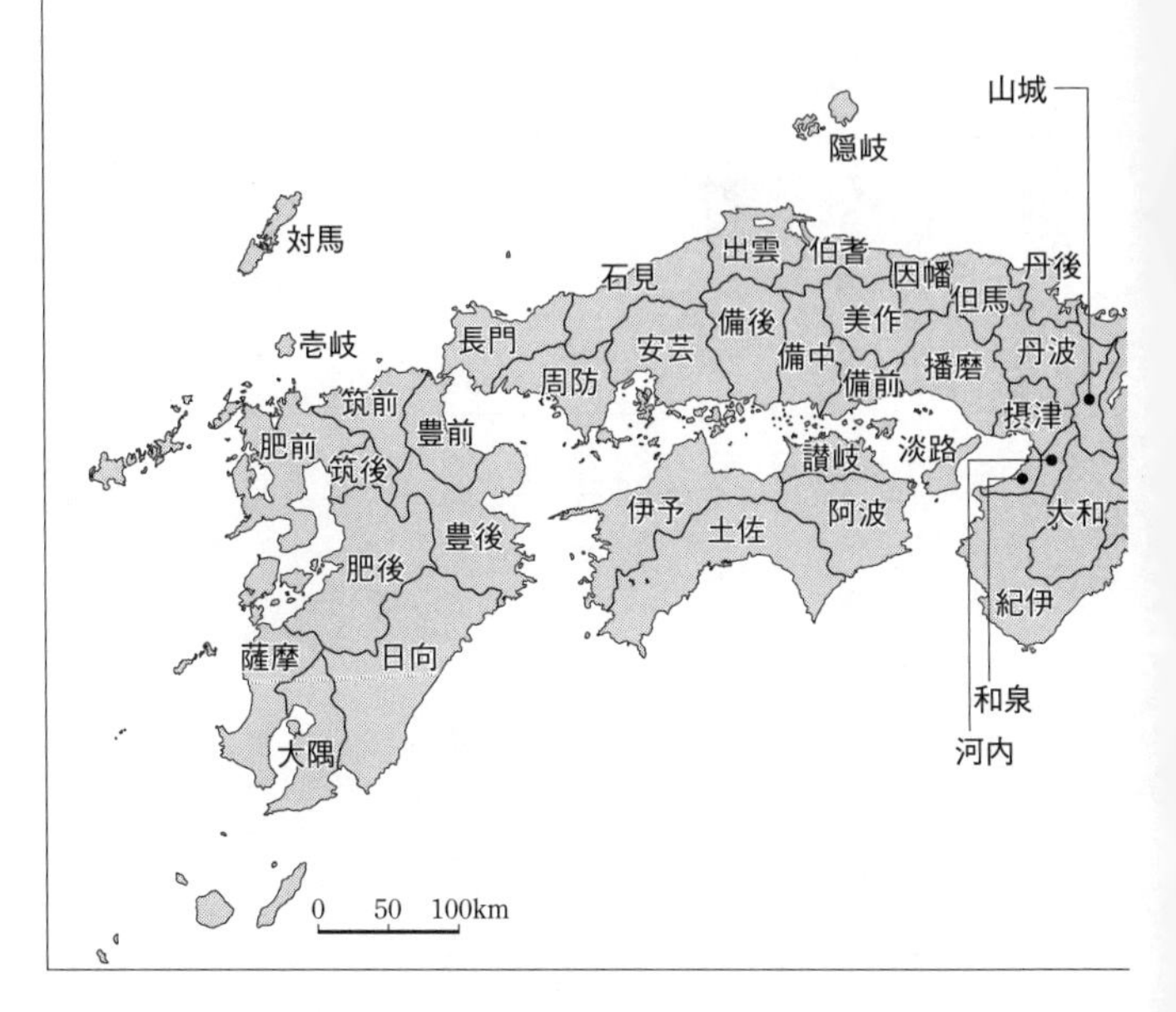

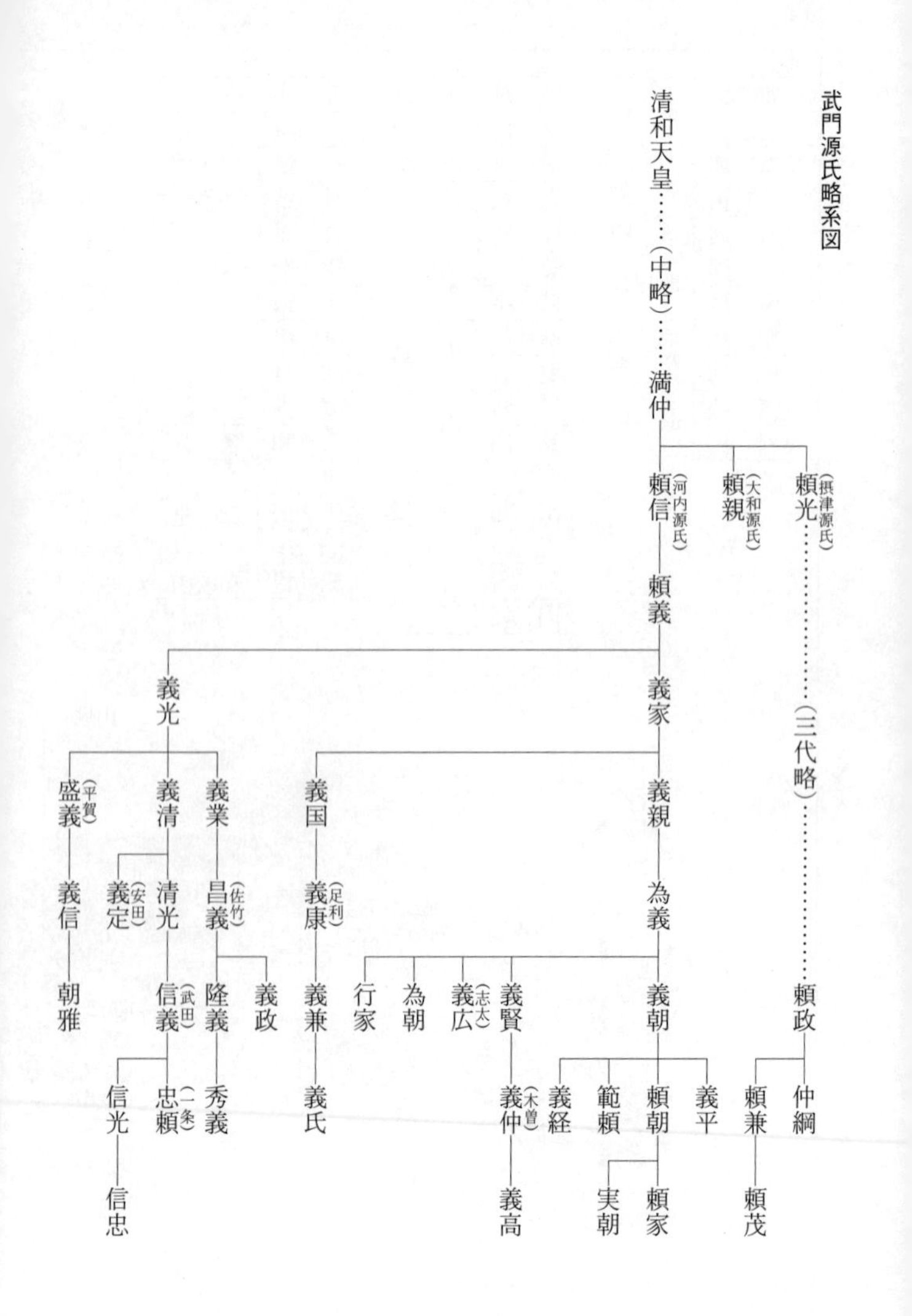
武門源氏略系図
清和天皇……（中略）……満仲
頼光（摂津源氏）
頼親（大和源氏）
頼信（河内源氏）
（三代略）
頼政
仲綱
頼兼
頼茂
頼義
義家
義親
為義
義朝
義平
頼朝
範頼
義経
頼家
実朝
義賢
義仲（木曽）
義高
義広（志太）
為朝
行家
義国
義康（足利）
義兼
義氏
義光
義業
昌義（佐竹）
義政
隆義
秀義
義清
清光
義定（安田）
信義（武田）
忠頼（一条）
信光
信忠
盛義（平賀）
義信
朝雅

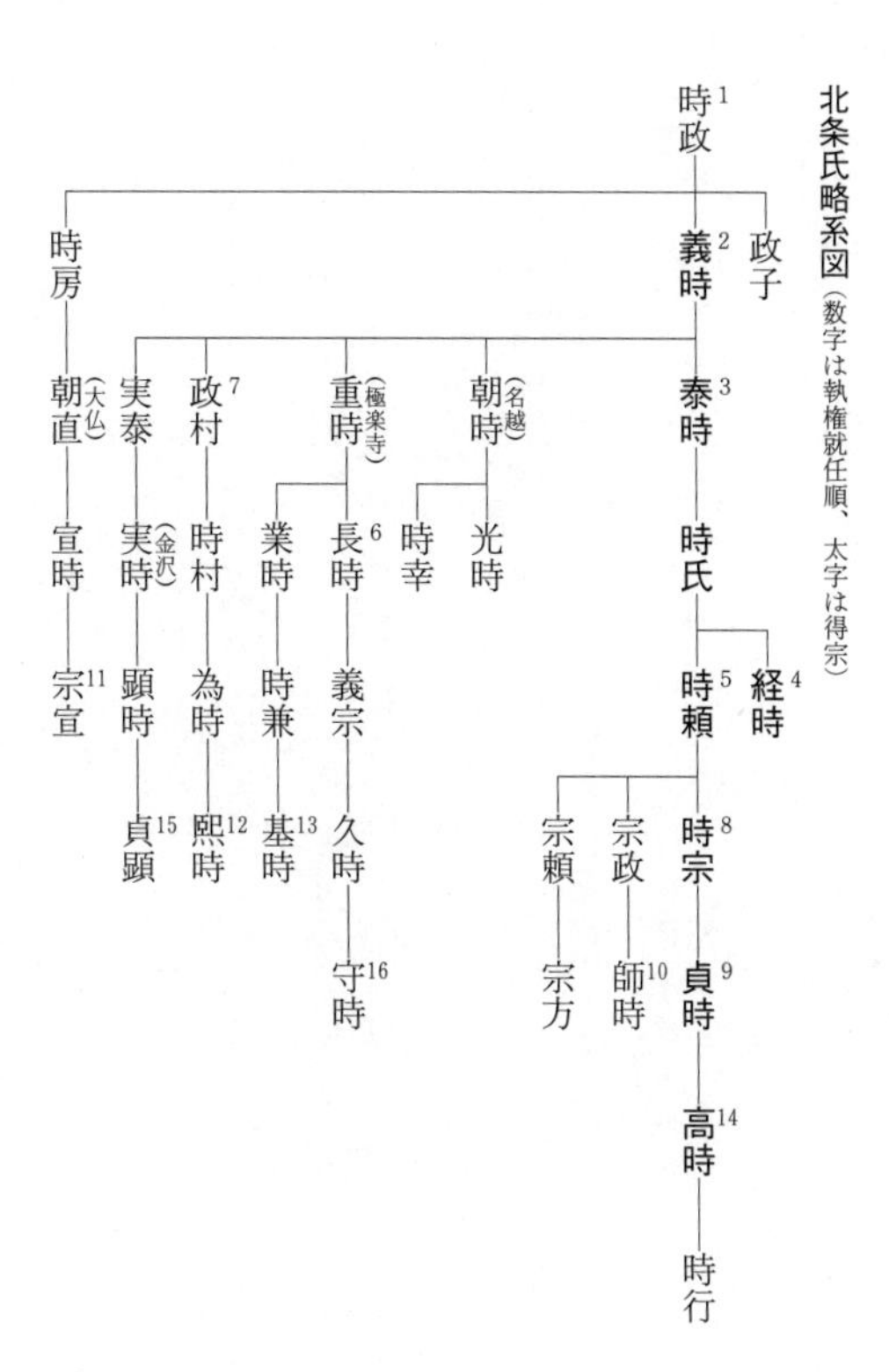

北条氏略系図（数字は執権就任順、太字は得宗）
時政1
政子
義時2
時房
泰時3
朝時（名越）
重時（極楽寺）
政村7
実泰
朝直（大仏）
時氏
光時
時幸
長時6
業時
時村
実時（金沢）
宣時
経時4
時頼5
義宗
時兼
為時
顕時
宗宣11
時宗8
宗政
宗頼
久時
基時13
熙時12
貞顕15
貞時9
師時10
宗方
守時16
高時14
時行

吾妻鏡——鎌倉幕府「正史」の虚実

序章　『吾妻鏡』とは何か

成立と編者

まず『吾妻鏡』に関する基本的な情報を確認しておこう。

鎌倉時代後期の永仁五年（一二九七）、第九代執権北条貞時により発せられた永仁の徳政令は、売却されたり質流れしたりした土地をもとの持ち主に返させるという画期的な立法であった。貞時はこうした改革を次々と打ち出し、後世に名を残すこととなる。そして、この徳政令を受けて幕府へと提出された文書を、『吾妻鏡』は複数の箇所で引用している。つまり、『吾妻鏡』の成立はこれ以降と見ることができる（笠松宏至「徳政・偽文書・吾妻鏡」、五味文彦『増補　吾妻鏡の方法』）。

また、『吾妻鏡』の最後にあたる宗尊将軍記は、巻頭に置かれる「袖書」（その将軍の時代の天皇と摂政・関白を務めた人物のリスト）において、後深草院（天皇在位は一二四六～五九）

を単に「院」（譲位した天皇の尊称）と表記している。したがって、後深草院が没して諡号（死後におくられる名）で呼ばれるようになる嘉元二年（一三〇四）以前に成立したと考えられる（八代国治『吾妻鏡の研究』）。袖書だけ先に作成された可能性も考慮する必要があるが、少なくとも現在の形の『吾妻鏡』が編纂されたのは、次に挙げる編者の可能性がある者たちをとりまいていた政治的情勢を考慮すると、永仁元年（一二九三）～嘉元三年（一三〇五）頃という範囲に絞られる（井上聡「『吾妻鏡』の成立とその構成および伝来をめぐって」）。それはまさに、北条貞時が為政者として関東に君臨した時代であった。

では、この正史の編纂に直接携わったのはどのような人物だったのか。編纂作業は複数人で分担されたと考えられるが、その編者たちについては先行研究の指摘がある（八代国治『吾妻鏡の研究』、五味文彦『増補　吾妻鏡の方法』など）。

たとえば、問注所執事（訴訟機関の長官）などの要職を歴任した太田時連は、編者の一人とおぼしい。彼は『永仁三年記』を著しており、父の康有も『建治三年記』を記した家柄で、本書で再三触れる曽祖父の三善康信（初代問注所執事）の顕彰記事が『吾妻鏡』に多いのもその証左である。幕府での裁判を代々束ねた家なので、保持していた訴訟関係の記録や文書は重要な編纂の原史料になっただろう。

また、評定衆（幕府の最高政務機関のメンバー）などを歴任した長井宗秀も、同じく顕彰記事が多く見られる大江広元（行政実務を総轄した幕府官僚）の玄孫（孫の孫）であり、編纂に携わったと考えられる。代々幕府の中枢で政務を担う一族であるだけでなく、祖父の泰秀は、政所（幕府の政務機関）を管轄した広元の所蔵文書をまとめて継承したことが『吾妻鏡』に記されている（貞永元年〔一二三二〕十二月五日）。これもまた同書編纂の原史料の一つになっただろう。

あるいは、『吾妻鏡』で同じくしきりに顕彰される金沢実時（北条義時の孫で金沢北条氏の祖）の子、顕時も編纂に関わったものと考えられる。学問を好むこの父子が収集した膨大な書籍や文書の収蔵に始まる金沢文庫には、『吾妻鏡』が蔵されていたとの記録があり、さらに実時が別当（長官）に任じられた小侍所（将軍御所警固を統括する機関）の文書が、原史料の一つとして指摘されている（永井晋「北条実時と小侍所発給文書」）。顕時も要職を歴任して幕政を支え、子の貞顕はのちに第十五代執権となっている。

ほかに、代々政所執事（政務に参与する会計統括職）を世襲した一族の二階堂行貞なども編纂に関わったと指摘されているが、少なくとも太田時連、長井宗秀、金沢顕時が編纂事業の中心にいた可能性はきわめて高い。三人はいずれも幕府の中枢で得宗家（北条氏の中でも執権を世襲した家）を支えた経歴を持ち、いずれも弘安八年（一二八五）の霜月騒動で安達泰盛が討たれ、十五歳（数え年。以下同じ）の執権貞時を抑えて平頼綱が権勢を振るったときに失脚している。のみならず、正応六年（一二九三）の平禅門の乱で頼綱が討たれ貞時が実権を掌握すると、揃って幕政に復帰しているのである。つまり、『吾妻鏡』は安達泰盛～北条貞時の政権運営を背景に成立した書物であり、彼らが目指した「徳政」（本来あるべき善政への復古）という政治路線が叙述傾向と深く関わっている。そのことは第六章で改めて詳述したい。

編纂と素材

では、編者たちはどのような作業手順を踏んでこの正史を編纂したのだろうか。現存する『吾妻鏡』を繰ればわかる通り、基本的には素材となる原史料を収集し、それを漢文の編年体（出来事を年月日順に記す形式）という様式の中に切り貼りしてゆくことで、この本文は成り立っている。そのために長らく「記録」とみなされてきたわけだが、実際には、そう単純なものではない。

まず、原史料を年代順に並べてゆく中で、誤った年月日に配置してしまう「切り貼りの誤謬」と呼ばれる錯誤が散見される。特に「元年」と「三年」と「五年」は崩して書いたときの字形が似ているので取り違えた例は多い。他にも、一次史料と矛盾していたり、死亡記事のあった人物が後の記事で再び登場したりと、原因不明の誤りも多く見られる。また、後から一括して記入されたとみられる干支（日付の名称で、十干十二支を組み合わせたもの。甲子など六十通りある）の間違いも目立つ。たとえば治承四年（一一八〇）四月二十七日の干支は己酉だが、『吾妻鏡』では「壬申」となっている。最も重要なはずの冒頭部分ですらこのありさまで、一見正式な記録のようでも実態は存外杜撰なのである。さらに、そうした錯誤にとどまらない、積極的な改変や事実を恣意的に創作した記述も多い。

　では、そうした編纂の素材がどのようなものであったかというと、多種多様な原史料が用いられたようである。たとえば、先に三善・大江・金沢北条氏について触れたような、家々に伝わる父祖顕彰の家伝、そして『六代勝事記』や『平家物語』といった歴史叙述が指摘できる。これらは記録というより説話や史論、物語に分類されるが、そうした原史料がかなり用いられたことは本書で繰り返し論じてゆく。

　一方、事実を伝えるという意味で信憑性の高い原史料として、文書や記録が挙げられる。幕府が御家人（将軍と主従関係を結んだ武士）や寺社、朝廷とやりとりした際の発給文書や書状、また訴訟や勲功申請の際に幕府に提出された申状、論功行賞の際に作成された調査記録、それらを含め、幕府奉行人として政務を担った家々に蓄積された記録、そして京都の貴族の日記、あるいは寺社の記録である。しかし、それらもかなりの編集を加えられた例がある。たとえば、文書の文言をこま切れにして要約するのはよい方で、日記や寺社の記録をそのまま用いながら、それを飛脚（遠方の事件を知らせる使者）の言葉としたり、あるいは鎌倉の人物（三善康信や北条泰時）の発言として顕彰記事に仕立てる場合もある。『明月記』（藤原定家の日記）のフレーズを切り貼りして合戦叙述を創出している例もあり、これについては第五章で検証する。

とはいえ、『吾妻鏡』において文書が引用されるとき、地の文に組み込まれるのではなく段下げの形式で引用される本文は、原則として原史料をそのまま切り貼りしたもので、改変されていないと考えられる（ただし確証はなく、今後改変の例が発見される可能性は残る）。しかし、そうした段下げの形式をとっていても、引用されているのがそもそも偽文書である場合も多い。第一章・第二章で触れるが、有名な以仁王の令旨や義経の腰越状も偽文書の可能性が高い。

さて、ここまで『吾妻鏡』がいかに原史料を改変して歴史を捏造してきたかという側面を述べ立ててきたが、そうした例ばかりではない。たとえば、立法の記事、特に御成敗式目（幕府の基本法）成立以降に作られてゆく追加法の条文は、まさに正式な文書の引用で、要約されることはあってもほぼ信頼に足る（笠松宏至「『吾妻鏡』の〝地の文のみ〟の幕府法」）。また、儀式や仏事、合戦等があったときに作成される交名（参加者の名簿）も、その性質上ほぼ原史料そのままと考えられる。

また、同じくらい信頼できそうなものに、天文異変記事がある。原史料は幕府に勤めた陰陽師（吉凶を判定し、それに対応する呪術を行う職）の記録と考えられ、異変に対する解釈を彼らが審議した結果も記されることが多い。中国では古来、天変地異や災害、珍しい自然現象、超常的な出来事は、為政者に対する天の警告である「災異」、あるいは逆に吉兆である「祥瑞」として解釈されていた。日本でも、朝廷の正史である六国史（『日本書紀』に始まる六つの史書）には多くの災異記事・祥瑞記事が見られる。『吾妻鏡』も同様であり、正史として伝統的な体裁をとっている。

しかし『吾妻鏡』の場合、必ずしもそれらが全て事実の記録とは限らず、近年その真偽や配列の意図が再検討されつつある（王玉玲「『吾妻鏡』災異記事の編纂方針及び意義」、池田浩貴「『吾妻鏡』の動物怪異と動乱予兆」など）。特にそれが明らかな虚構である場合、政治的事案と関連させて天意を暗示し出来事を評価する操作を読み取るべきであろう。本書でもそうした例にはたびたび言及してゆく。

また、虚構ではなく事実を記しただけであっても、災異記事が一定の時期に集中して配置されていれば、おのずとその前後の事件と結びついて文脈を形成し、特定の意味を表示する機能を負うこととなる。つまり、原史料が事実を記したものであったとしても、意図的な配列の妙で一定の意味を創出する叙述操作が行われうる、ということである。考えてみれば当然のことだが、従来見落とされてきた視角と言えよう（湯浅吉美『暦と天文の古代中世史』など）。

それでは、ここまで挙げてきたような原史料を、『吾妻鏡』はどのように配列し、どのような歴史像を織り上げているのだろうか。

形式と内容

『吾妻鏡』はまずもって、漢文・編年体・将軍記という三つの外形的様式を備えている。このことは最も基本的な情報でありながら、読者に対して潜在的に多くのメッセージを発している。第一に、漢文で表記される書物は高度な識字能力の裏付けを必要とするため、ただそれだけで仮名文字の書物より格が高く、正式な歴史を記した書物らしいという先入観を与える。第二に、編年体という形態は、役所の記録や家々の日記を思わせ、古い順に日々書き連ねられた実録なのだという仮構のリアリティを印象づける。そして第三に、将軍ごとの年代記という形態は、漢文編年体という外観とともに、六国史の持つ皇代別の編集様式を踏襲したものと考えられる。つまり、『吾妻鏡』は正史の一種という体裁をとっており、読者もまず外観からそのように受け止めるべく誘導されるようになっている。

しかし、そもそも将軍は天皇ではないし、『吾妻鏡』の叙述の視点はあくまで東国に置かれている。このねじれこそが、『吾妻鏡』という歴史叙述の際立った個性である。正史の体裁をとりながら『〇〇記』や『〇〇実録』といった書名を回避し、『〜鏡』という、仮名書きの（＝非公式な）史書に与えられる書名をもって享受された所以であろう（なお、この史書が成立当初から『吾妻鏡』と呼ばれていた証拠は今のところみつかっていない。そう呼ばれた記録が残るのは室町時代前期の一三七〇年代以降である）。この書名はいわゆる歴史物語に準じたものだが、記録性よりも物語性を旨とするという点において、結果的にこの正史の本質をよく言い当てている。

　では、そうした形式によってこの史書は何を語っているのだろうか。ひとまず、『吾妻鏡』の大略の紹介を兼ねて、描かれている主な事件と政治の流れをごく簡略に通覧しておこう。ただし、以下に述べるのはあくまで『吾妻鏡』の記述内容であり、虚構も含まれているので注意されたい。

①頼朝将軍記

「鎌倉時代」と呼ばれる時代がいつ始まるかについては諸説あるが、『吾妻鏡』の起筆にあたる治承四年（一一八〇）が一つの画期であったことは間違いない。以来、この時代は元弘三年（一三三三）に鎌倉幕府が滅亡するまで約百五十年続く。『吾妻鏡』が語るのは、その前期から中期にかけての約八十六年間である。

　まず、治承四年から養和(ようわ)元年にかけて（一一八〇〜八一）、京都の以仁王による反平家の挙兵とそれに呼応した伊豆の頼朝の挙兵および富士川(ふじかわ)合戦、そして頼朝による関東の武士団の制圧・統合が描かれる。翌寿永(じゅえい)元年（一一八二）は鎌倉の都市整備が語られるが、その次の寿永二年（一一八三）は一年分の欠巻となっている。この年には平家の都落ちから木曽義仲(きそよしなか)の入京、そして有力御家人上総広常(かずさひろつね)の暗殺など重大な事件があった。続いて元暦(げんりゃく)年間（一一八四〜八五）には、頼朝麾下(きか)にありながら緊張関係をはらんでいた義仲および甲斐(かい)源氏の一条忠頼(いちじょうただより)を退け、また一(いち)の谷(たに)合戦から屋島(やしま)・壇(だん)の浦(うら)合戦を経て、ついに平家を滅亡させる。

図1　源氏将軍と摂家将軍（丸数字は鎌倉幕府将軍の代数）

（北条）時政―政子
　政子＝①頼朝
　　②頼家
　　③実朝
（源）義朝―①頼朝
　　　　―女子
女子＝（一条）能保―女子
女子＝良経（（九条）兼実―良経）
　良経―道家
　　道家―教実
　　道家―④頼経―⑤頼嗣

こうして関東・甲信・西国を武力で押さえた頼朝は、文治(ぶんじ)元年から二年にかけて（一一八五〜八六）、反逆を企て逃亡した義経の全国的な捜索と連動させ、守護地頭(しゅごじとう)設置など幕府の基幹的な制度を構築する。

そして頼朝将軍記の末尾にあたる文治三年から建久(けんきゅう)年間（一一八七〜九八）は、引き続き朝廷と交渉しながら幕府の機構が戦時体制から平時へとシフトする期間である。重要な出来事は、奥州(おうしゅう)藤原氏（平泉(ひらいずみ)藤原氏）を滅ぼした奥州合戦と、頼朝の二度の上洛(じょうらく)、および征夷大将軍(せいいたいしょうぐん)任官であろう。かくして頼朝は鎌倉の武家政権により日本全国を影響下に置いたことになる。ただし、最後の三年間である建久七〜九年（一一九六〜九八）は欠巻となっており、頼朝の死は『吾妻鏡』では語られていない。

②頼家・実朝将軍記

頼朝の跡を継いだ長男頼家の将軍記は、正治(しょうじ)元年から建仁(けんにん)三年（一一九九〜一二〇三）のわずか四年間で終わる。この期間は頼家の悪政が強調され、その寵臣梶原(ちょうしんかじわら)氏が追討される。さらに頼家の乳母(めのと)（実母に代わって子供の養育にあたる女性）の家である比企(ひき)氏が反乱を企てるが北条氏に討たれ、頼家の嫡子一幡も殺されて、三代目の将軍には弟の実朝が就く。兄弟の母は北条政子であるから、血で血を洗う壮絶な期間である。

そして実朝将軍記でもまた、有力御家人が次々に排斥されてゆく。元久元～二年（一二〇四～〇五）にかけて、武蔵国の有力御家人畠山氏が無実の罪で滅ぼされ、連動して初代執権北条時政とその後妻牧の方がクーデターを企てて政子・義時姉弟に退けられる。さらに建暦三年（一二一三）には、最有力御家人の和田氏が大規模な反乱を起こして追討される。その間、実朝は順調に成長し学問や政道を修めてきたが、この和田合戦を境に、華美を好んで武を疎かにするようになる。結果として、建保七年（一二一九）、頼家の遺児である公暁に暗殺され、彼の将軍記は終わる。

同年のうちにわずか二歳の摂家将軍九条頼経（幼名三寅）が下向するが、長じるまでは政子が尼将軍として政務を執った。そんな時期にあたる承久三年（一二二一）、後鳥羽院が執権義時を追討すべく挙兵し、幕府は義時の長男泰時を中心に一丸となって反撃。京都を制圧して皇位継承にまで影響力を及ぼす存在となるに至った。

なお、譲位した天皇は上皇と尊称され、上皇が出家すると法皇となる。上皇と法皇を「院」と称することも一般的なので、これ以降は「院」の表記を優先する。

③頼経将軍記

頼経の将軍記は袖書がなく、始点が判然としないが、元服を目安にすれば嘉禄二年（一二二六）から約十八年間にわたる。この間は泰時が執権として理想的な治世を現出し、比較的幕政が安定した時期と言える。唯一の争乱は、泰時が執権に就任するきっかけとなった伊賀氏事件である。これは貞応三年（一二二四）に義時が急死し、後家伊賀の方の一族が幕府の掌握を企てたため、政子が三浦氏と結んでこれを排斥し、泰時を執権に就けた事件である。しかしその政子も翌年死去する。以後は、寛喜の飢饉と呼ばれる悲惨な天候不順があったが、泰時は徳政をもって幕府をよくまとめ、貞永元年（一二三二）には御成敗式目を制定した。その後も式目に追加する立法を継続的に行いつつ、大規模な土木工事により鎌倉の交通網を整備し、また孫の時頼を後継者として育て上げる。しかし泰時も頼朝と同じく、『吾妻鏡』の中でその死は語られない。泰時が没した仁治三年（一二四二）を欠巻として、頼経将軍記は寛元二年（一二四四）まで記される。

④頼嗣・宗尊将軍記

寛元二年五月から建長四年（一二五二）は頼経の嫡子頼嗣の将軍記である。この九年間は泰時死後の主導権争いにより、不安定な時期となる。寛元四年（一二四六）には泰時の跡を襲った嫡孫経時が夭折し、その弟時頼が執権を継ぐ。これを機に北条氏の嫡流を得宗家と争っていた名越家（義時の次男朝時の系統）が、前将軍頼経と結んで反乱を企てるも鎮圧され、頼経は京都に送還されることとなる。寛元の政変（宮騒動）である。翌宝治元年（一二四七）には、頼経と昵懇の三浦泰村・光村らの一族およびこれに与同する千葉秀胤らの一族が宝治合戦で滅ぼされた。これ以来、時頼を中心に寄合と呼ばれる首脳会議で幕政が行われる、いわゆる得宗専制が始まる。しかし謀叛の余燼はくすぶり続け、建長三年（一二五一）末から翌年正月にかけて建長の政変と呼ばれる騒動があり、ついに摂家将軍が廃されて、親王将軍宗尊が下向することとなる。

宗尊将軍記においても時頼は徳政を続け、康元元年（一二五六）には執権を祖父泰時の甥にあたる長時に預けて一線を退いた後も存在感を失わない。将来の執権就任が決まっている嫡子時宗への権力継承も順調に行われてゆくが、弘長三年（一二六三）に時頼が没すると、三年後の文永三年（一二六六）、再び騒動があり、宗尊親王が帰洛することとなった。騒動の内実は語られないが、現存する『吾妻鏡』は、これを最後の記事としてその叙述を閉じている。

なお、頼嗣・宗尊将軍記においては五年分の欠巻がある。建長元年（一二四九）、同七年、正元元年（一二五九）、弘長二年（一二六二）、文永元年（一二六四）の各年であるが、すでに述べた寿永二年（一一八三）、建久七〜九年（一一九六〜九八）、仁治三年（一二四二）と合わせて、『吾妻鏡』は計十年分の記事を欠いていることになる。こうした欠巻はなぜか重要な事件があった年に多いが、語るのが難しい年であったため未完に終わったのか、当初から省筆する構想だったのか、あるいは、実際には作られたものの結果として散逸したのか、不明と言うしかない。

構成と主題

では、こうした『吾妻鏡』の内容は、どのような構成により叙述されているのだろうか。前述の説明では便宜上①〜④からなる四部構成の形をとったが、これは叙述年数において約二十年ごとにほぼ均等分割することとなり、それなりに有効な区分である。また、古くからあるのは、源氏将軍記三代（①②）を前半とし、摂家・親王将軍記三代（③④）を後半として、二部構成と捉える見方である。第八章および終章で述べるが、確かに、叙述の姿勢にも前半と後半との間に断層が認められることから、これもきわめて妥当な区分と言える。

そしてもう一つ、内容面を重視するなら、頼朝による草創の時代（①）→泰時による中興の時代（②③）→時頼による得宗専制の開始および時宗への継承（④）、という三つの理想的な治世を軸とする三部構成と捉えることも可能である。外形的にも、このように三区分すれば『吾妻鏡』の長大な記事分量がほぼ均等に三分割される。本書で述べてゆくが、この正史は将軍記の体裁をとりながら、その内実は得宗北条貞時に連なる幕府統治者の系譜を語っており、最後の三部構成になる政道継承の物語として区分するのが最も主題に沿っている。あらゆる歴史叙述がそうであるように、『吾妻鏡』もまた、編纂時の為政者の視点で意味づけられた幕府の歴史として遡及的に読み直されねばならない。

結論を先取りすれば、『吾妻鏡』は、北条貞時による得宗政権がいかに正当なものであるか、いかに絶対的なものであるかを、歴史的に裏付けるための過去像を創出した物語である。したがって、記述内容は事実の羅列などではなく、たとえばある事件と別の事件とを結びつけ、政治的文脈に接合し、あるいは事実を隠して語らず、また時に虚構を絡ませながらプロット（因果関係の連鎖による筋立て）を作話する。時には伏線や象徴的記述により、また時には人物の対比や地の文の評言により、さらには記事配列の妙により、出来事の連なりに文脈を与えて編者の現在を肯定する意味を創り出している。我々読者の側からすれば、そうして織りなされた文脈の読解が必要な書物なのである。

ただし、そうしたときに、「はじめに」で触れた一般的な誤解には注意したい。すなわち、『吾妻鏡』を「坂東（ばんどう）武士たちによる東国独立国家の創世記」と捉える見方である。その前提には、堕落し腐敗した旧勢力である貴族の支配に対して、清廉で実直な新興勢力である武士たちが自主自立を勝ち取るという、戦後歴史学の基調をなした歴史観がある。しかし、そもそも貴族と武士とは対立関係で捉えられるものではなく、幕府のアイデンティティは貴族社会の中心たる王権を守護することにあった（元木泰雄『武士の成立』、髙橋昌明『武士の成立　武士像の創出』）。『吾妻鏡』の主眼は、京都に対する東国の主張といったところにはなく、あくまで得宗家の歴史的正当性を裏付ける、というところにあったのである。そのために語り直された幕府の形成と展開の歴史が、他の家々の（それぞれに正当性を主張する）物語を原史料として取り込みながら、複線的・複眼的な叙述に結実している点が、この史書の大きな特長である。
このような編集がなされた時代的背景には、蒙古襲来の衝撃と大地震や彗星出現といった天変地異の続発、相次ぐ火災や大寺社の内部紛争、そして対外防衛態勢の継続に伴う御家人制の動揺があった。詳しくは第六章で述べることになるが、要するに、不安定な政情において家々がそれぞれの拠って立つ歴史、あるいはその正当性を保証してくれる物語を欲する時代であって、得宗家もまた同様の企図から幕府の現在を歴史的に補強する必要があった、ということである（五味文彦「『吾妻鏡』の成立と編纂」）。

そうした編纂目的からも明らかな通り、『吾妻鏡』の組成はよく構成された物語の集合体としての側面が強い。したがって、『吾妻鏡』の叙述内容を精査するには、『吾妻鏡』が語る論理やそれを構築するために織りなされた文脈を汲み取りつつ検証を加えることが必要となる。この史書に単純な錯誤があること、あるいは北条氏のための曲筆が交じることは、江戸時代以来指摘されてきたが、本書ではそうしたレベルにとどまらず、より広範な文脈をも視野に入れて、『吾妻鏡』が全体を通していかなる論理で過去を語り歴史像を構築しているのか、その構想と叙述方法を分析していきたい。

また、そうした『吾妻鏡』の構想からはみ出してゆく、原史料となった各文献についても考察を加えたい。『吾妻鏡』は原史料を継ぎ接ぎして作成されたために、結果的に勝者となった側の歴史の裏側で、その趨勢からこぼれ落ち、ついに系譜化されなかった敗者たちの肉声が、副産物として断片的に散在している。歴史像の読解とともに、こちらも研究対象としてきわめて魅力的である。

享受と本文

序章の最後に、『吾妻鏡』の享受と諸本について一言触れておきたい。詳細は先行研究に譲り（前川祐一郎「室町時代における『吾妻鏡』」、井上聡「『吾妻鏡』の諸本と伝来」など）、ここではごく簡略に述べる。なお、この書の享受を示す史料は一三七〇年代まで皆無であり、それまで誰がどのように読んだのか全くの不明である。ただ、遠藤慶太氏が『日本書紀』について、完成当初の読者は自氏の祖に関わる記録・伝承を提供していた官人たちだった、と述べているのは参考になりそうである（遠藤慶太『六国史』）。編者たちにとって、自氏の祖を確認することは正史編纂の大きなモチベーションになったであろう。

　ともあれ室町時代になると、『吾妻鏡』の名が日記類にしばしば登場するようになる。十四～十五世紀には関東の記録として京都や鎌倉で広く読まれ書写されており、東国でも鎌倉公方御所（鎌倉公方は、室町幕府が東国支配のために置いた鎌倉府の長官）、金沢文庫、鶴岡八幡宮、箱根権現等に存在していたようである。写本の一部は今に伝存しているが、この時期には、全巻ではなく一部の巻の書写や抄出本が多く作成された。

　それが応仁の乱（一四六七～七七年）の混迷を経て十六世紀になると、武家政治の規範が求められるようになり、『吾妻鏡』の全体像の復元が行われるようになった。編纂から二百年余りの間に散逸した写本が各地の大名により収集され、大部でまとまった集成本が成立してゆくのである。そのうち現存するのは、大内氏家臣の末裔右田弘詮が収集し大永二年（一五二二）に書写した吉川本（四十八冊）、薩摩藩に伝来した十六世紀前半の成立と見られる島津本（五十二冊）、萩藩に伝わった十六世紀末の成立と思しき毛利本（五十一冊）、そして、徳川家康が収集し慶長十年（一六〇五）に出版した北条本（五十一冊）等である。

しかし、これら諸本はいずれも、それぞれに誤字脱字や欠文、欠巻があって、相互に補い合う関係にある。そのため、『吾妻鏡』を通読しようと思えば、諸本を校合した良質な校訂本が必要となってくる。そうした要請から、明治以降、それまでに流通していた版本よりも精度が高く読みやすいテキストが作成・出版されてきた。中でも、黒板勝美による『新訂増補国史大系　吾妻鏡』（吉川弘文館、初版一九三二～三三年）は、北条本を底本としながら主要諸本と校合し校訂した決定版であり、大学の演習などで用いられる本文としては今なお最も一般的なテキストである。また最近でも、さらに厳密な校訂を目指して、吉川本を底本とする高橋秀樹編『新訂吾妻鏡』（和泉書院、二〇一五年～）が刊行中である。

本書では、『吾妻鏡』の本文を引用する場合基本的にこの二書を参照した上で、現代語に直した。読みやすさを重視したためだが、漢文という正史の様式に触れ、その重厚さを味わいたいという読者は、ぜひ原文をひもといていただきたい。

　また、漢文に取り組むには勇気が要るという読者のために、入手しやすい書き下し本文と現代語訳も紹介しておこう。まず前者であるが、岩波文庫の龍粛訳注『吾妻鏡（一）〜（五）』（岩波書店、一九三九〜四四年）は、コンパクトで手軽である。ただし、暦仁元年（一二三八）分までしか刊行されなかった。全編を書き下したものとしては、貴志正造訳注『全訳吾妻鏡　一〜五』（新人物往来社、一九七六〜七七年）がある。また現代語訳は、五味文彦・本郷和人らによる『現代語訳吾妻鏡　1〜16』（吉川弘文館、二〇〇七〜一五年）がある。全文を現代語訳するだけでなく、地名や人名に注釈をつけてありきわめて有用である。さらに、名場面をダイジェストにしてその原文・書き下し文・口語訳・解説を併記したのが、西田友広による『ビギナーズ・クラシックス日本の古典　吾妻鏡』（角川ソフィア文庫、二〇二一年）である。入門書ながら内容も充実しており、末尾に付された解説の水準も高い。

　現在、こうした補助的テキストがいくつも出ており、硬質な漢文の正史もずいぶんと読みやすくなっている。本書を読み進める中で興味や疑問を抱く箇所があれば、ぜひ本文を確認し、考察を加えていただきたい。それが新たな学問の進展を導く萌芽となるし、筆者としてもそれを願っている。

　それでは以下、具体的に『吾妻鏡』を読み解いていこう。

第一章　頼朝挙兵（一一八〇年）

——忠臣たちの物語と北条氏の優越

演出される歴史

戦国の世をついに泰平に帰した徳川家康は、東国に武家政権を開くにあたって、鎌倉幕府の歴史を知ろうとした。将軍による武家の統治をいかにしてなしうるものか、規範とするためである。そこで、様々な伝をたどり、ようやくその大部の正史を入手する。喜び勇んで開いたであろう書物の本文は、治承四年（一一八〇）四月九日の記事から、次のように始まっている。

九日辛卯。入道源三位頼政卿可討滅平相国禅門清盛由。日者有用意事。然而以私計略。太依難遂宿意。今日入夜。相具子息伊豆守仲綱等。潜参于一院第二宮之三条高倉御所。

催前右兵衛佐頼朝以下源氏等。討彼氏族。可令執天下給之由申行之。仍仰散位宗信。被下令旨。而陸奥十郎義盛。廷尉為義末子。折節在京之間。帯此令旨向東国。先相触前右兵衛佐之後。可伝其外源氏等之趣。所被仰含也。義盛補八条院蔵人。名字改行家。

正史らしい漢文体の荘厳な趣を家康と共有すべく、ここでは原文を掲げた。以後の本文引用は現代語訳のみとするが、この通り、漢字は表意文字なので字面からおおよその意味を推測することはさして難しくない。しかも、これは中国語ではなく、日本語を漢字のみで表記しているにすぎない。が、やはり現代人にとっては読みにくいので、ざっと現代語に直し、続く二十七日の記事まで掲げておこう（括弧内は筆者注。傍線や丸囲み数字はのちの解説に用いる）。

九日。源頼政が平清盛を討とうと日頃準備していたが、自分一人では難しい。そこで今夜、子息仲綱らを連れて密かに以仁王を訪ね、頼朝以下の源氏たちに命じて平氏を討ち天下を取りなさるよう申し入れた。これにより、王は令旨（親王など皇族の命令を伝える文書）を下し、源義盛（頼朝の叔父）が東国へ運んだ。まず頼朝に伝えてからその他の源氏たちに告げるよう仰せ含められた。義盛は八条院蔵人となり、行家と改名した。

二十七日。以仁王の令旨が、今日、頼朝のいる伊豆国北条の館に到着した。行家が持参したのである。①頼朝は正装に着替え、源氏の氏神である石清水八幡宮を遥拝してから、謹んでこれを開き見た。行家は甲斐信濃の源氏たちに伝えるためにそちらへ向かった。②頼朝は平治の乱で藤原信頼に縁座し、去る永暦元年（一一六〇）三月十一日に伊豆に流されてから、嘆いて二十年の春秋を過ごし、愁えて三十二年の年月を重ねたのだった。しかし長年清盛が天下を牛耳り、後白河院の近臣を排斥し、あまつさえ院を鳥羽離宮に幽閉したので、院は憤り心を悩ませている。ちょうどこのときに令旨が到来したため、義兵を挙げようと考えた。③これはまさに「天が与えるものを受け取り、時が来れば行え」という諺そのものである。④ここにおいて、平直方の末裔である北条時政は伊豆国の豪傑で、頼朝を聟とし、ひたすら忠節を尽くす者である。そのため、頼朝は時政を最前に招いて令旨を開いた。

これが有名な『吾妻鏡』の冒頭部である（続けて令旨の本文が掲載されるが省略）。頼朝はかくのごとく、以仁王の令旨を受けて、反平家の挙兵を決行した。それが鎌倉幕府の歴史の起点である、ということは、我々も教科書や教養書や歴史漫画などを通して共有している認識だろう。

すなわち、この令旨に呼応した頼朝は八月に伊豆国（伊豆半島）の目代（国司の代理）山木

図2　坂東武士団の分布と挙兵後の源頼朝の進路　野口実『武家の棟梁源氏はなぜ滅んだのか』(新人物往来社)を参考に作成。略記した月日は治承4年の日付。○は国府

（平）兼隆を討つ。ところが平家方の大庭景親に石橋山の合戦で敗れ、箱根の杉山に潜伏した末に命からがら安房国（千葉県南部）へ渡海した。しかしそこで三浦氏と合流すると、千葉氏・上総氏を糾合しながら房総半島を北上。武蔵国（埼玉県・東京都と神奈川県東部）に入ると畠山氏をはじめ秩父平氏各氏を取り込みつつ再び南下して、相模国（神奈川県西部）の鎌倉に入った。鎌倉幕府の誕生である。かくして関東の武士たちを束ねた頼朝は、富士川の合戦以下、平家軍を蹴散らしてゆく……。

『吾妻鏡』は、その「関東草創」の端緒を以仁王の令旨だったとする。そして巻頭に描かれるのは、令旨を恭しく拝受する流浪の貴種頼朝と、最前に伺候する伊豆の豪傑、北条時政であった。つまり、正当性のシンボルである令旨、武士の長者である貴種頼朝、東国の豪族的武士である時政という三者の結びつきによって幕府の歴史が始まった、と語っているのである（五味文彦『増補　吾妻鏡の方法』）。

出来過ぎている、という印象を持ったとすれば、その感覚は正しい。実は、この正史は冒頭部から、事実に反する記述をふんだんに盛り込みつつ、演出の機能を帯びた巧みな構成をもって叙述されている。まずはそのことを説明しよう。

頼朝挙兵の虚実

まず、以仁王の挙兵を頼政が唆したというのは虚構である。当時七十七歳の頼政は、二年前に清盛の推挙で念願の公卿（三位以上の上級貴族）となっているし、平家一門と和歌を通した交流もあり、清盛と頼政の関係は良好だった。事件を主導したのは、後白河院の皇子でありながら治承三年（一一七九）十一月の清盛のクーデターで即位の可能性を失い、経済基盤を奪われるなど圧迫を受けていた、以仁王の方であった（生駒孝臣「源頼政と以仁王」）。『吾妻鏡』は、頼朝の挙兵を源家再興の事業として位置づけるために、頼政の「宿意」から起筆したのであろう。

関連して、頼朝が以仁王の命により挙兵したというのも虚構である。令旨が到来した後、挙兵の準備が開始されるのは六月二十四日である。それまで二か月弱の空白があるのは不自然だし、むしろ挙兵の契機は、五月二十六日に以仁王が討ち取られた後、伊豆の知行国主（その国の経済的収益を獲得できる権利を持ち、国守を推挙できた）が事件に加担した源頼政から平家政権の中枢にある平時忠（清盛の義弟）へと交代して、在庁官人（国府の現地役人）の間で利害対立が生じたことにある。この転換で権益を失ったのが、ほかならぬ北条氏だった。

清盛のクーデター以来、似たような事態は関東各国で生じており、相模の三浦氏、房総半島の千葉氏や上総氏といった、幕府草創の主力となった勢力はことごとく北条氏と同じ立場にあった。すなわち、相模は大庭景親、下総（千葉県北部）は千田（藤原）親政、上総（千葉県中部）は上総広常の庶兄の印東常茂、甥の伊北常仲らが平家と結び力を得ていたため、それに対抗せねばならない切迫した状況だった。したがって、頼朝としては、挙兵すれば彼らの合流を期待できたわけである。そして頼朝の挙兵を直接導いたのは、清盛に幽閉されていた後白河院の密命であったと考えられる（元木泰雄『源頼朝』）。つまり、頼朝の挙兵は『吾妻鏡』が語るように頼政が主導して発せられた令旨に呼応してなされたのではなく、院の密旨と在地の利害関係をめぐるネットワークの中でやむを得ず挙兵したというのが実態だった。

　なお、「令旨」という呼称にも疑いが持たれる。『吾妻鏡』に引用される「令旨」は、文書様式として令旨とは言えず、官宣旨（天皇の言葉を国家機構が文書化した命令文書）に近い（羽下徳彦「以仁王〈令旨〉試考」）。そのため『愚管抄』（摂関家出身の僧慈円が著した史論）が「宮ノ宣旨ト云物」と呼ぶのは妥当であるし、『玉葉』（摂関を務めた九条兼実の日記）治承四年（一一八〇）十一月二十二日や『吾妻鏡』同年八月十九日（文書の引用部分）にも「親王の宣」「親王の宣旨」とある。また『玉葉』治承五年九月七日には「最勝親王の宣」とあり、以仁王は「最勝親王」を名乗って「宣旨」を発給するという体裁をとったらしい。したがってこの文書は様式的にも当時の呼称としても「親王の宣旨」であり、『吾妻鏡』が「令旨」と呼ぶのは歴史的実態と異なっている。さらに最近では、『吾妻鏡』や読み本系『平家物語』に引用されるこの以仁王の「令旨」自体が、後世に偽造された文書であるらしいことがわかってきた（谷口耕一『以仁王の乱』）。

　では、なぜ『吾妻鏡』は後白河の密命を描かず、令旨により頼朝が挙兵したことにしているのか。それは、鎌倉幕府の歴史が、北条時政の立ち会いのもとに、伊豆国から始まっていなければならなかったことと深く関わる。そのことを確認すべく、もう一度冒頭部本文に戻って、その叙述を分析してみよう。

視点の誘導

『吾妻鏡』を開いた読者にとって、まず目に入る四月九日の記事は、我が世の春を謳歌する清盛を「討滅」すべしという「令旨」発給の状況説明である。一線を退いた「入道」（仏門に入った人）でありながら「宿意」を抱く頼政、「一院第二宮」（後白河院の第三皇子だが、兄が早くに出家したため第二皇子とされた）という出自にそぐわぬ不遇の以仁王、「前右兵衛佐」でしかない流人頼朝など、内心に現状への不満を抱きつつ零落した、しかし本来は貴種である人物たちの動向と、その結びつきから起筆されている。それも含めて、この日の叙述は出来事の連なりを俯瞰的に記す。

ところが、続く二十七日の記事は、「令旨」の移動に伴う形で視点が「伊豆国北条館」に移り、突然クローズアップされるのは頼朝の装束と所作である（傍線部①）。ここには観察者の視線が内在している。というのも、北条館に令旨が「到着す」「八条院蔵人行家の持ち来たる所なり」と記されるとき、「今日」から始まる日記風の文体における語り手はその場に居合わせた者ということが、言外に示されるからである。つまり、この部分は頼朝の様子を直接見ることのできた人物、すなわち「北条館」の亭主時政の視点を暗に含み込む形で叙述がなされている。

視点が伊豆に置かれるということは、『吾妻鏡』が何を強調したかったのかを示唆(しさ)する。この史書が構築しようとする鎌倉幕府の歴史は、編纂主体である北条氏の本貫地(ほんがんち)（名字の地）から語り起こされる必要があったのである。そしてこの地なら伊豆の知行国主源頼政との関係から、令旨が真っ先に届けられる必然性もあった。

さて、続いて傍線部①中の二重傍線部、つまり頼朝が令旨を開き見たとの記述の後、行家が甲斐（山梨県）・信濃（長野県）へ向かったと書かれた直後から、傍線部④中の二重傍線部、つまり頼朝が令旨を開くところへと場面が戻る直前までは、叙述の時系列上、挿入句として捉えられる。この挿入句部分の構成が、実に巧みに組み立てられた運筆となっている。

まず傍線部②のように頼朝の不遇と悲痛な心境を述べ、続けて清盛による暴政、院近臣(いんのきんしん)（中級貴族の家柄で、院の側近となる廷臣）への弾圧、さらには後白河院の幽閉という事実を並べ、院の苦悶(くもん)に言を及ぼす。その上で、そうした時宜にあって令旨が到来したのだと、再び視点を「伊豆国北条館」に戻す。源氏の不遇→平家の悪行→令旨到来という語りの順序が、頼朝挙兵を「義兵」として位置づけ、正当化を志向しているのは明らかで

図3　天皇家略系図①（数字は皇位継承順）

後白河[1]
- 二条[2] ― 六条[3]
- 以仁 ― 北陸宮
- 高倉[4]
  - 安徳[5]
  - 後鳥羽[6]

ある。

そのような挙兵の必然性が、続く傍線部③の故事引用（『史記』「淮陰侯列伝」の一節）をもって補強される。この部分のみならず、一連の挿入句は、価値判断を含んだ評価の言葉の集積であると言える。しかし発話の主体がない地の文に織り込まれているために、あたかもこれらが客観的事実であるかのごとく叙述されている。

こうした文辞が配置されたのち、満を持して傍線部④のように時政の存在が語られ、「当国の豪傑なり」「専ら無二の忠節をあらわす」「最前にかの主を招く」と繰り返し称揚される。これまで登場した不遇の貴人たちに比べ、この亭主は異質の存在感を放っていると言えよう。また「武衛（頼朝）を以て聟君となす」と、時政を起点とした親族呼称が用いられることも、視点のありかを暗示している。挿入句が始まる以前、叙述に時政の視点が内在していたが、ここに至って読者は頼朝ではなくその庇護者としての時政に、視点の移入を強いられることになる。以仁王の視点ではなく、また頼朝自身のそれ以上に、頼朝を庇護し観察する北条氏の視点にこそ読者が引き入れられるように、『吾妻鏡』冒頭部は構成され演出されている。

さて、このようにして挿入句が終わり、令旨が開かれた場面に戻って（引用文末尾の二重傍線部）、令旨本文が引用される。そして、その聖性を帯びた秘密の文書は、三つの視線によって同時にのぞき込まれる形になる。一人は令旨を閲覧した頼朝であり、一人は「最前に」招かれ同席した時政であるが、加えて、この『吾妻鏡』を開く読者である。崇高なる貴書を手にし閲覧するその視線に宿った緊張感と高揚感は、二人の登場人物と同調する仕掛けとなっている。

このように、『吾妻鏡』はその冒頭部からして、入念に作り込まれた文章によってこの史書独自の論理に読者が引きずり込まれるよう、仕組まれているのである。このような認識を持った上で改めて『吾妻鏡』に対峙（たいじ）するとき、この書は豊かな文学性すら備えたひとつの歴史叙述として立ち現れるだろう。

『平家物語』との関係

文学性といえば、傍線部①②③はいずれもなかなかに特徴的な表現だが、実は、同じ表現が『平家物語』にも見られる。すなわち、頼朝挙兵の由来としてまず頼朝を紹介する場面（前掲引用文傍線部②相当）と、怪僧文覚（もんがく）が頼朝に挙兵を勧める場面（同傍線部③相当）、そして文覚がもたらした後白河の院宣（いんぜん）（上皇の命令を伝える文書）を頼朝が拝受する場面（同傍線部①相当）である。

また、『吾妻鏡』の記す以仁王の「令旨」発給〜挙兵を頼政が主導したという一連の虚構は、『平家物語』においても全諸本に共通して描かれる基幹的構想である。つまり、『吾妻鏡』と『平家物語』は同時代の他書に見られない独特の表現・構想を共有していることになる。ならば、両書はどのような関係にあるのかというと、議論が分かれている。成立は『平家物語』の方が古いので、『吾妻鏡』編纂に際して『平家物語』が素材の一つにされた、との説が古くから有力である（石母田正「一谷合戦の史料について」、平田俊春『平家物語の批判的研究』、日下力『中世日本文学の探求』）。しかし、共通の原史料に拠ったと見る説も根強い（五味文彦『増補 吾妻鏡の方法』、高橋秀樹「吾妻鏡」）。

筆者は、『吾妻鏡』がある種の『平家物語』を参照して記事を構成した可能性がきわめて高いと考えている。次章でも述べるが、『平家物語』と『吾妻鏡』は複数の箇所で、構成や語句、および特徴的な虚構を共有しているからである。それぞれの箇所でたまたま共通の原史料に拠ったと考えるのは無理がある。あるいは、各箇所を併せ持つまとまった原史料があってそれに両書が依拠した、と想定することも可能ではあるが、そこまで完成された原史料となると、もはや『平家物語』の一諸本、もしくはその成立過程における一様態と捉えるべきであろう。とはいえ、これから共通認識が固まってゆくものであろうから、今後の議論を待ちたい。

「令旨」による挙兵という構想

ともあれ、ここで確認しておきたいのは、『平家物語』に見える後白河の院宣について『吾妻鏡』には一切記されないという点である。すなわち、直接的にせよ間接的にせよ『吾妻鏡』と参照関係にある『平家物語』諸本では、令旨については以仁王挙兵の文脈で述べられるものの、伊豆の頼朝側から見た令旨到来はほとんど触れられず、頼朝と後白河院をつなぐ文覚の働きが詳述される。つまり『平家物語』諸本は頼朝挙兵の端緒を文覚のもたらす後白河院宣に求めるのに対して、『吾妻鏡』はただ令旨のみに求め、院宣についてはその存在に全く触れていないのである。これはどういうことだろうか。

他書の言説を確認すると、一二二〇年代成立の史書『六代勝事記』には令旨とも院宣とも書かれないが、同時期成立の史論『愚管抄』は頼朝挙兵のきっかけとして「宮ノ宣旨ト云物」を挙げ、院宣については院近臣の藤原光能（みつよし）が後白河の意向を汲んで発給し文覚に与えたとの伝聞を記しながら、「ヒガ事（誤り）」と判断して退けている。しかし逆に言えば、同書が書かれた頃には否定せざるを得ないほど院宣発給の言説が流通していたということであろう。

また、南北朝期に成立した『保暦間記（ほうりゃくかんき）』（史書）と真名本（まなぼん）『曽我物語（そがものがたり）』（軍記物語）は、いずれも本文に『平家物語』の影響が見られる歴史叙述であり、令旨と院宣の両方に言及する。しかし、鎌倉前期成立の慈光寺本（じこうじぼん）『承久記（じょうきゅうき）』（軍記物語）、南北朝成立の『梅松論（ばいしょうろん）』『増鏡（ますかがみ）』（いずれも歴史物語）は、院宣により挙兵したと記していて令旨には触れない。やはり、『吾妻鏡』のように令旨のみにより挙兵したとして院宣を語らない叙述はかなり特殊で、独自の構想に基づくものであることが確かめられる。

では、なぜ『吾妻鏡』は院宣の情報を消去し、『平家物語』の院宣到来にまつわる表現を令旨のそれとして描く（前掲引用文傍線部①〜③）のだろうか。一つには、先述したように、頼朝の挙兵を頼政の「宿意」に端を発する源家再興の事業として位置づける構想があったと考えられる。それに加えてもう一つ、そもそも時政を立ち会わせ、伊豆国を歴史の起点に置くためにはそうすることが必要だった、という指摘もある。つまり、院宣であればその授受に無位無官の時政が「最前」に同席できるはずがない。ところが令旨であればそれが可能であり、北条氏に都合の良い叙述になっているというわけである（伊藤正義「治承四年・頼朝権力の「創世記」」）。確かに、文覚と院宣の文脈が消去され、令旨拝受の場に時政が配置された結果、最も強調されたのは、北条氏の存在の重要性であることは間違いない。

関連して、挙兵の準備を進める八月六日にも時政を持ち上げる記事がある。すなわち、頼朝が主命を重んじ身命を捨てる覚悟のある勇士（工藤茂光、土肥実平、岡崎義実、宇佐美助茂、天野遠景、佐々木盛綱、加藤景廉ら）を一人ずつ呼び出し、それぞれに「誰にも話していないことだがお前だけが頼みだから打ち明ける」と言って尽力を請うたため、みな自分だけが期待されていると士気を上げた。しかし「本当に重要な秘密は、北条時政以外に知る者はなかった」と付け加えられ、時政こそ唯一の腹心であったことが強調されている。

源頼義と平直方の再現

冒頭部を振り返れば、傍線部④の部分において、時政は平直方の子孫（原文では「平直方朝臣五代孫」）と称されていた。これは、頼朝の祖先である頼義が平直方の婿になって嫡子義家を儲けたこと（『陸奥話記』『中外抄』）に基づき、北条と源氏の結びつきを言挙げする記述である。つまり、時政が頼朝を娘政子の婿にしたことを、直方と頼義の関係に重ねることで、北条が頼朝の随一の腹心であることを歴史的に裏付けているわけである。

しかし、北条氏が本当に平直方の末裔なのか、史料的に確かめることはできない。現存する北条氏系図は起点が直方になっているものが大勢を占めるが、直方から時政までの人名に異同が多く、鵜呑みにできない。また、たとえば『吾妻鏡』と相前後する時期に成立したと考えられる『源平闘諍録』の平家系譜では、直方と時政がつながっていない。近年の研究

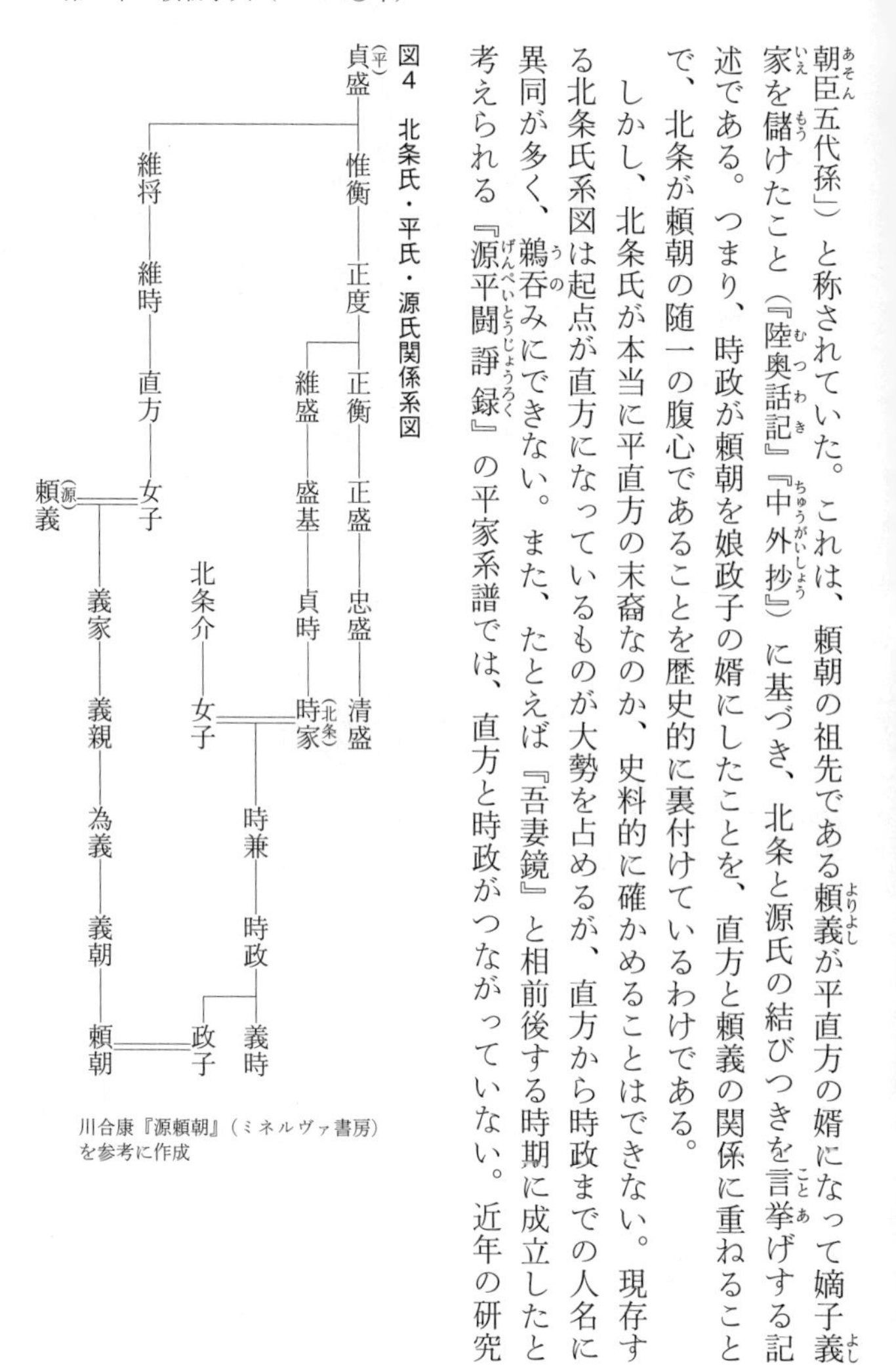

図4　北条氏・平氏・源氏関係系図

川合康『源頼朝』（ミネルヴァ書房）を参考に作成

によるとこの系譜の信憑性は高いようである（佐々木紀一「北条時家略伝」）。これを受けて最近では、時政が直方の子孫だという言説は後世の捏造ではないかと疑われている（川合康『源頼朝』）。

確かに、幕府の正史たる『吾妻鏡』でも、時政の父の名すら伝えられていないのは不審である（野口実『東国武士と京都』）。少なくともこの記述では、頼朝と時政の関係の深さやその運命的な結びつきを強調する効果が認められ、時政が称揚されていることは確かである。

流浪の貴種を助ける、貴種にゆかりのある豪傑の助力という物語。ここには、ある想像力の型が働いているのではないだろうか。たとえば、『源氏物語』における光源氏と明石入道（光源氏の母桐壺更衣の従弟）のような。すなわち、貴種流離譚の話型である。次にこのことについて考察したい。

貴種流離譚として

『源氏物語』を初めて「貴種流離譚」として論じたのは折口信夫である（折口「日本文学の発生」）。以来、幼神が辺境を流浪し艱難辛苦の末再び尊い存在となるという、日本文学の始原的話型として理解されてきた。しかし、そうした折口流の解釈は見直されつつある。近年の研究によると、この話型の基本要素は「訪れる神」「排斥する人間」「歓待する人間」の三者であるという。そして、その筋立ての原型は、「王位を巡る争いにより政権の中心から追放された貴種が、《異人》として流離する過程で受ける歓待を通して《神》の力を獲得し、《正統な王》として即位する物語」だとされている（山岡敬和「「貴種流離譚」とは何か」）。折口があくまで文学の発生に関心を置いたために見落とされてきたが、歓待する側の主体性が、物語を駆動させる鍵として再評価されているのである。流離する貴種の物語を、訪れられる側から捉え直すことで、この話型の本質が鮮明に展望できるようになりつつある。

要するに貴種流離譚とは、貴種以上に、その助力者たちの活躍を語る物語様式なのである。貴種の艱難を語るその裏側で、主体的に行動して功成り名遂げるのは彼らであり、物語の祖と言われる『竹取物語』から、折口がこの話型の結実と位置づけた『義経記』まで通底する普遍的な構造である。助力者の側から見ると、たとえば竹取の翁や弁慶たちは、流離する貴種との結びつきを得ることで、無名の凡下から高名の守護者へと躍進したことになるだろう。辺境にさまよう光源氏を庇護した明石入道も同様である。そしてまた、このモデルは、『吾妻鏡』に描かれる頼朝と御家人たちの物語にもよく合致する。

「貴種再興」の物語

治承四年（一一八〇）八月、伊豆の流人頼朝は、反平家の兵を挙げて当国の目代山木兼隆を討ち取ったものの、続く石橋山合戦で敗れ安房国へ流れることとなる。しかしその後の旅程において、関東の武士団を次々と麾下に入れ、両総を抜けて武蔵国を経る頃には一大勢力を築き上げていた。そして十月に鎌倉に入り、ついにこの地を拠点とした武家政権を打ち立てる。こうしてまとめると、『吾妻鏡』に描かれる頼朝の幕府草創の過程もまた、貴種流離譚の話型にぴたりとあてはまっている。

事実として、『吾妻鏡』には頼朝の挙兵を「貴種再興」と位置づける記述が劇的な形で現れる。ひとまずその叙述を確認しておこう。

八月二十三日、石橋山に敗北した頼朝は、山中潜伏を経て二十四日に箱根山の寺院に匿われる。そして二十六日、頼朝に与力する三浦一族は、本拠地である三浦半島の衣笠城を、反乱鎮圧にあたる畠山・河越・江戸ら武蔵国の武士団に襲撃され敗れた。いわゆる衣笠合戦である。その最終局面において、当主三浦義澄は城を捨て高齢の父義明を連れて逃れようとする。しかし義明は「自分は源家累代の家人（従者）である。幸いにもその貴種再興の時に立ち会えた。どうして喜ばずにいられようか。自分は余命いくばくもないので老命を頼朝殿に捧げ、子孫の勲功に替えたい。お前たちは早く退去しろ」と述べ、独り城郭に残りとどまったという。すなわち、三浦一族の長老である義明は、子息との今生の別れに際して「貴種再興」の時に立ち会えたことを喜ぶ発言をしたわけである。

義明の台詞における頼朝は明らかに、外部から訪れて在地の家に「権威者を支えた助力者」というアイデンティティをもたらす「貴種」として造形されている。それは同時に、一連の貴種流離譚における歓待者としてここでは三浦一族が位置づけられることを意味する。

つまり、この貴種流離譚は、訪れる貴種の側からみれば頼朝の幕府草創の起源譚であるが、頼朝を迎え入れる側からみれば、一族のアイデンティティを語る起源譚としての機能を有している。

なお実際には、義明の最期は延慶本『平家物語』にあるように味方に取り残された惨めなものだったようで、彼の名言も三浦一族の忠義を喧伝するために創作された伝説と考えられている（高橋秀樹『北条氏と三浦氏』）。

御家人たちの勲功譚

三浦一族のみならず、一か月以上にわたるこの貴種流離譚において、陰の主人公たるその歓待者たちは他にも無数に描かれている。

たとえば緒戦の山木合戦では、父の代から源氏に仕える佐々木四兄弟（定綱・経高・盛綱・高綱）の貢献が相当の分量を割いて語られている。四兄弟が苦難を乗り越えて挙兵に加わった際には頼朝が感涙したと記されるし（八月十七日）、同日夜の合戦では経高の放った矢が「これは源家が平氏を征する最前の一矢である」と称される。ここでの叙述の中心は、頼朝よりも、また北条氏よりも、忠臣佐々木兄弟の活躍にあると言える。こうした叙述が生まれた要因としては、この記事の原史料に佐々木家の家伝があったことが考えられる（佐々木紀一「『平家物語』・『東鏡』「山木夜討」の成立について」）。『吾妻鏡』にも佐々木家の勲功伝が幕府へ提出されたという記事があるので（宝治二年〔一二四八〕六月二十一日、七月七日）、これが原史料となったのかもしれない。

また同様に、家伝が原史料となったらしき記事として、豊島清元・葛西清重・足立遠元らとともに頼朝のもとへ参上した、寒川尼と小山朝光（のち結城と改姓）母子の挿話もある。このとき関東の制覇を成し遂げつつある頼朝が、初めて対面した朝光の元服（成人の儀式）を差配した上に自ら烏帽子親（擬制的な父親）になるという、結城家の起源譚的な逸話である（十月二日）。この後も、朝光にまつわる美談や武勇伝は『吾妻鏡』の中で多数語られている。そのため、これらは結城家のまとまった家伝が『吾妻鏡』編纂時に取り込まれて記述されたものと考えられる（野口武司「『吾妻鏡』にみる小山朝光の活動」）。

北条、三浦、佐々木、結城の例を見てきたが、他にもたとえば石橋山で頼朝を故意に逃がした飯田家義は、富士川の合戦でも登場して平家方を討ち勲功を挙げ、頼朝から「本朝無双の勇士」と絶讃されたとある（十月二十日、二十二日）。彼の武功を語る家伝が原史料となったのだろう。あるいは、安房で頼朝を自宅に匿った安西景益の功績も同様にして記事に取り込まれたのではないか。

このように、『吾妻鏡』における頼朝の貴種流離譚には、頼朝を歓待し、忠義を尽くして挙兵に貢献したという、いくつもの家の起源譚が併存している。その意味で、この書における幕府草創の叙述は、坂東武士たちのアイデンティティを語る物語の集合体と捉えることができる。

その中でも、相当のまとまりと重要性を有するという意味で注目に値するのは、頼朝を歓待して決定的な働きをした、千葉氏の立場から語られる貴種流離譚である。以下、これを詳しく見ていこう。

千葉氏の歓待

頼朝の貴種流離譚のうち、房総半島を巡行し制覇してゆく過程は、千葉氏を歓待者として一定の完結性を備えた記事構成となっている。先にも触れた通り、八月二十三日の敗戦後山中を命からがら逃げおおせた頼朝は、二十八日に真名鶴崎（まなづるがさき）から安房へ発（た）つ。翌二十九日に安房で北条・三浦と合流し、九月一日に旧知の安西景益へと助力を求める書状を出して、三日には小山朝政（ともまさ）（朝光の兄）・下河辺行平（しもこうべゆきひら）・豊島清元・葛西清重らへも同様に送る。そして翌四日には上総・千葉両氏へ、参上するようにとの命を奉じる使者としてそれぞれ和田義盛・安達盛長（あだちもりなが）（頼朝の流人時代からの側近）を遣わしたとある。

しかし最後の記述は疑わしい。というのも、『吾妻鏡』以前に成立していた『六代勝事記』や『愚管抄』によると、関東における反平家の挙兵は、上総氏に頼朝が合流する形であった。実際には千葉氏ではなく、そのライバルである上総氏こそが、当初から頼朝と連携して房総攻略を主導していたのである。一次史料である『玉葉』にも、上総氏を反乱軍の主力と捉える記事がある（治承四年九月十一日、翌年十月二十七日）。

しかし『吾妻鏡』においては、頼朝に加勢を要請された上総広常は「千葉常胤と相談したのちに参上する」と返事をしたことになっている（九月六日）。この記事では上総広常の行動が千葉常胤の意向に左右されるかのように語られており、上総氏の主体性が後退させられるとともに、千葉氏の強い存在感が示されている。

そして九月九日には安達盛長が帰参し、千葉氏が加勢を承諾したとの報告をもたらす。そこでは、千葉常胤による頼朝への忠誠心とその先見性とが殊更に書き立てられている。すなわち、眠ったように黙する常胤に盛長が承諾を促したところ、常胤は「源家中絶の跡を興すことに感涙して眼を開けられず、言葉を発することができない」と言い、「現在の居所は要害の地でもなく由緒の地でもない。速やかに相模国鎌倉へ」と勧めたとある。つまり、頼朝の鎌倉入りは常胤の提案によるものだったというのである。事実性は不明だが、『吾妻鏡』の文脈上、常胤の言動の決定的な重要性が示唆されていることは間違いない。

続いて九月十三日には、常胤の子息胤頼とその甥成胤が平家方の下総の目代を追討し、翌十四日には、平家と姻戚関係を結ぶ千田親政が常胤を襲撃したものの、孫の成胤が戦って親政を生け捕ったことが記される。いわゆる結城浜合戦であるが、これは長きにわたった下総藤原氏と千葉氏の競合に決着をつけた戦いである（野口実『増補改訂 中世東国武士団の研究』）。頼朝来訪とは別の文脈である在地の利害において、ほかでもない千葉氏にとってきわめて重要な意義を持つ出来事であった。

そして九月十七日には、ついに常胤と頼朝の対面が描かれる。多くの子息と大軍とを伴った常胤が頼朝勢に合流すると、頼朝は「千葉介（ちばのすけ）を父として頼みにする」と語ったという。権威的な貴種頼朝に、助力者として頼られる位置にあったと印象づけることで、千葉氏を称揚する言説となっている。

なお、この頼朝の発言は、延慶本『平家物語』では上総・千葉両氏に書状を送る際、「広常と常胤を父母と頼む」と申し遣わす形で語られる。こちらの方が当時の実態に沿った記述であり、『吾妻鏡』は上総氏を省いて千葉氏のみが頼朝に頼られたように叙述している。

上総氏の悪役化と諸氏の参集

さらに九月十九日に至り、上総広常は明らかに千葉常胤と対照的な人物として造形される。すなわち、広常が二万騎の大軍勢を引き連れて参上するが、頼朝はその遅参に激怒する。そこでは「広常は内心、もし頼朝がさしたる器でなければ討ち取って平家に献じようと考えていた」と広常の打算的な心中が記され、しかし予期に反して数万の勢を喜ばず逆に遅参を咎（とが）める頼朝の堂々とした姿に、改心して与力を決めたと語られる。近似の記述は『平家物語』諸本にも見られるものの、広常は先述の通り頼れる存在であって悪役ではない。また、広常が頼朝を殺害しようと考えるまでにその忠誠心の低さが語られるのは『吾妻鏡』だけである。

広常が悪役化されているのは、幕府の正史にとって、のちの広常暗殺を遠回しに正当化するためであろうし、広常の地位を受け継ぐことになる千葉氏を元来からの両総平氏嫡流に位置づけようとする意図も読み取れる（野口実『増補改訂 中世東国武士団の研究』）。結果として、『吾妻鏡』の文脈上には、頼朝を無条件に歓待する常胤に対して、歓迎せず打算的に振る舞う広常、という見事な貴種流離譚の構図が出現している。

さて、千葉氏・上総氏の合流で両総の制覇を遂げた頼朝は、十月二日、両氏の船に乗って太井川（現在の江戸川）・隅田川を渡り、武蔵国に入ることとなる。これも『吾妻鏡』独自の記事であり、『平家物語』諸本では江戸重長が作った浮橋で隅田川を渡ることになっている。

かくして海の向こうから訪れて房総を巡行・制覇し、大河を渡って隣国へ赴いた頼朝には、先述の豊島清元・葛西清重・足立遠元・寒川尼と小山朝光が参上、合流し、盤石の体制が整ってゆく。翌十月三日に常胤が伊北常仲とその一味を追討し、長男胤正が第一の勲功を挙げたとの記事が挟まれたのち、四日にはついに畠山重忠・河越重頼・江戸重長らが参上したことが記される。これによって武蔵国の主たる実力者たちを麾下に収めたこととなり、南関東一帯は頼朝の支配下に入る。前述の《正統な王》の誕生である。

このように『吾妻鏡』は、幕府の草創を貴種流離譚という物語様式を用いて描き出している。それは、来訪する頼朝の側から語られる支配体制確立の物語ではなく、むしろ来訪を受ける家々の側から自家の起源が語られる物語の集合体である。各家は頼朝の支配下に入るようであってその実、幕府誕生の起源神話に自らを位置づけることに成功しており、頼朝と歓待者たちの単純な支配－被支配の構図に還元できない相互依存的関係が描き出されている。その物語を流離する貴種の側から読めば、版図拡大の歴史となるだろう。しかしその裏側には、歓待者たちがしたたかにアイデンティティを獲得してゆく物語が、複線的に織りなされているのである。

中でも一段高い位置に置かれるのが、やはり北条氏である。ここまで見てきた頼朝の貴種流離譚にも、その最初と最後に北条氏が登場する。のちに尼将軍として幕府を大きく動かすことになる、頼朝の妻政子である。すなわち、石橋山合戦への出陣（八月二十日）の直前に政子の初出記事があり、頼朝の毎日の勤行（ごんぎょう）を政子の読経（どきょう）の師である法音（ほうおん）という尼に引き継いだとある。それは政子の提案だったという（十八日）。さらに、政子が伊豆山へ退避したことが語られ（十九日）、頼朝の鎌倉入り（十月六日）および御所の確定（九日）の直後には、政子の鎌倉到着が記されている（十一日）。叙述構成のレベルにおいて、北条氏は諸御家人とは別格の扱いがなされていると言えよう。最後に、そのことを再確認しておきたい。

立ち会う時政

令旨到来のとき、時政が最前に招かれて立ち会ったことは先述した。また、頼朝が御家人一人一人に「お前だけが頼みだ」と声をかけた際、真の腹心は時政だけだったと地の文で明記されていることにも触れた。この冒頭部の後も、『吾妻鏡』では、時政が幕府草創にあたって重要な場面に居合わせるよう、かなりの操作がなされている。

たとえば、石橋山での敗戦後、箱根山中潜伏を経て時政は子息義時とともに甲斐へ向かうが、やはり頼朝に会おうと土肥（神奈川県足柄下郡）へ引き返したとある（八月二十五日）。動きがあまりに不自然であるため、これは数日後に安房での頼朝再起に時政を立ち会わせるための虚構であろう。つまり、土肥実平の導きで真名鶴崎を発った頼朝が海路安房国に到着した八月二十九日、「北条殿以下の人々がこれを拝して迎えた」と、頼朝を出迎える忠臣の筆頭を時政にしている。頼朝の房総上陸という重大場面に立ち会うわけだが、あたかも助力者たちの盟主であるかのような筆致である。

しかし『平家物語』諸本を見ると、頼朝を迎えたのは三浦氏を中心とする武士たちであり、時政・義時は石橋山敗戦後そのまま甲斐国へ赴いて安房には渡っていない。『吾妻鏡』ではわざわざ頼朝の安房上陸を見届けてから、命を受けて甲斐源氏の糾合に向かっているが（九月八日）、いかにも不自然で、『平家物語』の行程の方が事実を反映している可能性が高い。

あるいは、鎌倉落着後、富士川の合戦で甲斐源氏が頼朝と合流する場面においても、あたかも時政が甲斐源氏を引き連れてきたかのような叙述がある（九月二十四日、十月十八日）。実際には甲斐源氏は頼朝とは別の勢力として独立して挙兵しており、『吾妻鏡』の記述は虚構である（秋山敬『甲斐源氏の勃興と展開』）。この点については次章で詳述する。

このように、時政を家主とする北条氏は、頼朝流離譚においてもその助力者として存在感が強調され、他の家に比して明らかに重く描かれている。角度を変えれば、北条氏が自家の優越性を主張するために源氏将軍の権威を利用している、とも読めるだろう。あたかも、徳川家康がそうしたように。貴種流離譚の助力者となった家々は、みな北条と同じように頼朝の権威へと直接結びつこうとしている。しかし『吾妻鏡』において、頼朝は北条氏の存立の要(かなめ)でもあるため、家々が頼朝を崇敬することは、各家が自らの由緒を確保すると同時に、北条氏の由緒を支えることにもなっているわけである。

このように『吾妻鏡』は、家々の物語の集合体であって、語り手たちの利己のせめぎ合いと協調により歴史像が織りなされている。「北条氏のための曲筆」として片付けるのは簡単だが、それだけでは、ここまで見てきたような『吾妻鏡』の豊かな物語性を読み落とすことになるだろう。この「正史」はきわめてダイナミックな歴史叙述であり、現在を肯定するために過去を利己的に語り直したがる我々の今も変わらぬ営みを、未来永劫(みらいえいごう)逆照射し続けている。

第二章　平家追討（一一八五年）
——頼朝の版図拡大と利用される敗者たち

合戦による版図拡大とその語り方

プロイセンの将軍クラウゼヴィッツは、著書『戦争論』において「戦争は政治の延長である」という有名な警句を記した。武力行使とは単に敵を屈服させるための行動ではない。直接間接に関与する諸勢力の力学関係に変更を促すための方策であり、政治的目的を達成するための手段なのである。

『吾妻鏡』の叙述もまた、頼朝が平家政権を倒した一連の戦争を、確かに政治の延長として語っている。と同時に、その「戦争を語る」行為自体が、まさに政治的営為として機能している。「政治の延長」という言葉は、戦争そのもの以上に、戦争をどのように語るかということにこそ、一層ふさわしいらしい。

『吾妻鏡』が語るのは、以下のような過程である。まず前章で述べたように、治承四年（一一八〇）八月～十月、頼朝は伊豆から房総を経て武蔵、そして相模と、南関東一帯を制圧する。これと並行して、頼朝の命を受けた安田義定・武田信義・一条忠頼ら甲斐源氏が、甲斐（山梨県）・南信濃（長野県南部）・駿河（静岡県中部）の平家方を撃破して頼朝と合流（十月十八日）。富士川合戦で官軍を遁走させた頼朝は、ここまでに平定した東国各地について、御家人らの本領を安堵し、他方では勲功ある者に敵方没収地を給与した（二十三日）。また北信濃でも、頼朝に呼応して挙兵した従弟の木曽義仲が、南下しようとする平家方勢力を市原（長野市若里）で迎撃している（九月七日）。

続けて、十一月には常陸（茨城県）の佐竹義政・秀義を討伐すると（金砂城合戦）、翌治承五年（一一八一）閏二月、常陸から鎌倉に攻め入ろうとする頼朝の叔父志太義広を、小山朝政・宗政兄弟らが下野国（栃木県）で撃退（野木宮合戦）。かくして頼朝は北関東一帯も統制下に置いた。その後しばらく鎌倉の都市整備の期間と寿永二年（一一八三）の欠巻を挟み、元暦元年（一一八四）正月から翌年三月にかけて、頼朝の代官として弟義経らが西国へ出陣し平家追討に成功。ついに内乱は収束する。結果、頼朝の影響力は西国にまで及ぶこととなった。

こうした過程は、軍記物語さながらの臨場感ある合戦記事に彩られ、鮮やかに描写される。ところが子細に検討すると、その叙述は虚構に満ちた「政治」そのものなのである。

たとえば、『吾妻鏡』における金砂城合戦は、あたかも頼朝が上総広常に佐竹氏を討たせた、という書きぶりである。ところが、合戦を半月ほど遡る治承四年（一一八〇）十月二十一日の記事を見ると、富士川に勝利を得た頼朝がそのまま上洛しようとするのを、広常と千葉常胤・三浦義澄が制止し、佐竹討伐を提案したとある。広常は一貫して東国に留まることを強く主張しており（『愚管抄』）、実際には東国武士たちは頼朝に制御されていたわけではなかった。広常は佐竹氏と所領を接しているため、自身の利害関係で動いていたのである。また、頼朝はこの三年後に「上洛したいが藤原秀衡・佐竹隆義の脅威と兵糧不足のために叶わない」と述べている（『玉葉』寿永二年〔一一八三〕十月九日）。これは、佐竹氏の当主隆義が京から常陸へ帰って同氏の勢力が回復していたからであり（『玉葉』治承五年〔一一八一〕四月二十一日）、『吾妻鏡』が記すような完全制圧は曲筆の産物と言える（野口実『坂東武士団の成立と発展』）。

さらに野木宮合戦も、頼朝が忠臣の活躍と八幡神の加護により勝利したという、きわめて精巧な軍記物語として構成されている。しかも、実際には寿永二年（一一八三）の出来事だったこの合戦を、二年遡る治承五年（一一八一）の文脈に見事に接合させて叙述している（拙著『『吾妻鏡』の合戦叙述と〈歴史〉構築』）。

このように『吾妻鏡』は、重要な合戦について虚構を交えながら叙述することで、幕府の歴史における版図拡大の契機として意味づけてゆく。そして、冒頭部の以仁王令旨により措定された「世を乱す平家勢力に対して頼朝が義兵を挙げた」という枠組みにより、その過程を正当化する。しかし実際には、武士たちは在地の利害で動いたのであり、『吾妻鏡』はこれを頼朝の合戦として語り直しているわけである。

以下、本章では、先に概観した平家追討の過程のうち、甲斐源氏・義仲・義経の合戦を取り上げ、『吾妻鏡』の語る歴史像を点描していきたい。

甲斐源氏の活躍

頼朝ら賊軍の追討のため、京都から平家軍が直接東国へ派兵された初めての合戦は、有名な富士川合戦である。夜中、水鳥の羽音に驚いた平家軍が潰走したことは『平家物語』に描かれてよく知られる。平家の軟弱さを象徴するようでいかにも曲筆めいた逸話であるが、それ自体は一次史料にも記されており、事実であったらしい(『山槐記』治承四年〔一一八〇〕十一月六日)。

しかし、これを頼朝の合戦と捉えるのは『平家物語』や『吾妻鏡』の影響である。というのも、近年の研究によると、富士川合戦の勝利は頼朝とは独立的に主体的な軍事行動を起こした甲斐源氏の功績であった。頼朝は、実際には富士川(静岡県富士市)に到着すらしていなかったと考えられている。そのことを説明するにあたり、まずは甲斐源氏の働きについて見ていこう。

『吾妻鏡』によると、甲斐源氏の合戦は、①波志太山合戦（八月二十五日）、②大田切合戦（九月十日）、③鉢田合戦（十月十四日）の、三つの段階を踏んだ。その叙述を追うと、まず①は、石橋山合戦後、平家方の俣野景久が駿河国の目代 橘 遠茂の軍勢を連れて甲斐源氏を討ちに出たが、富士北麓で宿営している間に百余りの弓の弦が鼠に食い切られてしまう。明くる二十五日、頼朝挙兵に呼応して甲斐から出陣していた安田義定勢がこれに遭遇。弓のない平家方を蹴散らしたという。動物の働きや富士山麓という地理を考慮すると、山神の助力が暗示されていると読むべきであろう。

次に②は、これも頼朝の挙兵を聞いた武田信義・一条忠頼らが、合流を志し駿河国に向かおうとしたが、まず信濃国の平家方を討つべく出陣。諏訪上宮（現在の諏訪大社上社）付近に宿営していたところ、夜更けに若い女が一人やってきて、自分は諏訪上宮の大祝（神主）である諏訪篤光の妻だという。いわく、夫が源家の祈禱のため社頭に参籠していたところ、夢で一騎の勇士が「源氏の味方だ」と名乗って西を指して鞭を揚げた。これは諏訪明神の化身に違いなく、参籠中の夫に代わって報告に来たという。そこで武田・一条軍はこの夢告（神仏などが夢に現れて告げること）を信じて伊那郡大田切郷（長野県駒ヶ根市）にて菅冠者の城を襲ったところ、冠者は戦わずして自害した。彼らはこれを神助と考えて諏訪明神に田畑を寄進したが、その際に執筆役の者の手が勝手に動き、上宮と下宮とに平等の寄進状を書いたとある。これもまた、勝利の必然性と正当性を示す霊験譚である。おそらく原史料となったのは諏訪社の関係者により制作された勲功説話であろう。

その後、頼朝の房総半島制覇から鎌倉入りを挟み、③が語られる。すなわち十月十三日、安田・武田・一条ら甲斐源氏が駿河国に入り、翌十四日、富士西麓の鉢田の隘路で平家方の駿河目代橘遠茂・長田入道らと不意に行き会った。険峻な地形のため互いに前にも後ろにも進めなかったが、武田信光（信義の子）らの勇戦で見事これを討ち取ったとある。続いて十八日には、甲斐・信濃の源氏ら二万騎が、黄瀬川（静岡県沼津市）まで進軍してきた頼朝勢の大軍二十万騎と合流。諏訪明神の夢告および鉢田合戦の勝利を報告したという。

このように、『吾妻鏡』は神仏の助力と甲斐源氏の活躍を描く。しかし、その叙述において強調されることはほかにある。それは、甲斐源氏の動きを促した頼朝の命令と、それを伝達し甲斐源氏を引率した北条時政の働きである。次にそのことを説明しよう。

頼朝の命令と時政の主導

頼朝が安房で千葉・上総両氏と連絡を取っていた九月八日、時政は、使者として甲斐国へ出発した。甲斐源氏とともに信濃の平家方を討ち、味方を集めよとの命令だったという。そして十五日、時政は甲斐国で、太田切合戦から帰還した武田・一条軍と合流。命令を伝えた。

ところが、この叙述には矛盾がある。というのも、このとき伝えられた命令とは、五日前に武田・一条軍が自発的に行っていたものだからである。これは、日付順に読み進める読者に、時政の伝令（八日出発）を受けて甲斐源氏が信濃へ侵攻した（九日夜〜十日）との印象を与えるための叙述操作と考えられる。『吾妻鏡』は、甲斐源氏が頼朝の指揮下にあったように語っているのである。

また九月二十日には下総国から頼朝の使者として土屋宗遠（土肥実平の弟）が甲斐国へ派遣され、「時政の案内により黄瀬川の辺で頼朝軍と合流するように」と命じたという。これが武田・一条軍に伝えられたのは二十四日であった。しかし、この時点での頼朝の状況（まだ上総広常と合流したばかりで武蔵国にも入っていない）からすると、これも予言的にすぎる。しかも先述②の通り、甲斐源氏は九月十日の時点ですでに、駿河国へ行き合流しようと協議している。ここにも矛盾があるわけだが、これらもまた、全てを頼朝の命令とするための操作であろう（以上、秋山敬『甲斐源氏の勃興と展開』）。そして、時政が重要な役割を果したということも、さりげなく印象づけられている。

第一章で触れた通り、時政は令旨閲覧・挙兵準備以来、頼朝の最側近として描かれるが、石橋山敗戦直後から不自然な動きをとり（八月二十五日）、頼朝の安房上陸に際して御家人たちの中心として立ち会う（二十九日）。また処々で御家人たちの筆頭に記され、あたかもリーダーのように描かれる（八月二十七日、二十九日、九月一日）。そして甲斐源氏への伝令でも、時政が彼らを引き連れるという表現が繰り返されている（九月八日、二十日）。

このような『吾妻鏡』の叙述には、時政が甲斐へ伝令に向かったとすることで、甲斐・信濃・駿河の平定および富士川の勝利という、内乱の重要なポイントにおける甲斐源氏の決定的な貢献を、頼朝の命令および時政の働きの結果として位置づける効果がある。ただし、時政は甲斐・伊豆両国を結ぶネットワークを有していたと考えられており（西川広平「甲斐源氏」）、甲斐源氏との連絡役を担ったこと自体には現実的な必然性が見出せる。とはいえ、伝達のタイミングには曲筆があり、そのために前述の効果が生み出されていることは確かである。

議論を先取りするが、このときの甲斐源氏の働きにより、富士川合戦の前に大勢は決していた。つまり、この合戦の主役は頼朝ではなく、実は独立的に軍事行動を起こした甲斐源氏だったのである。そして、このとき武田信義・安田義定がそれぞれ獲得した駿河国・遠江国（静岡県西部）の支配権を、のちに継承したのは時政だった（以上、杉橋隆夫「富士川合戦の前提」）。『吾妻鏡』にとって、治承四年（一一八〇）の甲斐源氏の活躍には、頼朝と時政が主導的に絡む必要があったのである。

富士川合戦の虚実

かくして導かれる富士川合戦を、『吾妻鏡』は、頼朝の戦いとして描いている。すなわち、頼朝が甲斐源氏に黄瀬川辺での合流を指示したのちの九月二十九日、京都では平維盛（清盛の嫡孫）が頼朝の反乱を鎮圧すべく官軍を率いて東国へ発向した。やがて頼朝勢が武蔵を経て鎌倉に落ち着いたのちの十月十六日、数万騎の官軍が駿河国に入ったとの報を受けた頼朝は、鶴岡若宮で祈禱を開始するとともに、その駿河国へと出陣した。黄瀬川に到着したのは十八日である。二十万騎の軍勢は二万騎の甲斐源氏らと合流し、来る二十四日を合戦の日と定めたという。そして二十日、頼朝は富士川東岸まで軍を進め、西岸の官軍と対峙した。その夜半、奇襲を狙った武田信義の動きに驚いた水鳥の一群が飛び立ち、その羽音によってパニックとなった平家勢は戦わずして京へ逃げ帰った。以上が『吾妻鏡』に記された顚末である。

この一連の記述は、一次史料で確かめられる事実と異なっており、『平家物語』を素材に組み立てられたと考えられている（冨倉徳次郎『平家物語全注釈』、福田豊彦・服部幸造『源平闘諍録』）。まず、官軍は数万騎とあったが、古記録によると「四千余騎」「五千余騎」（『玉葉』十一月一日、五日）あるいは「千騎」「千余騎」（『山槐記』十一月四日、六日）とされ、実際には数千騎を超えなかったようである。ところが、『平家物語』諸本はいずれも数万騎の規模を記している。また、頼朝軍は二十万騎とあったが、これも『平家物語』に同じ数が見える（ただし合流後の数）。しかしいかにも過大で、古記録に「数万騎」（『山槐記』十一月四日）とあるのがより現実的である。

加えて、甲斐源氏が官軍退却より前に頼朝に合流したという記述も、『吾妻鏡』と『平家物語』に共通する虚構である。一次史料によると、十月十六日に駿河国目代ら三千余騎が武田軍に殲滅され、翌十七日に武田軍から官軍に使者が送られたが、挑発的な内容であったため斬首したという。官軍は十九日に合戦と定めて富士川辺に宿所を構えたが、逃亡したり武田方に寝返る兵が続出し、十八日夜に戦わずして撤退した（以上、『玉葉』十一月五日）。『山槐記』『吉記』といった古記録には官軍が頼朝を恐れたとの記述があり、それはそれで事実であろうが、いずれにせよこのとき官軍が対峙していたのは『玉葉』にある通り武田軍と考えられる。武田軍が鉢田で駿河国目代らを討ち取ったとすれば（それは甲斐から駿河へ向かう際の順当なルートでもある）、そのまま南下して富士川辺で官軍と対峙するのが自然であり、『玉葉』の記述と一致する。

対して、『吾妻鏡』や『平家物語』のように甲斐源氏軍が黄瀬川まで赴いて頼朝軍に合流するというのは、官軍と対峙する戦線からかなり東へと退いてしまうことになり、地理的に不自然で戦略的にも無理がある。そもそも、先述の通り九月二十日時点で頼朝が黄瀬川集合の伝令を出したのが早すぎて非現実的である。したがって、いわゆる富士川合戦は両軍の合流より前、『玉葉』にある通り十月十八日夜に甲斐源氏単独で行われたものと考えられる（秋山敬『甲斐源氏の勃興と展開』）。実際には頼朝は、この戦いに参加していなかったということになる。

源氏門葉の独立性

ここまで、富士川合戦やそれに至る過程を頼朝の功績に帰する『吾妻鏡』の虚構を見てきた。甲斐源氏が頼朝と連絡を取り合っていた可能性までは否定し難いにせよ、彼らはあくまで独立的・主体的な勢力であった。石橋山合戦の情報が京都に届いた際にも、「義朝の子」が伊豆を、「武田太郎」が甲斐を占領したとあり（『山槐記』九月七日）、両者は別の勢力と捉えられていたし、十一月七日に出された追討宣旨でも、「伊豆国の流人源頼朝」と「甲斐国の住人源信義」がそれぞれ追討対象となっており（『吉記』十一月八日）、頼朝と武田信義が並んで東国挙兵勢力の中心と見られていた。

しかし『吾妻鏡』では、富士川合戦翌日の十月二十一日、頼朝は安田義定・武田信義をそれぞれ遠江・駿河の守護に任じたという。当時まだ守護の仕組みはなく、これは甲斐源氏の実効支配を頼朝の命令によるものとして語り直したものであろう（秋山敬『甲斐源氏の勃興と展開』）。その後も甲斐源氏は独自の行動をとっており、たとえば安田義定は寿永二年（一一八三）、木曽義仲とともに京へ進軍している。そうした甲斐源氏の独立性は頼朝にとって危険であったに違いなく、『吾妻鏡』には、戦況がいったん落ち着いた治承五年（一一八一）三月七日、頼朝が武田信義に不審を抱き、召して末代までの服従を誓わせたとある。当時の力関係からして事実とは疑わしい記事だが、正史は結果から振り返って過去を語っているのである。ともあれ、ひとまず時系列に従い、次に同じく源氏の門葉（一族・同族）である木曽義仲に目を転じよう。義仲もまた、『吾妻鏡』においては甲斐源氏と近似の立場にある。

義仲は、父義賢が頼朝の父義朝と対立して久寿二年（一一五五）に武蔵国大蔵館で殺されており、頼朝とは疎遠だったと考えられる。また、兄仲家は以仁王の挙兵に参加して討死しており、自身ものちに以仁王の遺児（北陸宮）を擁して上洛することから、頼朝が仕える後白河院ではなく、以仁王を支えた八条院（後白河の妹の暲子内親王）系統の人脈に連なっていたことがわかる。義仲がのちに八条院蔵人の行家や八条院領常陸国信太庄を本拠とする志太義広と合流するのも、同様の人脈によると考えられる（元木泰雄『源頼朝』）。

そのような義仲の挙兵は、『吾妻鏡』の叙述によると、頼朝・甲斐源氏の挙兵と同時並行的になされたという。平氏を討って源氏の家を興そうと志していたところ、頼朝が挙兵したと聞き、すぐに加わって念願を遂げようと考えた、とのことであるが（治承四年九月七日）、甲斐源氏の場合と同様の曲筆で、本来独立的挙兵であったのを、頼朝への追従を前提として語り直している。この記述は例によって『平家物語』を素材としているらしく、説明の順序や表現がよく一致している。しかし面白いことに、『平家物語』は「義仲が平家を討って世を取ろうと考えていたところ、頼朝が関東を押さえたと聞いて、義仲も信濃を横領した」と語っている。比較すると明らかな通り、『平家物語』が義仲を独善的で横暴な人物として造形するのに対し、『吾妻鏡』は頼朝の源家再興に呼応する門葉の一人として描いているのである（拙稿「『吾妻鏡』と『平家物語』の共通原史料について（上）」）。

そのような視点から見直すと、『吾妻鏡』の治承四年（一一八〇）の叙述は確かに、零落した源家の再興の物語という側面を有している。他にも、頼朝と同じく平治の乱で捕らえられた弟阿野全成（義経の同母兄）は、「令旨」の噂を聞き密かに醍醐寺を出て頼朝のいる下総の旅宿へ参向し、頼朝を感涙させたとある（十月一日）。また、富士川合戦と前後して、奥州からはるばるやってきた弟義経との感動の再会（十月二十一日）も、「黄瀬川の対面」として有名である。しかし、前者の記事には「令旨」の語が用いられており不審である。後者もいかにも感動的な文飾から事実性が疑われる。このあたりは、離散し流離していた源氏門葉が続々と頼朝麾下に入り、源家が再び勢いを取り戻すという構想のもとに文脈が組み立てられているのであろう。また逆に、同じ門葉でも頼朝に従わなかった佐竹氏や志太義広は、先述のように躊躇なく撃退されるさまが筆を尽くして描かれている。

義仲の活躍と追討

『吾妻鏡』はそうした文脈の中で、義仲の挙兵によって北信濃の平家方勢力が越後（新潟県）へ撤退したと述べる。そのため、前述のように義仲は頼朝の麾下でその版図拡大に貢献したかのように位置づけられている。

その後も、寿永元年（一一八二）十月九日、義仲が再び北信濃で「源家を攻めようとした」という越後城氏を迎撃する。横田河原合戦である。しかし、『吾妻鏡』はあっさりと事務的に記すのみで、合戦叙述もない。この合戦もまた実態としては、義仲が独自に北陸へ勢力を伸長したものだった（長村祥知『源頼朝と木曽義仲』）。しかし『吾妻鏡』は、合戦当日のみならず、その前の記事（九月二十八日）で城長茂が「源家を呪詛した」と記し、繰り返し「源家」のための戦いとして語る。この正史は、源氏の中心として描かれていた頼朝に門葉の義仲が奉仕する、という構図を創出しているのである。なお、この横田河原合戦は『玉葉』や『吉記』によると実際には前年六月のことであり、年月日も事実と異なっている。

このように、『吾妻鏡』は甲斐源氏や義仲の合戦を、虚構を交えながら頼朝の版図拡大の一環として再構築している。また同時にそれは、源氏の門葉を頼朝の下に位置づけてゆく過程でもある。この正史は筆を尽くして、頼朝が源氏嫡流としていかに抜きんでた存在であったかを描出しているのである。

その義仲も、寿永三年（一一八四）正月二十日、頼朝が派遣した弟の範頼・義経軍に敗れ、近江の粟津（滋賀県大津市）であえなく討たれた。しかし現存する『吾妻鏡』には、その経緯は書かれていない。いずれの諸本も前年の寿永二年が欠巻となっているからである。事実としては、寿永二年七月に平家を都から追い落として入京したものの、後白河院と対立し、信頼を失って京武者たちから見放された結果であった（元木泰雄『源頼朝』）。

しかし、『吾妻鏡』の文脈の中で何の意味づけもなされないわけではない。すなわち、義仲が討たれた三日後の正月二十三日、常陸国鹿島社から奇瑞があったとの報が届いたという。いわく、去る十九日に社僧が「当神は義仲と平家を追討するために京都へ赴く」との夢告を得た。すると二十日戌の刻（午後八時前後）、黒雲が宝殿を覆い四方がことごとく暗闇となって社殿が大いに震動するとともに、鹿や鶏が多く群集した。その黒雲は西方へ向かっていき、鶏一羽がその雲の中にいるのを人々は見た。これは前代未聞の奇瑞であったという。以上の報告を聞いた頼朝は、入浴中であったにもかかわらずそのまま庭に出て鹿島社を遥拝し、信仰を深めたとある。加えて、まさにその奇瑞の時刻に、京と鎌倉ではともに雷鳴と地震があったとも語られている。

この逸話は当然、事実とは考え難い。鹿島社は名高い武神であり、『吾妻鏡』は義仲が討ち取られた二十日にこの奇瑞を配することで、大いに貢献してきたこの源氏門葉の追討を、天意として正当化しているわけである。なお、原史料としては、鹿島社が幕府に恩賞を請求するにあたり提出した申状の可能性が考えられる。

さて、同じ寿永三年（一一八四）には、有力な源氏門葉が相次いで抹殺される。四月二十六日には義仲の嫡男清水冠者義高が討たれた。頼朝はこの青年を義仲との和平の人質として鎌倉に留め置き、自らの嫡女大姫の婿としていたが、義仲を討った今、連座は免れなかったという。なお、去る二十一日には、大姫の女房（貴人の家に仕える女）に匿われた義高が女装して密かに居所を脱出するというくだりが劇的に描かれ、大姫との絆が示唆されている。まだ幼い大姫であったが（六〜七歳）、夫を喪った傷心から病の身となり、以後たびたびその憔悴のさまが語られる。『吾妻鏡』では欠巻になっているが、大姫はそのまま建久八年

（一一九七）に夭折することとなる。ともあれ、この正史はここでも、幕府の版図拡大を語ることを怠らない。すなわち、義高殺害後の五月一日、残党が反乱を企てているとして、討伐のため甲斐・信濃両国へと、幕府の総力とも言える規模の軍勢を差し向けている。義仲が押さえていた地域を頼朝が完全に併呑（へいどん）した、と語っているわけである。

さらに、六月十六日には甲斐源氏の一条忠頼が誅殺（ちゅうさつ）される。これもまた劇的で、謀叛を疑った頼朝が宴席に招き、暗殺を命じられた工藤祐経（くどうすけつね）が果たせず天野遠景が代わりに遂げる、という緊迫の顛末であった。ただし、『吾妻鏡』の当該記事には「一条忠頼は威勢を振るうあまり世を乱す志を抱いたとの噂を聞き、頼朝自身もこれを察したために誅した」とあるが、具体的な罪状が何もない。粛清を正当化する記述であろう（木村茂光「頼朝政権と甲斐源氏」）。正史におけるこの年の叙述は、源氏門葉の誅殺にまつわる印象的な逸話を立て続けに描出することで、結果として、甲斐・信濃が幕府の管轄下に入ったことを象徴的に物語っている。そして、この年電撃的に上洛していともたやすく平家を破った、頼朝の実弟義経もまた、彼らと同じ運命をたどってゆくこととなる。

生田の森・一の谷合戦

寿永三年（一一八四）正月に入洛して義仲を梟首（きょうしゅ）（さらし首）に処した義経は、二十九日、兄範頼とともに平家追討へ向かい、二月五日にはもう摂津（せっつ）の三草山（みくさやま）（兵庫県加東市）で平資（すけ）

盛らの部隊に夜討ちをかけて破っている（三草山合戦）。そして七日、播磨（兵庫県南部）との境にある一の谷（兵庫県神戸市須磨区）において平家の本陣を散々に蹴散らし、平忠度・敦盛・経正らを討ち取るとともに、平重衡を生捕りにして、平家軍に大打撃を与えた。有名な一の谷合戦である。

一般に、一の谷合戦といえば「鵯越の逆落とし」がイメージされるだろう。確かに『平家物語』にも『吾妻鏡』にも、一の谷の背後にある鵯越という険峻な崖を義経軍が駆け下りて奇襲したため平家は大混乱に陥った、と語られている。あたかも一の谷が主戦場であったかのような叙述であるが、そうした認識は複数の点で事実と異なっている。ここでもまた、『平家物語』と『吾妻鏡』とが虚構を共有しているのである。

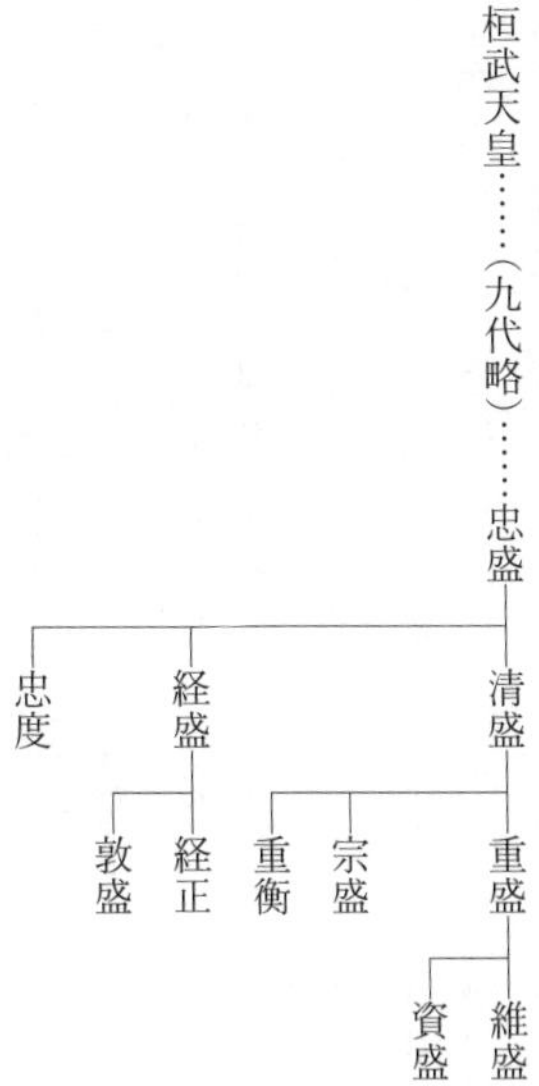

近年の研究により、この合戦は「生田の森・一の谷合戦」としての実態が明らかになってきた（川合康『源平合戦の虚像を剥ぐ』、菱沼一憲『源義経の合戦と戦略』）。すなわち、一次史料である『玉葉』によると、合戦翌日の二月八日には京都にその詳細が伝わって

図5　平家略系図

桓武天皇……（九代略）……忠盛
- 清盛
  - 重盛
    - 維盛
    - 資盛
  - 宗盛
  - 重衡
- 経盛
  - 経正
  - 敦盛
- 忠度

いる。これによれば、①搦手（敵の背後を攻める軍勢）の義経が丹波（京都府中部から兵庫県東部）の城を落とし、次いで一の谷を落とした。②大手（敵の正面を攻める軍勢）の範頼が浜地より福原（兵庫県神戸市兵庫区）に寄せて朝のうちに攻め落とした。③多田行綱が山方より寄せ、最初に山手を落とした。「浜地」つまり山陽道を西進し生田の森（兵庫県神戸市中央区）を経由して北上するルートで福原へ攻め上った範頼軍が平家の本拠地福原を陥落させているわけである。『平家物語』には範頼軍の生田の森合戦が描かれるが、そちらの方が真相を伝えていることになる。ただし、『平家物語』はあたかも生田の森と一の谷が近接しているように描いている。しかし実際には直線距離で十キロメートル以上離れており、かなりの広域で戦闘が行われたことがわかる。のみならず、『玉葉』によると「浜地」と対置される「山方」つまり福原の背後の山から真っ先に福原を衝き崩した功労者は、畿内武士の多田行綱であった。そして福原の背後の山手とはすなわち、現在「鵯越」と呼ばれる一帯である。この合戦は一の谷を主戦場としたわけではない。そればかりか、そもそも「鵯越」という地名は、一の谷ではなく福原の背後に位置しているのである。

『吾妻鏡』でも『平家物語』でも、「鵯越」は明確に一の谷の後ろの絶壁のこととして描写されている。近年の研究により、『平家物語』は本来広域で行われた「生田の森・一の谷合戦」を圧縮して描出し、独自の物語空間を創出していると指摘されているが（鈴木彰「合戦空間の創出」）、『吾妻鏡』も同様の空間認識を共有しているのである。地理の描かれ方以外にも、登場する人名、軍勢の数、戦闘の経過、特徴的な表現が両書で相当に一致しており、この場面が『平家物語』に依拠して記されているとの研究が積み重ねられている（石母田正「一谷合戦の史料について」、日下力『中世日本文学の探求』）。

他にも虚構が一致する点を一つ紹介すると、両書とも七日の卯の刻（午前六時前後）に矢合せ（開戦の合図）をする合意があったと記すが、これは事実と異なる。というのも、再び『玉葉』を見ると、後白河院から平家の総大将である宗盛（清盛の三男）へ、和平の提案が通達されているからである（正月二十九日）。これは『吾妻鏡』二月二十日に引用される宗盛から後白河院への書状によっても裏付けられ、その文面には、和平に乗ろうとしていた宗盛に開戦の意思はなかったとある。つまり、平家の側からすればだまし討ちに遭ったわけで、矢合せの合意があろうはずがない。やはり、『吾妻鏡』は『平家物語』を原史料の一つとしているようである。

ところで、福原の背後を衝いてこの合戦の帰趨を決した多田行綱は、摂津国多田庄を本拠とする摂津源氏の一族である。彼らは畿内周辺の所領と京都を往来しながら召集に応じて官兵となる、京武者と呼ばれた軍事貴族で、同じ摂津源氏の頼政や、伊勢平氏の平信兼（山木兼隆の父）も同様の存在であった。

行綱の場合、平家転覆の謀議（鹿ケ谷の陰謀）を平清盛に内通したり、義仲が都入りすればこれと連携したりと日和見主義的だが、京武者は基本的に院の武力として機能していた。

したがって、この合戦の勝利は、彼らを動員した後白河院の影響力によると言ってよい（元木泰雄『源頼朝』）。和平を持ちかけだまし討ちを仕掛けたのも院であった。『平家物語』や『吾妻鏡』はそれを語らず、義経を中心とする東国武士の武功の物語として描出しているわけである。そして義経や範頼は、頼朝の実弟であり、彼の代官として動いている。そのため『吾妻鏡』では、一の谷合戦の勝利も富士川合戦同様、源氏門葉ではなく、その上に君臨する頼朝の功績に帰せられていることになる。続く屋島・壇の浦合戦でも、同じ傾向が見て取れる。

屋島・壇の浦合戦

平家が去り、義仲が討たれたのち、混迷のるつぼにあった京都の治安を立て直すべく、義経は、約一年間にわたり在京してよくこれを成し遂げた。ために各方面で人望を集め、首都の安寧に不可欠の存在となっていった。しかし、頼朝の命により平家を討つべく、引き留める後白河院らを振り切って、元暦二年（一一八五）二月、義経は讃岐（さぬき）（香川県）へ渡り、屋島（高松市）に内裏（だいり）（天皇の居所）を構えていた平家を襲撃。そのまま瀬戸内海を長門（ながと）（山口県西部）まで追いつめ、三月二十四日、壇の浦（下関市）でついに彼らを殲滅した。屋島・壇の浦の合戦である。

『吾妻鏡』によると、義経軍は二月十八日丑（うし）の刻（午前二時前後）、摂津国渡辺（わたなべ）（大阪市）を暴風の中出航し、三日かかるところをわずか三刻（六時間）で阿波（徳島県）に到着。翌十九日には讃岐へ攻め込み、平家を屋島から追い落としたという。このように義経個人の行動力が勝利をもたらした、というのが通説的な屋島合戦の見方であろう。しかしこれは『平家物語』および『吾妻鏡』の影響であり、実態と異なる。

近年の研究によると、屋島攻略はそうした強行突破的な軍事行動の帰結ではなかった。義経は出陣一か月前から兵糧を集積しながら、淀川河口（大阪市）の渡辺党、紀伊（和歌山県と三重県南部）の熊野水軍、阿波の在庁官人、伊予（愛媛県）の河野氏の水軍などを周到に組織するとともに、四国の反平家勢力と連絡を取って入念に準備していた。合戦が始まったときには根回しが完了しており、すでに結果は決まっていたのである。壇の浦での勝利も、瀬戸内海の制海権を奪い、陸では範頼軍が平家の本拠地彦島（山口県下関市）を包囲するという、地味ながら着実な事前工作の成果であった（以上、菱沼一憲『源義経の合戦と戦略』）。しかし、『吾妻鏡』（およびその下敷きとなった『平家物語』）では、一連の合戦の勝因を義経の活躍に集約する形で描出している。そして『吾妻鏡』の叙述では、鎌倉の頼朝から西国の戦線への指令文書や連絡伝達の書状がしきりに引用されており、この追討合戦をあくまで頼朝指揮下の戦争として印象づけるように語られている。

加えて、平家滅亡の報が鎌倉に届けられた四月十一日、頼朝は亡父義朝を弔う勝長寿院（現在の鎌倉市雪ノ下にあった源氏の菩提寺）の立柱（着工の儀式）にあたり、現場で監督をしていたという。まさにそのときもたらされた父の仇討ち成就の報に接すると、鶴岡八幡宮の方へ向いて座し、感無量で言葉を発することができなかったと記される。また、十四日には後白河院から頼朝へ「平家追討は優れた兵法のおかげだ。この上なく感動した」との伝言が届き、頼朝は殊に喜んだとある。さらに五月十一日、頼朝が一連の戦功により従二位に叙されたとの報が届く。このように、平家追討の賞に浴したのは、やはり頼朝であった。

一方で、自ら前線で身命を賭した義経は、その頼朝に疎まれ、鎌倉に入ることすら禁じられたという（五月十五日）。兄の栄誉からわずか四日後のことであった。『吾妻鏡』はそのように語る。最後にこの点について見ていこう。

義経の悲劇の物語

義経はなぜ頼朝から排斥されねばならなかったのか。歴史学の成果によると、以下のように説明できる（元木泰雄『源頼朝』）。すなわち、西国から帰京した義経は引き続き検非違使（京都の警察）として治安維持を担当し、統率のとれた組織運営によって首都の安定を支えた。そのため、後白河院は彼を都に留めるべく腐心し、八月十六日に義経が頼朝の推挙で伊予守に補任（任命）された際も、異例の措置を取って検非違使に留任させた。というのも、頼朝推挙の武士が国司を務める場合は在鎌倉が原則だが、検非違使は在京しないと務まらないからである。つまり、強引な手段をとってでも自己の軍事力を手元に保持しようとする後白河院と、弟を呼び戻して自らの統制下に置きたい頼朝の間で、義経は板挟みとなったのである。二か月後の十月十八日、義経は後白河院に迫り、頼朝追討の宣旨を得ることとなった。その理由を述懐した義経の弁が『玉葉』に記録されているが（十月十七日）、これによると、最大の原因は義経の伊予守としての国務に頼朝から執拗な妨害を受けたことだという。唯一の官軍となることを志した頼朝にとって、院の武力であり続ける義経は排除すべき存在となっていったのである。いずれにせよ、兄弟の関係が修復不可能となったのは、義経が伊予守に任じられた八月十六日以降だということが確認できる。

しかし『吾妻鏡』は、兄弟が鋭く対立した時期を、一年も遡らせて描いている。すなわち、元暦元年（一一八四）の八月十七日、義経から鎌倉へ、頼朝の推挙なく検非違使に補任されたとの報告が届いた。後白河院からの指示で、固辞したが容れられなかったとの弁明だった。しかし頼朝は義経が自ら望んだのではと疑って怒り、平家追討の任務を一時的に解いたという。いわゆる「自由任官問題」である。

ところが、この軋轢は他の文献では確認できず、虚構と考えられる。なぜならこの後も義経は従来通り行動しており、『吾妻鏡』内部でも義経が同年八月二十六日に平家追討宣旨を得たとの記事があって（文治五年〔一一八九〕閏四月三十日の義経死去記事に付された略伝）、十七日の言説と矛盾している。また頼朝の疑念も不明瞭で、あるはずの処分もなされていない。よってこの自由任官問題は『吾妻鏡』の創作で、実際には義経の検非違使任官には頼朝の合意があったと考えられる（菱沼一憲『源義経の合戦と戦略』）。

さらに『吾妻鏡』の文脈を追うと、翌年、屋島・壇の浦合戦で平家追討を成し遂げたすぐ後にあたる四月二十一日、現地の梶原景時から鎌倉へ、二つの報告が届く。一つは、合戦時には複数の奇瑞があり、神仏の加護があったことは間違いないという内容であり、もう一つは、義経が戦功を自分一人のものとして振る舞い、武士たちの心が離れているという告発であった。そして、頼朝に忠実な範頼と対比しながら「身勝手な義経を人々は恨んでいる」と地の文で語られる。五月七日には義経から異心はないと誓う起請文が届くが、これを白々しいと受け止めた頼朝の怒りがまたも範頼と対比しつつ記される。

続いて十五日、壇の浦で捕らえた平家の当主宗盛を鎌倉に連行すべく出京した義経が、酒匂駅（神奈川県小田原市。駅は宿場のこと）に到着する。しかし頼朝は使者を出して宗盛を受け取り、義経は鎌倉に入ってはならないと告げたという。そして二十四日、以上の経緯が再び記された上で、有名な「腰越状」が引用される。腰越状とは、鎌倉の入り口にあたる腰越に留め置かれた義経が、頼朝の怒りを解くために大江広元にとりなしを求めた書状である。流浪の少年時代の辛苦、源家の名誉だけを思う志、異心なき心情を吐露した名文として広く知られる。『吾妻鏡』のほか、『平家物語』（覚一本、長門本など）や『義経記』に載り、後世には書状の手本として手習いの教科書に用いられ巷間に流布した。

ところが、腰越状は内容に不審があり、偽文書と考えられる。すなわち、第一に頼朝の怒りの原因を「讒言」（中傷）としか書いておらず、自身の不幸な生い立ちと合戦の苦心談ばかりで、疑惑への弁解になっていない。第二に、五位の衛門尉（衛門府の第三等官）に任官したことを「当家の面目、希代の重職」と書くが、当時の感覚としてはさしたる高官ではなく、義経の書状とは考えられない（以上、元木泰雄『源義経』）。また、『吾妻鏡』で義経が腰越駅にいたと記すのは五月二十四日のみで、前後の記事（五月十五日、六月九日）では三十キロメートルほど西の酒匂駅にいたとある。これは二十四日の記事が、腰越状の伝承を挿入する形で編集されたために生じた錯誤と考えられる（佐伯真一「注釈　腰越」）。後世流布して事実と信じられた腰越状は、義経伝承の展開の中で生成された偽文書である可能性が高い。

さて、『吾妻鏡』によると、とうとう鎌倉に入れられなかった義経は、六月十三日、「関東に怨みを持つ者は義経に付け」と謀叛を示唆して帰京した。これに頼朝も激怒し、義経に与えた領地を没収したという。しかし先述の通り、決裂は八月十六日の伊予守補任以降と考えられ、六月時点での決定的な対立は他の史料にない独自記事である。そもそも、『愚管抄』や『平家物語』諸本（延慶本・長門本・源平盛衰記）によると、このとき義経は頼朝と鎌倉で対面しており、こちらの方が事実である可能性が高い。もしこの時期にすでに決裂していたならば、頼朝は義経を帰京させずに拘束・処罰したはずである（菱沼一憲『源義経の合戦と戦略』）。なお、『吾妻鏡』は、頼朝は四月の伊予守推挙後に義経の不義が発覚したが取り消せなかったと語り（文治元年八月二十九日）、一定の筋を通している。しかし、実際には推挙を取り消せないはずがなく、これも虚構と考えられる（元木泰雄『源頼朝』）。

勝者の歴史と敗者の物語

では、なぜこのように『吾妻鏡』は兄弟の対立を前倒しし、義経が自分勝手に振る舞って頼朝の怒りを買ったかのように語っているのだろうか。この問題を考えるとき、義経が追討されることで最も得をしたのは北条時政だという指摘は注目に値する（元木泰雄『源義経』）。義経は頼朝と「父子の義」を結んだ「御曹司」（『玉葉』文治元年十月十七日、寿永二年十一月二日）、つまり正当な後継者候補の立場にあった。そのため、寿永元年（一一八二）に北条政子が頼朝の嫡男頼家を産むと、時政にとって義経は自らが鎌倉殿（幕府の棟梁）の外戚となる上で邪魔な存在となっていった。これを重視すれば、『吾妻鏡』は虚構を弄して早期の不和を語ることにより、傲慢な義経の謀叛という文脈を形成している理由も見えてくる。義経を悪役化して排斥の必然性を語ることは、『吾妻鏡』の編集主体たる北条氏にとって有益だったのである。

しかし、『吾妻鏡』が腰越状を引用したことは、そのような歴史叙述の構想に反して、頼朝の権勢拡大の裏側に生じた義経の無念を、真に迫る表現でこの史書に内包させてしまうこととなった。と同時に、こうしたある意味で不徹底な編集態度は、副産物として『吾妻鏡』に敗者の声を響かせることとなり、むしろ豊かな文学的余情を添える結果を導いた。叙述の構想からはみ出してゆく敗者の側の物語が、逆説的にその叙述の文学性を高めることは珍しくない。たとえば『平家物語』は、本来、盛者必衰の理を軸に幕府草創の正当性を語る構想を備えている。しかし、長い時間をかけて無数の諸本を派生させながら文学として洗練されてゆくに従い、むしろ滅ぶ平家の哀切を主題化させていった（兵藤裕己『平家物語の読み方』）。『吾妻鏡』もまた、勝者の歴史の裏側に、無数に生み出され続ける敗者の視界が時折顔を出すことがある。それは構想のほころびであると同時に、この書の大きな魅力にもなっている。

一次史料によると、十月十八日、義経は頼朝追討の宣旨を得た。先述の通り、追いつめられた末の挙兵であった。しかし、頼みの京武者たちは味方せず、義経は孤立する。そして十一月三日、ついに都落ちを余儀なくされた義経は、船で西国へ向かったが暴風により難破、失踪してしまう。『吾妻鏡』ではその後、義経の捜索が連綿と記され、義経の子を宿しながら離れ離れになった愛妾静御前と、幼くして夫義高を父頼朝の命で殺害された大姫の交流のエピソードも語られる（拙著『義経記』）。鶴岡八幡宮で頼朝を前に「昔を今になすよしもがな（昔を今に戻す方法があればなあ）」と歌った逸話や、産まれたのが男児であったためすぐに取り上げられ由比ヶ浜に棄てられる悲劇は有名であるが、いずれも『吾妻鏡』が文献上の初出である（文治二年〔一一八六〕四月八日、閏七月二十九日）。この正史には、後世に語り継がれる静御前の無念も息づいている。

さて、やがて義経は、青年期を過ごした平泉（岩手県西磐井郡平泉町）で奥州藤原氏に再び保護される。ところがその当主藤原秀衡の死後、頼朝の圧力に屈した継主泰衡(やすひら)に攻められ、自害することとなる。そうしてこれまでの義経追討の文脈は、頼朝が次に画策した奥州制圧のための、正当なる武力侵攻を導いてゆくのである。それは先に述べた、幼き大姫の夫清水冠者義高の追討が甲斐・信濃制圧の契機となっていた構図と重なる。『吾妻鏡』は敗者の物語を語る場合でも、本筋として、頼朝の絶対性と北条氏の功績、そして幕府の版図拡大を描いているということが確認されるだろう。やはり『吾妻鏡』は、敗者の声をすくい上げる側面を有しながらも、正しき歴史を語る「政治の延長」の書であろうとしている。

第三章　奥州合戦（一一八九年）

――幕府体制の確立を語る軍記物語

政治としての合戦

松尾芭蕉が『奥の細道』で「三代の栄耀」と綴った平泉は、奥州を束ねた藤原清衡・基衡・秀衡が百年以上にわたり治めて繁栄を築いた。しかし、続く泰衡の代に至り「一睡のうちにして」滅亡することとなった。源義経を保護したことを咎められ、頼朝自ら率いる幕府軍に儚く敗れ去ったのだった。いわゆる奥州合戦である。

奥州では前九年・後三年合戦（一〇五一～六二年、一〇八三～八七年）など大きな戦闘が行われてきたが、いわゆる奥州合戦とは、頼朝が文治五年（一一八九）の七月から九月にかけて大規模な遠征を行い、奥州藤原氏を滅ぼした合戦を指す。平家を追討し鎌倉に武家政権を建てた頼朝にとって、東北地方を押さえる奥州藤原氏は唯一残ったライバルであり、これを

図6　奥州藤原氏略系図

（藤原）秀郷……（五代略）……清衡――基衡――秀衡――（西木戸）国衡
　　　　　　　　　　　　　　　　　　　　　　　　├泰衡
　　　　　　　　　　　　　　　　　　　　　　　　└（本吉）隆衡

討つことで日本全土を統制下に収めることになる。つまり奥州合戦は、一連の頼朝の合戦における総仕上げという意味を帯びていた（入間田宣夫「鎌倉幕府と奥羽両国」）。

また近年の研究では、頼朝がこの合戦において自らを、前九年の役で安倍貞任ら東夷を鎮定した「祖父将軍」頼義になぞらえるよう演出したことが指摘されている。川合康氏によると、全国から二十八万四千騎ともいう軍勢を動員し集結させたこの合戦は、頼朝にとって御家人を再編成し幕府の体制を確立する「政治」の一環であった。と同時に、頼義以来の「源氏将軍」を継ぐ頼朝の権威を顕彰して認知させた、幕府成立史上特筆すべき画期であったという（川合康『源平合戦の虚像を剝ぐ』）。

幕府の統治が「源氏将軍」という「神話」の力によってなされたことは、徳川家康が『吾妻鏡』を愛読して幕府草創の範を頼朝の事績に求め、源氏に改姓したことへとつながっている。物語が歴史を動かしてゆくダイナミズムには戦慄させられるとともに、人間の認知や行動を物語が支配していることを示す一例として興味深い。ただし、それを頼朝が意図したかどうかには、いま少し慎重な検討が必要かもしれない。というのも、奥州合戦を詳細に語る史料は『吾妻鏡』以外に存在しない。特に、頼朝が自らの権威の源泉を頼義との系譜関係に求めたという点については、『吾妻鏡』の語る歴史叙述の文脈を視野に入れると、別の眺望が開けてくるからである。

『吾妻鏡』には数多くの合戦が記されているが、中でも奥州合戦と承久の乱の二つは、際立って長大な記事分量を有する。前者は頼朝の、後者は北条泰時の政権確立における記念碑的な合戦であり、武家政権を束ねる人物の正当性を語る記事となっていることは間違いない。であれば、そこに作為的な叙述が入り込むのは必然でもある。

反逆鎮圧の論理

『吾妻鏡』の奥州合戦記事について、入間田宣夫氏は「奥州征伐史観」と言うべき偏りがあると指摘している。確かに、たとえば泰衡が討たれた際に「隠れることは鼠のようで、退くことは雛鳥（ひなどり）に似（あ）ている」と泰衡を動物になぞらえて罵倒（ばとう）するなど（九月三日）、当該記事群は泰衡を悪しき反逆者として強調する。そして、忠臣たちの活躍と神仏の加護によってあるべき秩序を回復したというように、幕府の版図の拡大を正当化する形で叙述している。以下、当該記事の全体像を確認しておこう。

『吾妻鏡』における奥州合戦記事群では、頼朝が自ら有力御家人たちを率いて出陣する文治五年（一一八九）七月以前にも、約二か月にわたって軍勢の動員や神仏への戦勝祈願といった全国規模での出陣準備が記される。そして出陣二日前の七月十七日には、三手に分かれての進軍が決定される。すなわち、①常陸国から太平洋側を北上する「東海道」の軍は、千葉常胤・八田知家を大将軍として、②越後から日本海側を北上し出羽（山形県・秋田県）を経て陸奥国（福島・宮城・岩手・青森の四県と秋田県の一部）に至る「北陸道」の軍は、比企能員・宇佐美実政を大将軍に任命し、③頼朝が自ら大将軍を務める大手軍は下野国から白河関（福島県白河市）を経て阿津賀志山（福島県伊達郡国見町）を突破する「中路」と定められた。『吾妻鏡』では、一貫して頼朝の軍勢に視点を置いて語られてゆく。

出陣の記事には「無双の勇士」である囚人城長茂を加え、先陣畠山重忠とその郎従をはじめとして総勢百五十名に及ぶ長大な交名（名簿）が載せられる。そして十八日間にわたる行軍ののち、八月七日〜十日には、阿津賀志山の防衛線をめぐる華々しい合戦が活写される。この激戦に勝利し、敵の大将軍である西木戸国衡（泰衡の異母兄）を討ち取った頼朝軍は、奥州各地で掃討戦を展開し、二十二日、泰衡が脱出した後の平泉に悠々と入る。続いて九月二日に厨川（岩手県盛岡市）を目指してさらに北上し、四日には陣岡（岩手県紫波郡）において「二十八万四千騎」の幕府軍を結集させる。そして六日、従者に討たれた泰衡の首が陣岡に届けられ、当地で梟首して大団円を迎えることとなる。その後、頼朝が奥州各地を巡見したことや、現地での知行者（土地の領有者）交代などの戦後処理が語られ、出発から三か月余りを経た十月二十四日に鎌倉へ帰着する流れとなっている。

この一連の記事は、泰衡を頼朝および朝廷に対する反逆者として位置づける言説により、奥州藤原氏の追討がいかに正当なものであったかを担保している。すなわち、まず出陣の準

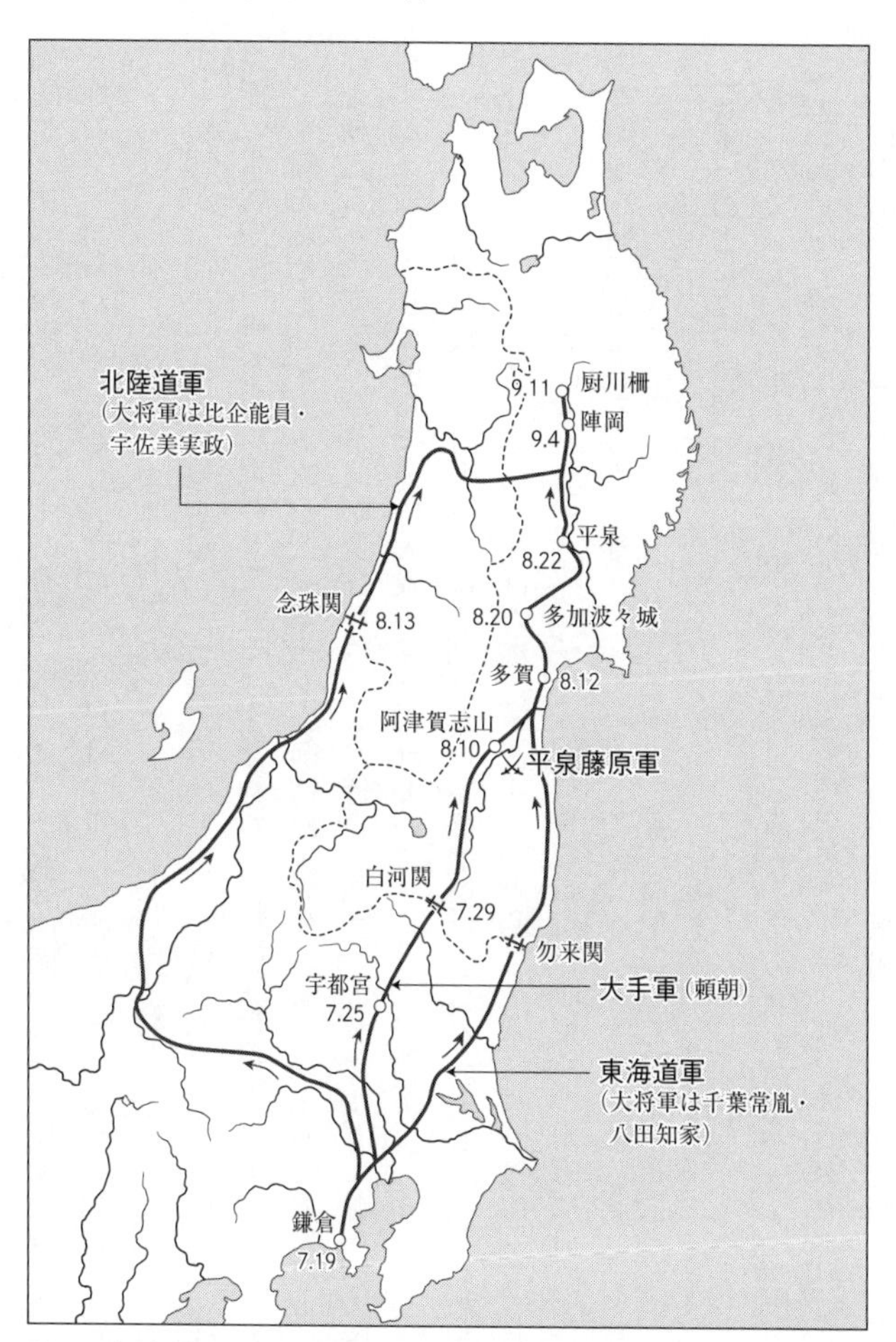

図７　奥州合戦における各軍の進路　川合康『源平合戦の虚像を剝ぐ』（講談社）を参考に作成。略記した月日は文治５年の日付

備を整え始める段階の六月二十四日に、泰衡による義経隠匿の咎は「反逆」以上の罪なのだと地の文で語られる。しかし実際には、義経はすでに殺害されているため朝廷は出兵を認めておらず、遠征には正当性がない状況だった（六月八日、二十四日、七月九日、十六日）。それでも頼朝が「征伐」の実行を決断した契機を、『吾妻鏡』は、六月三十日における宿老大庭(おおば)景能(かげよし)（景親の兄）の答申に担わせている。すなわち、「戦(いくさ)に臨む際は天子の命令より将軍の命令を優先させるべきであるし、そもそも泰衡は源氏累代の家人の末裔である以上、主人が罰を加えるのに朝廷の命令は必要ない」という進言である。これにより、源氏の逆臣泰衡に対する「罰」として奥州遠征に大義が与えられている。

そして泰衡梟首後の九月九日には、朝廷から泰衡追討の宣旨が到着し、頼朝の奥州併呑が追認されることとなる。その文面は泰衡について、「野心」をもって陸奥出羽を私物化した逆臣とこき下ろしている。『吾妻鏡』は、この合戦の始点と収束点の両方において、反逆鎮圧の論理を明示しているのである。

「将軍」の上に立つ頼朝

ところで、大庭景能の進言（「軍中は将軍の令(れい)を聞き天子の詔(みことのり)を聞かず」）は『史記』（絳侯(こうこう)周勃世家(しゅうぼつせいか)）の文言の引用であるが、泰衡を頼朝の家人筋に位置づける上で「将軍」という語が持ち出されていることは注目に値する。この語は、奥州合戦記事群に頻出するひとつのキーワードだからである。

たとえば遠征準備を進める七月八日には、千葉常胤が頼朝へ新調の御旗を献上しているが、その寸法は一丈二尺（約三メートル六十センチ）で、「入道将軍家」頼義の佳例（めでたい先例）に倣ったものだったという。またその御旗に用いた絹を進上したのは小山朝政で、「先祖将軍」藤原秀郷が平将門を討ち取った事績を踏まえたと語られる。秀郷は鎮守府将軍を務めており、「将軍」の呼称は妥当である。加えて同日に下河辺行平が頼朝に献上した鎧は、本来袖に付けるべき笠印（敵・味方識別の目印）が背中に付けてあった。これを問われた行平は、同じく先祖の藤原秀郷の佳例で、先陣を駆けたとき後ろから見る味方にその名を知らしめるという故実に倣ったものだと答え、頼朝が感心したとある。このように、合戦準備の中で喚起される先例意識は、安倍貞任を討った頼義の例のみならず、将門を追討した「将軍」藤原秀郷の征東の例にも及んでいることがわかる。

さらに、出陣当日の七月十九日に参陣した城長茂は、越後に強勢を築いた平氏の一族であるが、囚人として梶原景時に預けられていたのを赦免されて麾下に入った立場にもかかわらず、二十八日には大軍を集めて頼朝を驚かせたとある。この参陣の逸話は、前年九月十四日に語られる長茂の紹介記事を受けたものである。すなわち、そこでは長茂が「鎮守府将軍維茂」の末裔であることや、長茂の超人的身体（七尺〔約二メートル十センチ〕の長身）、超常的出自（先祖が狐に育てられた）および宝刀（維茂が狐から授かった）の保持が語られる。奥州合戦で頼朝に従った城長茂は、「将軍」の血を引く武将だったわけである。

またそもそも、頼朝が追討する泰衡は、小山や下河辺と同じく藤原秀郷の子孫であるとともに、同じく鎮守府将軍を務めた秀衡の嫡子であった（文治五年〔一一八九〕九月三日、七日、二十三日）。このように、『吾妻鏡』の奥州合戦記事群は、頼朝が「祖父将軍」頼義の佳例を踏襲しただけでなく、多様な「将軍」の末裔を麾下に統一して、日本随一の「将軍」となったことを語っている。

事実として、頼朝は将軍を超える「大将軍」となることを望んだことが判明している（櫻井陽子『『平家物語』本文考』）。これは同時に、「征夷」大将軍を鎌倉殿のアイデンティティとする発想は頼朝存命時にはなかった、ということも示している。しかし『吾妻鏡』の編纂時点では、この奥州合戦は、幕府に君臨し続ける「征夷大将軍」の起源として意識されたはずである。東夷を征討する「征夷」と、将軍たちの末裔を統べる「大将軍」の結びつきが、幕府の正史に刻まれていることを確認しておきたい。

阿津賀志山での対峙

次に、この遠征最大の合戦叙述である阿津賀志山の攻防を中心に、御家人たちの活躍とその表現を検討したい。八月七日から十日の四日間にわたり繰り広げられた阿津賀志山合戦は、その後二十六日間に及ぶ掃討戦に比してはるかに詳細に記され、『吾妻鏡』の中でもひときわ重要な合戦として描かれている。まずは、頼朝の忠臣たちの勲功を見ていこう。
阿津賀志山合戦の初日にあたる八月七日は、頼朝がこの山の麓(ふもと)の国見駅(くにみのえき)に到着したこと、その宿所で夜半に落雷があり、みな恐怖に慄(おのの)いたことから語り起こされる。一方の泰衡は、頼朝の進軍に備えて阿津賀志山に城壁を築くとともに、山と国見の宿との間に阿武隈川(あぶくまがわ)の流れを堰(せ)き入(い)れた水堀を構えて万全の防備態勢を敷いたとある。大将の西木戸国衡以下、二万騎の大軍で「三十里の間、健士充満す」といかめしいありさまが記される。加えて、平泉までの各地に無数の軍勢を展開するとともに出羽も固めたことが述べられ、泰衡軍の強大さが強調される。

しかし、夜のうちに、畠山重忠が用意していた人夫と鋤鍬(すきくわ)で堀を埋(う)め塞(ふさ)ぎ無力化してしまい、重忠は地の文により「思慮すでに神に通ずるか」と讃(たた)えられる。そして最後に、頼朝の近習(きんじゅう)結城朝光が伺候していた御寝所を抜け出し、兄小山朝政の郎従たちを連れて阿津賀志山へ向かったことが語られる。これは先陣を志したためだったとあり、忠臣朝光の勇敢さを示す逸話である。

一見して、頼朝勢の恐怖→泰衡勢の強大さ→畠山重忠の戦略と結城朝光の勇敢さ、という抑揚の利いた流れが整っており、よく構成されていることがわかる。しかし、中には明らかな虚構も交じる。たとえば堅固な水堀の記述。大規模な遺構が現存しており、この地に二重の堀が築かれたことは事実だが、そこに阿武隈川の水を引くのは地形的に不可能である（平井聖ほか『日本城郭大系』）。また、発掘調査の結果、この遺跡には設計や工法の観点から軍事施設としては不審が多いことが判明しており、実際には物理的な防衛機能よりも、境界としての象徴機能を重視した施設であったとされる（吉井宏「阿津賀志山防塁を考える」）。『吾妻鏡』は、誇張や曲筆を交えて泰衡軍の強勢を力説することで、頼朝の勝利や忠臣の功績を顕彰しているのである。

忠臣たちの活躍

続く八月八日、ついに両軍が複数の地点で衝突する。まず夜明けとともに畠山重忠・結城朝光らが矢合せを始め、阿津賀志山の手前に配置されていた副将軍金剛別当秀綱率いる先陣の軍勢と開戦。約四時間にわたる激戦の末、幕府軍の波状攻撃によって退ける。そこで秀綱は国衡のいる城へ戻って作戦を立て直す。次に場面が変わり、泰衡の郎従である佐藤庄司（源義経の家人となった佐藤継信・忠信兄弟の父）が登場する。この武将が石那坂（福島市松川町）の上に陣を構え、水堀や柵を築いて防備態勢を敷く。そこへ御家人常陸入道念西の子息四兄弟が、甲冑を秣（牛馬の飼葉）に隠して運び背後へ回ることで奇襲に成功し、佐藤庄司を討って阿津賀志山上に梟首する。最後に場面は鎌倉へと移り、観音堂建立を命じられていた頼朝の護持僧（将軍などの安穏を祈る僧）専光房が、夢告により立柱の期日を早めると、その時刻が阿津賀志山合戦の矢合せの時刻と一致した、という奇跡が記される。

翌九日も、個々の御家人の勲功譚が書き連ねられる。とりわけ合戦の帰趨を決したのは、夜通し峰を越えて西木戸国衙の城にたどりついた三浦義村（義澄の子）・葛西清重・工藤行光・同祐光・狩野親光・藤沢清近、そして十三歳の河村千鶴丸ら七騎による抜け駆けの行軍であった。しかし、彼らの活躍を可能にしたのは、抜け駆けを咎め立てせず看過した、畠山重忠の慧眼であったという。すなわち、これを止めるよう諫めた郎従の言葉に対して、重忠は、自分が先陣を任された以上は仲間が敵を破っても「重忠の一身の勲功」であるとし、先陣を駆けようとする仲間を妨げるのは「武略の本意にあらず」と語る。これも重忠の美談である。

続く十日の早朝、ついに頼朝が阿津賀志山を越える。しかし国衙勢も容易に退かず、畠山重忠・小山朝政・結城朝光・和田義盛・下河辺行平・三浦義澄・佐原義連（三浦義澄の弟）・加藤景廉・葛西清重ら歴戦の勇将たちが果敢に暴れ回り、激戦の大音声は山谷に響きわたったという。そして話題は、前夜に行軍した結城朝光および宇都宮朝綱（八田知家の兄）の郎従ら七人の別働隊に移る。七人は「安藤次」なる現地民に山を案内させ、鎧を背負って馬を引き、国衙軍の背後からの奇襲に成功する。これにより国衙軍は壊滅するが、逃亡した者が多く、離散した残党を追っての掃討戦が始まる。やがて金剛別当父子を結城朝光らが討ち、夕刻には和田義盛らが国衡を討ち取った。

殊に国衡の討死の場面は、大将の最期にふさわしく細部がよく書き込まれており、和田義盛と国衡とが行き会う↓一騎打ち↓畠山重忠の加勢↓国衡の馬の暴走↓夕闇の中深田に踏み入れる↓国衡の斬首、というプロットが、具体的な時間や空間を明記しながら詳細に叙述される。かくして各地の城郭が落ち、泰衡軍は壊滅することとなる。そして最後に、視点が鎌倉に移され、北条政子が鶴岡八幡宮で戦勝祈願の百度詣でを行ったことが語られる。神仏の加護の枠組みが見て取れるわけだが、これについては八日にあった専光房の夢告の奇跡とともに後述したい。

さて、このように、阿津賀志山での合戦はきわめて詳細に記され、同時並行的に複数の視点を語り交錯させる叙述によって、忠臣の活躍を効果的に演出している。中でも、畠山重忠と結城朝光の勲功は明らかに特筆されている。これはおそらく、当該記事群の素材となった原史料に関係しよう。畠山重忠については『畠山物語』と通称される物語が仁治元年（一二四〇）には存在していたし（『兵範記』紙背文書）、結城朝光については結城家のまとまった家伝が『吾妻鏡』の原史料の一つとなったと考えられている（野口武司「『吾妻鏡』にみる小山朝光の活動」）。

『畠山物語』についてはすでに先行研究（武久堅『平家物語成立過程考』）があるのでそちらに譲り、ここでは結城朝光の勲功物語について検討しておこう。まず、頼朝が遠征を決意した六月三十日、先述のように遠征敢行を進言した大庭景能が、膝の古傷（保元の乱で源為朝に射られた後遺症）で往生しているのを、朝光が助けて賞賛されたとある。次に七月八日には、兄の小山朝政が御旗の絹を調進したと語られていた。そして行軍中の同二十五日、下野国にて父小山政光(まさみつ)が朝光ら兄弟に「頼朝様から『無双』と称してもらえるように」と激励したとある。以下、合戦初日の八月七日に御寝所を抜け出し、八日に矢合せ、九日夜には七人で国衡の後陣の山に登って奇襲し、十日に副将金剛別当秀綱を討ったことはすでに述べた。まさに大車輪の活躍である。

　しかし、朝光の勲功物語には齟齬(そご)がある。七日に御寝所を抜け出したのに、八日には先陣が記されず他の武将と並んで矢合せをしているし、九日夜に潜行した際には搦手(からめて)として会津(あいづ)方面に向かったとあるが、後述するように方角がおかしい。一連の勲功物語が『吾妻鏡』に取り込まれた際、不整合が生じたのであろう。

　このように、家伝を素材としたらしき忠臣の勲功譚は他にも見られる。たとえば、石那坂で佐藤庄司を討った合戦を主導した常陸入道念西は、こののち伊達(だて)郡を与えられて移住し、伊達氏の祖となる。これは、伊達氏による当地支配の起源を語る家伝的説話が素材となって、『吾妻鏡』の奥州征服にまつわる歴史叙述に取り込まれたものと見られる。

地理の集約と再構成

　ここまで、奥州合戦記事群が、神仏に護(まも)られながら忠臣の働きにより反逆者を鎮圧する、という枠組みで構成されていることを見てきた。実は、これは多くの軍記物語が共通して備えている叙述構造である（大津雄一『軍記と王権のイデオロギー』）。そして他にも、同記事群には、軍記物語の類型的な表現方法で編集されている側面が見出せる。鈴木彰氏は、『平家物語』における生田の森・一の谷合戦（源義経が平家軍を破る戦い）、礪波山合戦（木曽義仲が平家軍を破る戦い）、法住寺合戦（木曽義仲が後白河院の軍を破る戦い）の記述を詳細に分析し、同書の合戦叙述について「実際には広大な空間を舞台に各所で行われたはずの合戦」を「あたかも地理的圧縮をかけたかのごとく描くことで、歴史的実態とは異なる次元での事件展開の脈絡と作中場面としての高い結晶度とを獲得した」と論じている（鈴木彰「合戦空間の創出」）。これと同じことが、『吾妻鏡』の阿津賀志山合戦の記事においても指摘できるのである。

先述したように、八月八日には、念西の子息四兄弟が潜行して石那坂で佐藤庄司を討ち取った上、阿津賀志山上に梟首したとある。これは国衡勢との緒戦の後のこととして書かれており、構成上、阿津賀志山合戦の一環として、石那坂合戦が描かれていることになる。しかし、石那坂は実際には阿津賀志山から約三十キロメートルほど南に位置する。ならば北上する頼朝軍は、国見の宿で国衡軍と対峙する八月七日より前にこの地を通過しているはずで、本来二つの合戦は別々のものであったと考えられる（小林清治「石那坂合戦の時と所」）。また、このとき梟首されたはずの佐藤庄司は、戦後の十月二日になぜか囚人として登場し、その日に赦免されたと書かれている。このような矛盾からも、石那坂合戦の叙述にはかなりの編集が加えられていることがうかがえる。

また八月十日にも、前夜の七人の抜け駆けによる潜行が描かれているが、九日の叙述とよく似ている上、先に触れた不整合を含む。というのも、九日から十日の行軍は、国見の宿→伊達郡藤田（ふじた）の宿→会津方面の土湯（つちゆ）・鳥取越（とっとりごえ）→国衙の後陣の山、というルートでなされたと書かれている。しかし、会津方面の土湯と阿津賀志山の背後へ続く鳥取越とでは、直線距離で三十キロメートルほど離れている。前者は石那坂に近く、そちらへ向かっては阿津賀志山を越えることはできないのである。八日と十日にある二つの潜行作戦が混同されているのであろう（吉田東伍『大日本地名辞書』）。

このように、『吾妻鏡』における阿津賀志山合戦の叙述は、『平家物語』の合戦叙述と同様、相当に距離のある別地点の合戦を混線させて描いている。そしてその結果として、忠臣たちの活躍が強く印象づけられる叙述となっている。『吾妻鏡』の奥州合戦は、構造レベルのみならず表現レベルにおいても、軍記物語の特徴を備えているわけである。

和歌と漢籍の引用

軍記物語に共通する特徴としてもう一つ重要なものに、謀叛鎮定によって王権秩序が回復・強化されるという要素がある。この要素もまた、当該記事群には明らかに備わっている。次にそのことを確認していこう。

阿津賀志山の合戦を制した頼朝軍は北上し、八月二十一日、暴風雨の中で、ついに泰衡の本拠地、平泉へと迫る。その入り口にあたる「津久毛橋」に差し掛かったとき、和歌の素養を持つ梶原景高（景時の子）が次のような歌を詠んだという。

　　陸奥の勢は御方に津久毛橋渡して懸けん泰衡が頸

「味方に付く」と「津久毛橋」の掛詞、橋を「渡る」と頸を「渡す」の掛詞、「懸ける」という橋の縁語で梟首を表現するなど、技巧を凝らした歌である。ただし内容的にはきわめて無骨な歌だが、頼朝はこの歌を喜んだという。その後、泰衡がすでに逃亡したこと、その際に平泉の屋敷や宝蔵に放火したことが記され、『白氏文集』（唐の白居易の詩文集）の字句を用いた美文により滅びの寂寞が綴られて、この日の記事は結ばれる。

　まずこの記事における和歌の引用に注目しよう。実は、遡って頼朝軍が奥州に入る七月二十九日にも似通った記事がある。すなわち、白河関を越える際に、景高の兄である景季が次の歌を詠んでいる。

　　秋風に草木の露を払はせて君が越ゆれば関守も無し

上の句は貴人である頼朝の行軍の「露払い」と掛けた表現であり、「関守」にも行く手を阻む敵軍の意味を掛ける技巧的表現は、景高の歌と通じるものがある。そして、奥州の入り口にあたる白河関と、平泉の入り口にあたる津久毛橋はともに境界の地であり、頼朝が行軍の要所を通過するにあたって和歌の呪術性に期待し神仏の加護を求めたと読める（大石直正「奥州合戦」）。また、情動を定型に落とし込む詠歌という行為は、位置づけの不安定な事象を王朝共同体の認識の枠組みに繰り込み、その秩序体系の内部において安定化させる行為でもある（兵藤裕己『王権と物語』）。人は手持ちの言語様式で事象を表現できたと感じたとき、その事象を支配しえたと認識するのである。

次に、漢籍の引用に注目すると、もう一歩踏み込んだ解釈も可能である。というのも、八月二十一日末尾の表現は『白氏文集』からの引用を含んでいたが、翌二十二日の末尾にも、類焼を免れた宝蔵に絢爛（けんらん）たる財宝がみつかった、という文脈で『史記』の表現が踏襲されているからである。つまり、頼朝の平泉制圧を語ったこの二日間の叙述が、ともに漢籍の言葉に依拠しながら締めくくられていることになる。これらを考慮すると、この二日間の表現は、王朝社会の文化的規範を体現する芸術である和歌に境界の地名を詠み込むことで、あるいは末尾に公共的文明圏の共通言語たる漢籍を引用しつつ叙述することで、支配的権力が及ばぬ外部を既知の思考体系内に位置づけ、取り込もうとする志向性が読み取れる。少なくとも、平泉陥落を劇的に演出し、奥州が頼朝の支配下に収められる転換点を効果的に強調する表現であることは間違いない。そうした印象操作は、この二日間の記事の随所に見出せる。たとえば、泰衡が邸宅を焼いて逃亡したとあるが、この日は「甚雨」（豪雨）だったという。それにもかかわらず炎上して灰燼に帰したというのは不自然で、文飾が疑われる。また、頼朝が平泉に入る二十二日の記事前半は「ただ颯々たる秋風、幕に入り響きを送るといえども、蕭々たる夜雨、窓を打つ声を聞かず」云々と流麗な対句表現により平泉の衰亡が感傷的に語られ、豊かな文芸性を湛えている。さらに、幕府軍が獲得した珍宝が過剰なまでに列挙されるが、これも異域征服を言祝ぐ呪言的な趣がある。また直接的には、敵の強勢とそれを破った征討軍の功績の大きさを強調する仕掛けとなっている。

宗教・歴史の領有化と撫民

かくして、頼朝は奥州藤原氏の追討を遂げた。しかし、武力による制圧が必ずしも現地の人々の従属を意味するわけではない。版図拡大には十分な正当性と、在地勢力の精神的帰服が必要となるからである。奥州における戦後の支配権移行および新たな秩序体制の確立は、『吾妻鏡』において膨大な記事分量を割いて語られている。

九月六日に泰衡を梟首した頼朝は、八日に京へ顚末を報告するための書状を送ると、翌九日、御家人に厨川周辺の寺院保護を命じる。また、続く十日には中尊寺領の安堵と諸役免除を手配している。こうして頼朝は、現地の仏法界の新たな護持者となってゆく。十七日には平泉の衆徒（大寺院の僧侶の集団）が、清衡以下三代が造立した中尊寺・毛越寺・無量光院の縁起を頼朝に献上したことが記され、その内容が引用される。そして頼朝に証文を下された衆徒は、文字通り安堵を得、君主の交代を承認する。

さらに頼朝は九月二十一日、胆沢郡（岩手県南部）の鎮守府において、「田村麿将軍」（ここに城を築いた征夷大将軍坂上田村麻呂）が勧請してその武具を宝蔵に納めたという八幡宮に奉幣する。その際、今後の神事は全て頼朝の立願として行うよう命じ、支配下に収めてしまう。

加えて二十三日には、頼朝が無量光院を巡礼したことと、秀衡が「将軍」となって中興した奥州藤原氏の威勢の跡が語られる。また二十七日には平泉の衣河における遺跡巡礼が記され、安倍氏時代以来の歴史と地勢とが語られて、翌二十八日には鎌倉への帰途、「田村麻呂・利仁ら将軍」（それぞれ征夷大将軍・鎮守府将軍）ゆかりの「田谷窟」を見たとある。これら一連の記事は征服した土地を巡見する支配儀礼（国見）の叙述であり、頼朝が奥州を領有化してゆく過程を象徴的に描いていると読める。そこに「将軍」の語が頻出するのも、先述のように頼朝が日本随一の「将軍」となったことを強調するためであろう。

このように『吾妻鏡』は、頼朝が奥州の土地とともに宗教・歴史をことごとく自らの麾下に併呑してゆくさまを丹念に語る。またそれだけではなく、合戦で家を失った民への住所安堵（九月十三日）や現地の者の登用（九月十四日）、住民に負担をかけない気遣い（十月一日）

および窮民の救済（十一月八日）、捕虜への寛大な赦免（九月七日、十三日、十六日、二十六日、十月二日）なども縷々記されている。さらに、十二月九日には数万の怨霊慰撫のために鎌倉で永福寺造営を始めたとあって、敗者の鎮魂までもが意識されている。

『吾妻鏡』は、幕府の奥州支配は必要十分な支配権移行の手続きを経てなされたのだという歴史像を構築することで、その正当性を跡付けている。

神仏の加護と北条氏の助力

ところで、その正当性を担保するいま一つの重要な要素が、こうした頼朝の行為に対する、神仏からの承認である。『吾妻鏡』はこれについても余さず描き尽くしている。

頼朝は遠征を前にして、各地の寺社に戦勝祈願を行った。六月十五日に出雲国杵築大社、二十八日に鶴岡八幡宮、二十九日に武蔵国慈光寺、七月五日に富士領帝釈院、十日に伊勢神宮、二十五日に宇都宮神社への祈願が、『吾妻鏡』にも明記されている。これらは記録や文書に裏付けられ、事実に沿うものと認められるが（加栗貴夫「奥州合戦をめぐる諸相」）、超常的な奇瑞の形で神仏の加護が描かれる記事も見られる。

たとえば、出陣前日の七月十八日、頼朝が伊豆山の住僧である専光房を召して、長年本尊と頼んでいる正観音像を安置するために、出陣の二十日後に将軍御所の後ろの山に御堂を建立するよう依頼する。そして出陣から十九日後、つまり阿津賀志山で先陣を突破した八月八日に、専光房が約束の観音堂を造作したこと、夢告により一日予定を早めたために奇跡的に時刻が阿津賀志山の矢合せと一致したことが語られる。日付や時刻の一致は神仏の感応を示す逸話に頻出する類型であり、『吾妻鏡』にも例が多い。

また、国衡勢を壊滅させ泰衡が逃亡して阿津賀志山合戦に勝利した八月十日の記事末尾に、北条政子が鶴岡八幡宮で戦勝祈願の百度詣でを行ったと付け加えられるのも同様で、日付の一致による神仏の加護を示唆している。そしてここでポイントとなるのは、頼朝を守護し勝利させた神仏の助力を導いたのが、伊豆山出身の僧専光房と北条政子の二者という点である。つまり、幕府の全国支配を確立させた幕政史上の記念碑的合戦を決定的に支えたのは、頼朝挙兵以来の伊豆のローカルな人脈だったと語られていることになる。

特に、こうした超常的で作為を疑われる記事が、奥州合戦記事群全体に占める北条氏の位置に関わっている例は看過できない。戦前の六月六日にもそうした記事が見られる。北条時政が奥州征伐を祈願して、伊豆国北条（静岡県伊豆の国市）に願成就院を創建したとの記事であるが、実際には、願成就院はこの記事の三年前にあたる文治二年（一一八六）に建立されたことが像銘から判明している（浅子勝二郎「二つの造像銘札をめぐって」）。また、この日は造作の事始めから立柱、上棟、供養までが一日で行われたように書かれているが、それは現実的に不可能であり、文治二年に創建されたことを隠すために無理な編集操作がなされている（塩澤寛樹「願成就院の造仏と運慶」）。

そしてこの願成就院建立にまつわる逸話は、劇的な形で結ばれることとなる。すなわち、戦後の十二月九日、願成就院に頼朝の宿館を造作していると、「願成就院」と書かれた古い額が出土した。これは吉兆であるから、当寺の額に用いることにした、との記事である。当然、事実を伝えた記録とは考えられず、何らかの意図を負った演出的記述であろう。記事末尾の地の文では、対句を多用しながら「北条殿」の冥加（神仏の加護）を滔々と言祝いでおり、奥州合戦の勝利において北条氏が神仏への祈願を通じ強力に支援したという主張が強くにじむ。この記事は、幕府体制を確立させた奥州合戦にあたって、北条氏の貢献を暗示するとともに、のちに奥州の支配権が北条氏へと実質的に引き継がれてゆくことの正当性を読者に訴える機能を帯びているだろう。『吾妻鏡』の成立背景を視野に入れればなおさらである。

源頼義を祖とする歴史観

こうした文脈を敷衍するならば、『吾妻鏡』の当該記事群に「祖父将軍」頼義にまつわる言説が頻出することにも、北条氏にとっての重要性が作用している可能性が見えてくる。川合康氏が論じるように、千葉常胤が調進した御旗の寸法（七月八日）、厨川への進軍（九月二日）、泰衡梟首の作法（九月八日）、逆乱鎮定の日付（九月十八日）など、奥州合戦において頼朝は頼義の事績を多く踏襲した（川合康『源平合戦の虚像を剝ぐ』）。しかし、これをより正確に言うと、そのように『吾妻鏡』が語っている、ということである。「奥州征伐」の先例として頼義が想起されること自体は自然ななりゆきであるが、この正史ははるか前、頼朝の挙兵当初から同様の意識を強調している。たとえば治承四年（一一八〇）に挙兵した頼朝が石橋山で敗れ安房に逃れた際、丸御厨（まるのみくりや）（千葉県南房総市）を巡見しているが、それは「御曩祖（のうそ）」（先祖）頼義が「東夷を平らげ給（たも）うた昔、最初の朝恩」として賜った特別な土地だからだったという（治承四年九月十一日）。また、南関東を平らげ鎌倉に入ってすぐ、鶴岡八幡宮を現在の位置に移設した際、この宮寺の起源として、頼義が前九年合戦に赴くにあたり祈願のために勧請したことを語っている（同年十月十二日）。

しかし、そもそも頼義を武門源氏の祖とする認識は、虚構である可能性が高い。実際には、源氏将軍家の曩祖は頼義の子の八幡太郎義家であると広く認識されていたし、『平家物語』で頼義が想起される場面でも、義家と混同されながら語られているからである（志立正知「鎌倉期における関東武士の自己意識と『平家物語』」）。つまり、頼義を頼朝の曩祖として繰り返し主張する『吾妻鏡』は、かなり特殊な文献と言える。これについて元木泰雄氏は、「『吾妻鏡』が頼義を殊更に取り上げるのは、平直方の娘婿として鎌倉に進出し、武門の立場を確立した彼と、直方の子孫北条時政の娘婿として鎌倉に幕府を開いた頼朝との共通性を強調するためにほかならない。『吾妻鏡』において、義家ではなく頼義が重視され、頼義以来東国武士と河内源氏が重代相伝の主従関係にあったような記述がみられるのは、このためである」と述べている（元木泰雄『河内源氏』）。頼義を父祖将軍として強調することが、北条氏にとって都合が良いのは確かである。

第一章で触れたように、平直方が頼義を婿にして鎌倉の屋敷を譲り、その娘が義家らを産み（『陸奥話記』『中外抄』）、『吾妻鏡』では北条時政の血脈の始点をその平直方に求めていること（治承四年四月二十七日）を考慮すると、頼義は頼朝の祖のみならず、北条氏の祖を想起させる人物でもある。頼義・直方の関係と頼朝・時政の関係は見事な相似形をなしており、その事実性が疑われるほど、『吾妻鏡』の叙述はあまりによく出来ている。これらを踏まえた上で、奥州合戦の正当性を物語る神仏の加護について北条氏が決定的な役割を担った、という叙述の論理に照らすと、幕府体制確立の過程で頼朝を頼義になぞらえる記述がちりばめられることは、頼朝や御家人たちと同等以上に、北条氏においてこそ恩恵が大きかったと理解できる。つまり、『吾妻鏡』内部の論理として、頼朝の奥州合戦を頼義の前九年合戦と重ねる一連の叙述は、北条氏と頼朝の相互依存的な補完関係を強調する役割を担っているのである。

多声的な物語とその中心

ここまで論じてきた通り、『吾妻鏡』の奥州合戦記事は、多くの虚構を含む作為的な編集がなされ、軍記物語としての構造と表現を備えていた。そして、幕府の奥州支配は北条氏の支援を受けて神仏の承認を得た上で必要十分な支配権移行の手続きを踏んだ、という主張が語られている。最後に、この記事群の組成について考えてみると、それは、志向の異なる複数の素材のパッチワークと言えそうである。だからこそ、齟齬や虚構が多く見られたとも言える。

本章で述べてきたところでは、畠山重忠の理想化を企図する畠山物語、結城朝光の活躍を顕彰する結城家の家伝的物語、伊達氏の起源を跡付けようとする常陸入道念西と子息四兄弟の物語、そして幕府体制確立を自らの貢献に帰そうとする北条氏の物語などが、この記事群を構成する素材として想定できる。そしてそれら四つの物語には、いずれも現実の地形や遺跡との不整合が生じており、虚構が施されている。つまり、起源と志向を異にする言説が雑居し混在させられることにより、歴史叙述の構想にほころびが生じているわけである。このように見ると、頼朝の支配あるいは「政治」を語るかに見えたこの記事群は、頼朝の奥州遠征を枠物語とした、複数の家の物語の相克として立ち現れてくるだろう。

他にも、御旗を献上した千葉氏の物語は、戦後の論功行賞ではかねての約束により頼朝から真っ先に恩賞を拝領したことが付け加えられ（九月二十日）、一定の独立性がうかがえる。あるいは、同日の恩賞配分については畠山重忠の一連の逸話も絡む。すなわち、重忠は自ら狭小の地を拝領し、同僚に賞を行き渡らせる「芳志」を見せたとある。また国衡を討った和田義盛との勲功争いでは重忠の清廉潔白が地の文で確認される（八月十一日）。そして梶原景時が捕虜の由利（ゆり）八郎の尋問にあたって無礼を働いた際、頼朝は景時の非を認めて代わりに重忠に尋問を命じ、重忠は期待に応(こた)えて見事な礼節で囚人に対したという(九月七日)。畠山の物語はかなりまとまった形で『吾妻鏡』に取り込まれたようである。

こうした複数の物語にどの程度事実性が認められるかは個別に検証が必要だが、現状では、奥州合戦に関係する事象のほとんどが、『吾妻鏡』のみに依拠して歴史的事実と認識されている。たとえば、中尊寺・毛越寺・無量光院の由来などは、先述した九月十七日の記事が唯一の史料であり、これに拠るしか手立てがない。では、現地の住民や寺社は『吾妻鏡』が語るように、頼朝を喜んで迎え入れ進んで帰伏したのだろうか。それを疑わせる記述が、この史書の内部に見出せる。すなわち、この合戦があった文治五年(一一八九)の歳末記事にあたる十二月二十八日、無量光院の僧助公(すけのきみ)が反逆の疑いに対して弁明したとの記述である。戦後すぐの九月十三日に、次のような和歌を詠んだことを、今更咎められたという。

昔にもあらずなる夜のしるしには今夜の月も曇りぬるかな

「今夜の月が雲で隠れているのは、この地が変わってしまったことを示しているようだ」という歌である。支配者の交代を「曇りぬる」と表現しているわけだが、助公は深い意味はないと言った。梶原景時は歌の出来を賞賛し、頼朝も感じ入って許したという。しかし、静御前が詠(うた)った「しづやしづしづのおだまき繰り返し昔を今になすよしもがな」(文治二年〔一一八六）四月八日）を思い出させるこの懐旧の和歌は、真に迫る敗者の視線の欠片ではなかったか。実際にこの十二月から翌年二月にかけて、残党の大規模な蜂起があり（大河兼任の乱）、その際には源義経、木曽義仲の子、秀衡の子が同心合力して鎌倉に向かうとの風説が流れた（十二月二十三日）。願成就院の奇瑞（同九日）の直後に、こういった人々の心性が記録されているのは示唆的である。また、梶原景時失脚後の建仁元年（一二〇一）には、景時を頼っていた城長茂らとともに、潜伏していた本吉冠者隆衡（秀衡の子）が反乱を企て滅亡している。いずれも、『吾妻鏡』では伝聞情報として断片的にしか記されないが、この正史は確かに、歴史叙述の構想からはみ出すいくつもの声を、排除しきれず含み込んでいる。

さらに言えば、五十年ほど下った記事には、ここまで論じてきた奥州合戦の叙述の根底を揺るがす言説さえ出現する。すなわち、宝治二年（一二四八）二月五日、時の執権北条時頼が夢告により永福寺の修理を行った記事に、「義経も泰衡もさしたる朝敵ではなく私怨で滅ぼした」とある。その通りであれば、こうも大規模に御家人を動員した頼朝の奥州「征伐」には、大義がなかったことになる。しかし、このような一文こそが、『吾妻鏡』の多声性を裏付けていて興味深い。松尾芭蕉が綴った感慨はまさに、勝者の歴史の下敷きにされてきた敗者たちに思いを馳せるものであった。

このように、『吾妻鏡』の奥州合戦記事は、史料としての軽重以上に、歴史と物語とが相互に生成し合うダイナミックな運動の現場を垣間見せてくれる点できわめて魅力的である。

そして、その叙述の大枠となるのはやはり、頼朝と北条氏の関係を物語る文脈であった。次章以下、述べてゆく頼家・実朝将軍記において、このことはさらに重要性を増してゆくこととなる。

コラム　空白の三年間

現存する『吾妻鏡』は、いずれの諸本も、頼朝将軍記末尾の三年間（建久七～九年〔一一九六～九八〕）の記事を欠いている。他の欠巻は一年分であるのに対して、際立って大きな脱漏である。これを単に該当巻が散逸した結果と考える論者も少なくない（川合康『源頼朝』等）。しかし一方で、この「空白の三年間」は本来頼朝の晩年および死を語るべき重要な時期であるため、欠けていることには何らかの意味があるのではないかと、様々な議論がなされてきた。

江戸時代前期の元禄（げんろく）八年（一六九五）にはすでに、頼朝の死を隠したのではないか、との解釈が現れている（大坪無射『東鑑集要』）。また近年では、『吾妻鏡』の構想論を提唱した五味文彦氏が、頼朝が後継者頼家を朝廷に披露し認知させた将軍上洛の年で終わらせた、との説を唱えている（五味『増補　吾妻鏡の方法』）。

しかし、とりわけ広く知られているのは、一九六〇年代初頭に石井進氏が発表した仮説である。すなわち、空白期間には『吾妻鏡』の編纂主体である北条氏にとって何か不都合な事件があり、それを隠蔽しようとしたが困難をきわめたために、頼朝将軍記が未完に終わった、というものだ（石井『鎌倉武士の実像』）。石井説は、木曽義仲の入京や上総広常の暗殺があった寿永二年（一一八三）、北条泰時が死去した仁治三年（一二四二）などを含めて、重要な事件があった年が欠巻になっているのは何か意味があるのではないか、という可能性の広がりを示した点で、実に魅力的な試論であった。

そして最近、この「空白の三年間」をめぐる議論において、新たな説が相次いで発表された。一つは、坂井孝一氏が一連の著作の中で論じたものであり（坂井『源氏将軍断絶』『考証　鎌倉殿をめぐる人びと』）、もう一つは、坂井論を検証した佐伯智広氏による修正論である（佐伯「『吾妻鏡』空白の三年間」）。いずれの論も、この欠脱に北条氏擁護のための事実秘匿という意図を見出す点で、石井説を継承していると言える。

まず坂井論は、空白期間にあった重要な事件として、①頼朝が朝廷に急接近したことと、②鎌倉殿の後継者が定められたことの二つに注目する。①は、頼朝の娘たち（大姫・三幡）の入内工作、およびその挫折である。十代半ばまで京都の貴族社会に交わっていた頼朝にとってごく当然の行動ではあるものの、『吾妻鏡』編纂当時において関東に君臨する北条得宗家にとっては、幕府の始祖頼朝の姿として都合が悪かったのではないか、という。そして②は、頼朝が嫡男頼家の「室」（正妻）として、賀茂重長の娘「辻殿」を迎えたことである（『吾妻鏡』承元四年〔一二一〇〕七月八日）。辻殿は頼朝の叔父にあたる源為朝の孫で（『尊卑分脈』）、清和源氏の血脈を継ぐ正統な正妻である。そして、のちに実朝を暗殺する公暁の生母となる（建保七年〔一二一九〕正月二十七日）。したがって、頼朝の構想としては、辻殿の子を嫡孫として将軍を継がせるはずだった。しかし現実には、北条氏がその遺志を反故にし、公暁を廃嫡して実朝を将軍に据えたために、未曽有の悲劇が起きてしまった。これを糊塗すべく、②を語らなかったという説である。従来なかった切り口から新たな展望を開いた点で、非常に興味深い説である。

次に、坂井論を受けて発表された佐伯論は、①朝廷への急接近について、その兆候はすでに『吾妻鏡』に記されているとして退ける。その上で、②鎌倉殿の継承に関する頼朝の構想の秘匿こそが編者の意図だったと見る。ただし、坂井論が公暁を頼朝の構想した嫡流と捉えるのに対し、佐伯論は頼家の長男である一幡（母は比企能員の娘「若狭局」）を嫡流と考え、その誕生（建久九年〔一一九八〕）および後継確定を隠蔽したとの立場を取る。佐伯説は、『吾妻鏡』がいわゆる比企氏の乱を比企能員の「叛逆」として描く虚構（実際には北条のクーデター。第四章参照）と呼応することになり、『吾妻鏡』の構想を考える上でも示唆的である。

坂井説、佐伯説は、いずれも決定的な確証こそ得られないものの、説得力があり甲乙つけ難い。ただし、最初に確認した通り、そもそもこの議論は「空白の三年間」が『吾妻鏡』編纂当初からのものだった、という仮定の上での話である。新たに欠脱部分が発見される可能性はゼロではなく、もしそれが現実となったときには、新発見の本文をもとに解釈が更新されることになるだろう。

ともあれ、本書の関心はあくまで現存する本文を解釈することにある。これは本書の基本スタンスとして重要なので強調しておきたいが、たとえば『源氏物語』や『平家物語』のような日本を代表する古典文学作品でさえ、原作者により書かれた本文がそのまま伝来しているわけではない。研究者たちは現存する諸本を突き合わせることで、最も妥当性の高い解釈を探り続けているのである。本書で行っている『吾妻鏡』の読解は、そうした文学研究の延長線上にある。そのため、「書かれていたかもしれないこと」に対して想像の翼を広げたくなる誘惑をぐっとこらえ、ここでは、「空白の三年間」について有力な仮説を紹介するにとどめておきたい。

第四章　比企氏の乱（一二〇三年）
——悪王頼家の退場と逆臣の排斥という虚構

記録と歴史叙述の矛盾

『吾妻鏡』は、「読者にわかりやすく歴史を伝える」という姿勢で書かれてはいない。それは、この史書が歴史叙述であると同時に、幕府の正式な記録という側面を持つからである。逆説的だが、記録であるということは、歴史叙述であるということと矛盾する。

というのも、歴史学の用語において、記録とは日記や帳簿のことである。したがって記録という文献は、事実の羅列という形式を備えている。時間軸に沿って配置される各記事は必ずしも相互に関連しておらず、そのままの形では筋道の通った歴史の展望が提示されることはない。漢文の六国史や和文の『栄花物語（えいがものがたり）』など、編年体の史書にストーリー性が乏しいのはその記録風の形式ゆえである。これに対して、歴史叙述とは、事実に意味づけを行い、歴史の流れという物語の形成を志向する文献をいう。関連性に沿って時間を多少前後させながら配置される各記事は連合的に結びつき、それぞれの出来事の因果関係を語るべく大小の文脈を構築する。紀伝体（帝王の年代記と臣下の伝記を中心とする叙述方式）の歴史物語『大鏡』や、歴史の理を説く『愚管抄』『神皇正統記』などの史論書、あるいは『平家物語』などの軍記物語がこれにあたる。

こうした観点からすると『吾妻鏡』は、記録であり歴史叙述でもあるという、二律背反的性質を備えた史書と言える。ここまで読み解いてきたような一定の構想に基づく歴史の筋道が語られる一方で、雑多な原史料が年月日順に配列される以上、プロットのスムーズな進行を遮り妨げ寸断することは避けられない。そのために多声的な様相を呈し、悪く言えばノイズが多く含まれる叙述となっている。したがって、編年体という形式の中に埋没した断続的な物語を読者が再系列化して初めて、その文脈が解読可能となるのである。

本書でここまで指摘してきた『吾妻鏡』の歴史叙述の構想は、まず頼朝による幕府の版図拡大の正当性を語ることにある。そして、その過程で強調されるのは、北条時政・政子がいかに不可欠な貢献をしたかということであった。では、頼朝が死去したのちの世界を語る頼家・実朝将軍記はどうだろうか。本章から第六章にかけてはこれを検討していきたいが、実は、この時期の記述には明確な虚構が頻出するため、古くから多くの論者に研究されており、北条得宗家の正当化のための曲筆が縷々論じられてきた。『吾妻鏡』の中で検証が最も進んでいる時期と言えよう。そこで、先行研究を整理しつつ『吾妻鏡』の文脈およびそこから導出される論理を読み解いていきたい。

頼家の悪王化

頼家将軍記は、建久十年（一一九九）二月六日、頼家が頼朝の跡を継いで鎌倉殿となった、という記事から始まる。十八歳の青年将軍誕生である。しかし、後世においてこの二代目将軍の評価は芳しくない。たとえば慈光寺本『承久記』は頼家について、頼朝の遺言に背き、政子・義時の教訓を用いず、驕って世を治め得なかった人物とする。また『六代勝事記』も、頼家は武に長ずるが暗君だったと語る。これらは鎌倉前期の文献だが、南北朝期成立の『保暦間記』『梅松論』『増鏡』、および流布本『承久記』も同様である。中世を通して、あるいは現在に至るまで、頼家は悪王としてイメージされ続けてきたわけである。

しかしそれらは死後の評であって、文書史料では論理的かつ公平に訴訟を裁許していた跡がうかがえるなど、実際には有能で意欲的な政治家であったことが指摘されており（龍粛『鎌倉時代』）、近年では再評価が進められている（藤本頼人『源頼家とその時代』）。『吾妻鏡』の記事でも、御家人の勤怠を引き締める姿が見られる（正治元年〔一一九九〕四月二十七日、九月十七日など）。地の文による意味づけがなされないため、御家人を苦しめる悪王としての振る舞いと解釈されることが多いが、歴史的実態としては、精力的に政治改革を志していると評価することが可能である。

ただし、それもまた現在の視点から『吾妻鏡』の記事を評価し直した結果である。歴史的実態とは別に、『吾妻鏡』の文脈に従ってその語るところを素直に読めば、従来の解釈がなされてきたのは自然なことでもある。『吾妻鏡』は、無数の逸話をちりばめながら、地の文の評言や他の人物との対比を通して、きわめて積極的に、頼家を暗君として造形しているからだ。

頼家将軍記の開巻直後にあたる建久十年（一一九九）三月五日、頼家が御家人後藤基清の讃岐守護を罷免したとの記事に、地の文で「頼家が頼朝のときに定め置かれたことを改めた始めである」と付言されている。あたかも『平家物語』で、平清盛が時の摂政の車列に侮辱を働いた事件を「これこそ平家の悪行の始めなれ」（巻第一「殿下乗合」）と評することを想起させる書きぶりである。しかし実際には、この頼家の処置は京都における謀叛事件（三左衛門事件）に対応した必要な処分であり、何ら不当なものではない（龍粛『鎌倉時代』）。『吾妻鏡』は、頼家が頼朝の政道の継承者から早々に外れてゆく、という構想に沿って叙述を進めているのである。これは、のちに実朝が頼朝の政道を継承しようと努力したように描かれるのと対照的である（第五章）。

また、同じ三月の二十二日、佐々木盛綱から頼家に提出された申状に、「わが身の没落は頼朝殿の時代に異なる。恩沢を受けるどころか所領を没収されてしまった」との文言があったという。これは御家人による評言として、同様の造形がなされている例である。

翌四月十二日には、いわゆる十三人の合議制が開始された記事がある。これは従来将軍の権力が制限されたものと解されてきたが、近年ではそうした解釈は否定されており（藤本頼人『源頼家とその時代』）、鎌倉殿の代替わりに伴う多忙の緩和を図るとともに、むしろ将軍を補佐する体制を構築したものと見られている（岩田慎平『北条義時』）。独裁志向の頼家とそれを阻もうとする御家人たちという文脈で解釈されてきたが、逆に両者の連携を読み取る方が妥当なのである。このように評価が揺れるのは、地の文による評言がないためにいかようにでも取れるからであろう。むしろ、従来前提とされていた文脈は、『吾妻鏡』の叙述の流れからすると、ごく自然に行き着く解釈であるとも言える。

さらに、七月には、安達景盛（あだちかげもり）（頼朝の側近安達盛長の子）が京都から招いた鍾愛（しょうあい）の美女に頼家が横恋慕した事件が描かれる（十六日、二十日、二十六日）。景盛が承知しなかったため、頼家は景盛の留守中にこの女を勝手に御所に住まわせて寵愛（ちょうあい）したという。翌八月十九日には、景盛が頼家を恨んでいるとの讒言（ざんげん）により、頼家は景盛を誅殺するよう命令するが、母政子が「これは乱世の源になる」「とりわけ景盛は頼朝が情けをかけていた」「私をまず射よ」と弁を振るって抗議したため、頼家はしぶしぶ派兵を中止する。このとき鎌倉中が騒動し万人が恐怖したと記され、頼家の暴君ぶりが強調される。翌二十日にも、政子が頼家を「政道に倦（う）み、民の愁いを知らず妓楼（ぎろう）を楽しみ、佞臣（ねいしん）（主君にへつらう臣下）ばかりを使っている」「源氏や北条の一族にも礼儀を欠き、みなが恨んでいる」と言葉を尽くして諫めたとの記事が続く。このように、将軍記の始発から立て続けに逸話が重ねられ、頼家は明確に暗君として位置づけられている。

梶原追放の虚実

安達景盛の一件は、この正史の表現によると「讒佞の族」に端を発する。讒言した佞臣があったというのだが、のちにこれが梶原景時の仕業と明かされる。幕政史において、讒言といえばこの人物であろう。頼朝と義経の対立のきっかけを作ったと語られていたことは第二章（七四～七五頁）で述べた。また壇の浦合戦で恩賞のあった武士の功績を虚偽と決めつけ、虚偽ではないと判明したため「讒訴の科」をつぐなった記事もある（文治三年〔一一八七〕三月十日）。同じ年には幕府きっての忠臣畠山重忠に謀叛の嫌疑をかけるなど（十一月十五日）、『吾妻鏡』の景時はしきりに讒言している。「讒佞の族」との表現から明らかだが、これは景時を悪役化する傾向の表れであろう。讒言のほかにも、建久三年（一一九二）に和田義盛から侍所別当（御家人統制の機関の長官）を偽って借り、奸計を働かせて横領したとある（正治二年〔一二〇〇〕二月五日）。しかし幕府のポストの貸し借りなどありえないことで、頼朝の人事だったはずである。やはり『吾妻鏡』の景時はあちこちで悪役化されている。

ところが、信頼性の高い『愚管抄』の記述によると、のちの景時追討を人々は頼家の失策と評価しており、頼家の失脚もその帰結だという。つまり、景時は実際には頼家政権に不可欠の有能な幕臣だったわけである。それを『吾妻鏡』が悪役化するのは、景時が結果として討たれることを時間を遡って必然化する文脈形成の操作であろうし、また佞臣を信じる頼家の悪王化の一環としても機能しているだろう。

その景時追討の経緯について、『吾妻鏡』ではかなりの記事分量をもって描出している。のちのいわゆる比企氏の乱とともに、頼家将軍記の大きな山場として扱われていると言えよう。まず、正治元年（一一九九）十月二十五日、結城朝光が夢告により頼朝供養の念仏を行った際、「忠臣は二君に仕えずと聞く」「今の世情は薄氷を踏むようだ」と発言し、みな悲涙を流したという。これは頼朝の代と頼家の世を対比して現在を嘆いた記事と読める。すると二十七日、女房阿波局（あわのつぼね）（政子の妹で実朝の乳母（めのと））が朝光に、先日の発言を知った景時の讒言により朝光誅殺の命令が下ったことを告げた。朝光が三浦義村に相談すると、義村は「景時の讒言で多くの犠牲が出ている。憤る者は多い。安達景盛の件も景時の讒言より起こった。このような悪事は頼家殿に帰することとなるだろう。景時を討とう」と言い、和田義盛と安達景盛へ使者を出して、連名の訴状を作成することとなった。この義村の発言により、景盛の妻の一件が景時の讒言によって起きたことが明かされ、景時が明確に佞臣として位置づけられる。

続く十月二十八日、訴状に名を連ねた御家人六十六人が鶴岡八幡宮に集まり、一味同心（いちみどうしん）

（一同の結束を神仏に誓う儀式）ののち、この訴状を大江広元へ渡した。ところがこれを広元は頼家へ進上せず、心中で一人狼狽したためらっていた。そこで十一月十日、和田義盛が目を怒らせて詰め寄ったため、広元は十二日、ついに頼家へ言上する。頼家は景時に申し開きをさせたが景時は弁明できず、十三日、所領へ下向してしまった。そして十二月十八日、景時の鎌倉からの追放が決定する。ところが年が明けた正治二年（一二〇〇）正月二十日、景時は一族を集め、謀叛を企んで京へ向かった。そのためこれを追討する兵が派遣されるが、彼らが到着する以前に、駿河国清見関（静岡市清水区興津）で偶然に的を射ていた在地民が一団を怪しんで矢を射かけて合戦になり、景時らは付近の狐崎で族滅することとなった。

その後、正月二十八日に、景時の企みが露見する。すなわち、信濃から急行してきた甲斐源氏武田信光が報告したところによると、「兄の有義が景時との約により上洛するとの疑いがあり、会いに行くと失踪していた。景時の一通の封書が残されており『もちろん同意する』とあった。景時は多年の積悪により人々に背かれたので反逆を志し、上洛して有義を将軍に立てようと書状を交わしていたのだ」という。つまり、武田有義を将軍に擁立せんとした景時の謀叛であった、と『吾妻鏡』は説明しているのである。これと同じ言説が『保暦間記』にもあるため、この記事を信用する論者もある。しかし、証拠の手紙を遺して出奔するなど不自然な部分が目につき、また景時への評言を含むため、後世の曲筆が疑われる。また『保暦間記』は前後も『吾妻鏡』と同内容で、同源の記事と考えられる。

では、『吾妻鏡』はなぜかくも景時を悪役化し、その追討を正当化しようとしているのだろうか。先行研究では、景時追討を主導したのは北条時政だったからだ、との説が有力である（石井進『鎌倉幕府』、上横手雅敬『日本中世政治史研究』）。根拠は、まず時政の娘である阿波局の告発が本件の契機を作ることである。また、駿河で「偶然に的を射ていた在地民に」討ち取られたという『吾妻鏡』の記述の不自然さも、実は当国の守護である時政の命令があらかじめ出ていたと考えれば説明がつく。とすると、時政が自らの外孫のうち、比企氏が乳母となった頼家ではなく、阿波局が乳母を務める実朝を擁立しようと目論（もくろ）んで頼家体制の弱体化を図り、優秀な側近である景時を陥れて排斥した、と理解できる。『吾妻鏡』はこの謀略を隠蔽していることになる。

ただし、『六代勝事記』には比企能員が主導したと記されており、これを重視する論もある。傍証として、追討に直接貢献してはいない能員とその娘婿糟谷有季（かすやありすえ）が「追罰使（ついばつし）の賞」を賜っていること（正月二十五日）が挙げられる。これによると、能員と時政が梶原の権勢を危惧（きぐ）し、協力し追い落としたと捉えられる（山本みなみ『史伝　北条義時』）。

史料が限られている中で、現実にどうであったかは不明だが、少なくとも『吾妻鏡』の記事には不審が多く、その文脈においては梶原の悪役化が一貫している。一連の讒言の脈絡はやはり、そうした佞臣を近習とすることで御家人たちの信頼を損ねてゆくという、頼家の悪王化の一環であろう。

頼家の暴政

『吾妻鏡』ではその後も、頼家の悪王としての逸話が続く。同じ正治二年（一二〇〇）の五月十二日には、念仏僧を禁断した事件が載る。頼家が黒衣を嫌い、十四人の袈裟を焼いたという。ところが、「頼家の政治は仏法・世法双方の滅亡である」と言って頼家の政治を批判した僧の袈裟だけは焼けなかったとある。「見る者は垣をなし、指弾しない者はなかった」と書かれていることからも、頼家の苛政を非難する逸話であることがわかる。超常的な出来事が語られており、主張が明瞭である。

同月二十八日には、陸奥国葛岡郡（宮城県大崎市）の新熊野社僧の境相論（所領などの境界をめぐる争い）について、頼家が自ら筆を執り、境絵図の中央に線を引いて直裁し、「広い狭いは運次第だ。わざわざ実検の使節を送れない。今後は境相論についてはこのように裁決する」と言ったとある。当事者の事情を無視した暴政として有名な逸話だが、実際にはこの後にも検地が行われたとの記事がある（十二月三日）。虚構を弄して頼家を悪王化している事例であろう。

さらに、十二月二十八日には、諸国の田文（田地の情報を記した帳簿）を召し出し勘定した上で、「治承養和以後の新恩地」すなわち頼朝に御恩として賜った土地について、人別五百町以上分は没収し（「召し放ち」）所領のない近仕者に与える、との命令を出した。大江広元ら宿老が「まさに珍事だ。人の憂い、世の誹(そし)りはこれ以上なく高まるだろう」と慌て、善信(ぜんしん)（三善康信の法名）らが諫めて止めたという。これを公正な再分配を目指した野心的政策と評価することも可能であろう（龍粛『鎌倉時代』）。しかし『吾妻鏡』は、忠臣たちの反応により悪政として位置づけている。また、頼朝以来の御恩を「召し放つ」という言い回しからは、頼朝の政道から外れてゆく頼家の姿が印象づけられる。

なお、『吾妻鏡』諸本のうち吉川本では、この記事の次、すなわちこの巻の末尾に、一通の長大な書状が引用されている。文覚上人から頼家へ宛てられた、政道に苦言を呈する内容の書状である。日付は「正治二年正月十日」と明記されており、この文書が巻末に置かれて編年体の本文に組み込まれていない経緯は不明である。吉川本以外の諸本にはないことからも、本文が伝来する中で後から添付された疑いがあり、現時点では『吾妻鏡』の一部と見てよいか微妙である。

しかし、頼家の所業に苦言を呈するのは文覚ばかりではない。安達景盛鍾愛の美女の一件における政子や、先述の広元や善信といった頼朝の代をよく知る幕府首脳たちに加えて、正しき政道の側にあって諫言(かんげん)するのは、二十数年後に執権政治を確立する、頼家より一歳年少の青年、北条泰時（義時の長男。母は不明）である。

北条泰時の諫言

建仁元年（一二〇一）秋、関東は自然災害に見舞われる。八月十一日には暴風雨で港湾や民家、寺社に甚大な被害が出た。下総では高潮で千余人が海にさらわれたという。鶴岡八幡宮の廻廊（かいろう）や門なども転倒したため、毎年八月十五日に行われる放生会（ほうじょうえ）（供養のため鳥や魚を放す法会）が延期された。さらに二十三日に再度の暴風・豪雨が襲い、国土の五穀は失われて作物の蓄えも枯渇したと語られる。そんな折、将軍頼家は何をしていたのかというと、七月六日に蹴鞠衆（けまりしゅう）を集めて百日の御鞠を開始したとあるので、少なくとも十月中旬まで毎日蹴鞠の会に勤（いそ）しんでいたことになる。実際、記事に現れる範囲でも、九月七日に京から師範として蹴鞠の名手紀行景（きのゆきかげ）が下向して以来、頼家が病に伏せるまでの約二年間にわたり、鞠会を行ったという記述は異常なまでに多い。『吾妻鏡』の編者がそれに無自覚だったはずはなく、明らかに頼家の悪王化に資する記事配置になっている。

そんな中で、九月十五日、延引されていた鶴岡放生会が実施される。しかし、頼家は随兵を用いないという「希代の新儀」でこれを実施したという。『吾妻鏡』はこの記事の末尾に、『近頃は様々なことが廃（すた）れている。先例を忘れるかのようだ』と古老が愁えた」と付言している。これも頼家の代のありように対する批判である。

そして、二十日に「このところ政務を放り出し連日蹴鞠ばかりしている」と地の文で語られたのち、「深夜に月や星のようなものが天から降った。これを怪しまない者はなかった」

と語られる。これを受けて、続く記事にあたる二十二日、泰時が密かに、頼家の近習中野能成に諫言を依頼したとある。いわく、「蹴鞠は幽玄の芸なので賞玩するのは望ましい。しかし先日の大風で鶴岡八幡宮の門が転倒し、国土は飢饉で愁えている。こんなときにわざわざ京都から師範を迎えた。そして去る二十日の怪異は普通ではない。頼朝様は建久年間（一一九〇～九九）に、百日間毎日浜に出ると固く定めたとき、天変出現があったためこれを中止し、世上が無事であるよう祈禱を始めた。それに比べて当代のありさまはどうだろうか」との内容だった。泰時は頼家を、蹴鞠ばかりで民の苦しみを知らず、天意を無視して頼朝の政道から外れる君主として、諫めようとしているわけである。

　ところが十月二日、泰時は頼家の近習の一人から、「泰時の苦言を聞きつけた頼家が憤っているので、病と称し伊豆へ下り、ほとぼりが冷めるのを待つのがよい」との助言を受けた。このとき泰時はちょうど急用で伊豆へ行く準備をしていたという。そして六日、泰時は伊豆北条の地へ、窮民を救うために急行し、百姓の出挙米の証文（種籾貸し付けの証書）を焼き捨て、飯酒を振る舞った。みな喜悦し、あるいは涕泣して、手を合わせ泰時の子孫繁栄を願ったという。のちの得宗家繁栄を前提とした、実に盛大な泰時顕彰記事である。これは『史記』の孟嘗君伝にある食客馮驩の故事をモデルとした逸話であり、泰時の仁徳と対比させて頼家の悪政が印象づけられている。また、十二月三日には、泰時が父義時に、頼家が頼朝以来の功臣佐々木経高の土地を讒言で没収したことに対する非難を漏らしたという。

泰時はこの後『吾妻鏡』の主人公となってゆく人物であるため次章以降でも詳述してゆくが、この時期には再び政子による頼家への諫言も描かれる。すなわち、翌建仁二年（一二〇二）正月二十九日、十四日に亡くなった源氏の遺臣新田義重の忌内にもかかわらず、頼家は蹴鞠会を行おうとし、母政子の諫言で中止したという。また、六月二十六日にも、頼家の蹴鞠衆の一人平知康が前日に無礼を働いたことを政子が非難し、素行の悪い知康を寵愛する頼家に対して、頼朝の代と対比しつつ諫めたという。

「霊神の祟り」

『吾妻鏡』は、こうした頼家の悪王ぶりが彼を没落へと導いたのだと語ってゆく。すなわち、建仁三年（一二〇三）から怪異・変異や凶兆が多出し、頼家の没落の伏線を形成しているのである（山本幸司『頼朝の天下草創』）。まず正月二日、頼家の嫡男一幡が鶴岡奉幣を行った。その神楽の最中、巫女に八幡神の託宣があった。それは「今年中に関東で動乱がある。一幡は家督を継いではならない。緑葉に安心している人々は根が枯れていることを知らないのだ」というものだったという。この後の歴史を知る読者からすれば、この年に起こるいわゆる比企氏の乱を予言したものだということは明白である。一幡の母若狭局は比企能員の娘であり、比企一族は北条に討たれ、一幡も殺されて実朝が擁立されるからである。

しかし頼家はそうした凶兆を感受せず、相変わらず蹴鞠にふける。あまつさえ頼朝の弟阿野全成を謀叛の疑いで捕らえ（五月十九日）、常陸へ配流した末（同二十五日）、誅殺してしまう（六月二十三日）。さらに、在京する全成の子息を誅殺するために刺客を上洛させ（同二十四日）、嫡子頼全の殺害に及ぶ（七月二十五日）。全成は頼家にとって叔父、その子頼全は母が政子の妹阿波局なので父方母方両方の従弟にあたり、まさに血で血を洗う惨劇である。

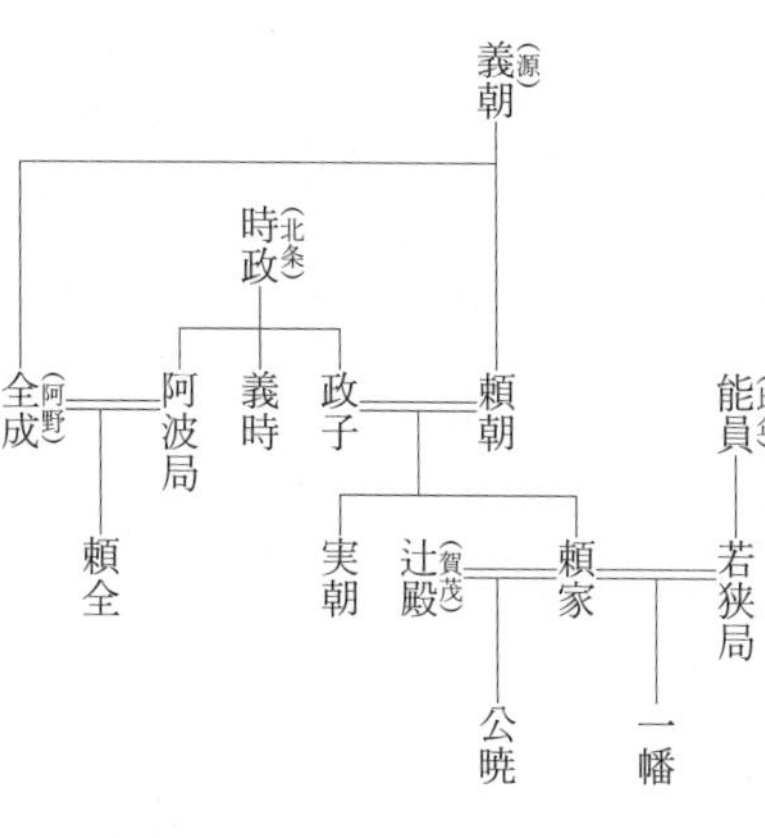

図8　北条氏・比企氏・源氏関係系図

その前後には、頼家に不吉を告げる怪異がいくつも描かれる。六月一日には、伊豆での狩猟中に、大きな洞窟があるのを怪しみ、和田胤長（義盛の甥）を遣わして探索させた。巳の刻（午前十時前後）に出て酉の刻（日没前後）にようやく帰った胤長は、次のように報告したという。すなわち、この穴は数十里続いており、日光の届かぬ暗闇だった。一匹の大蛇がいて、胤長を呑もうとしたため、剣を抜いて斬殺したという。

続く三日には、駿河の富士山麓で狩りを行い、ここでも「人穴」と呼ばれる洞穴を探索させようと仁田忠常に重宝の御剣を与えて、その主従六人を派遣した。忠常が帰参したのは翌四日の巳の刻だった。いわく、往復一昼夜の道程は狭く暗く、水流に足を浸し、幾千万の蝙蝠に遮られながら進んだ先に、激流の大河があった。渡りようもなく戸惑っていると、松明の光で、川向こうに「奇特」が見えた。するとたちまちに郎従四人が死亡した。そこで忠常は「かの霊」の言葉に従い、頼家の「恩賜の御剣」を川に投げ入れ、生き延びて帰参した。「古老」が言うには、「これは浅間大菩薩の御在所で、古来見ることのできない所だ」「この事態は実に恐るべきことだ」とのことだった。

この二つの事件は明らかに対応関係にあり、ともに洞窟を探索し、その末に超常的な怪異に出会い、剣を用いて切り抜けている。そして古老の評語からすると、これもまた先例を顧みず神仏の意に背いた凶事と見るべきであろう。というのも、探索を命じられた和田胤長はのちの和田合戦で、仁田忠常は比企氏の乱で身を亡ぼすこととなるし、この直後に続く記事からも明瞭である。

阿野全成誅殺記事を挟み、三十日には鶴岡若宮の宝殿に留まっていた鳩が突然地に落ちて死んだため、人々はこれを怪しんだ。鳩は源氏の守護神八幡大菩薩の象徴であるが、七月四日には、その鶴岡八幡宮で三羽の鳩が食い合って地に落ち、一羽が死んだ。さらに九日、同宮で頭が切れた一羽の鳩が死んでおり、僧らは前例がないといって驚いたとある。このように、鶴岡における鳩の凶兆が続けて記される。続く十八日には、御所で蹴鞠をしたとあるが「今日以後この御会なし」と付言され、いかにも不吉である。そして二十日には頼家がにわかに発病し、苦しむことはただ事ではなかったという。続く二十三日にはもはや「危急」となり、占うと「霊神の祟り」と出たとある。一連の凶事は、狩猟中の二つの怪異を伏線とした、神仏の意思として位置づけられている。

このように、『吾妻鏡』は具体的な逸話を積み重ねながら、虚構、評言、泰時との対比、神仏の意思表示などを通して頼家を悪王として造形し、頼朝の後継者から外れてゆくように描いている。『吾妻鏡』は頼家を廃し実朝を擁立する北条氏のこの後の行状を正当化するために、頼家を暗君として描く必然性があったのである（山本みなみ『史伝 北条義時』）。その行状とは、いわゆる「比企氏の乱」である。しかしその歴史的実態はというと、むしろ北条のクーデターと言うべき事件であった。次にそのことを述べよう。

『吾妻鏡』が語る比企氏の乱

『吾妻鏡』によると、建仁三年（一二〇三）八月二十七日、頼家の病状が差し迫っているため、将軍を後継に譲る沙汰があった。十歳の千幡（のちの実朝＝北条時政の外孫）に関西三十八か国の地頭職を、六歳の一幡（頼家と若狭局の子＝比企能員の外孫）に関東二十八か国の地頭職と惣守護職を譲ったという。このとき、比企能員は密かに憤って恨み、外戚の権威を笠に着て勝手な野心を抱き、反逆を企てて千幡と北条一族を滅ぼそうと考えたという。能員の内心を描写した地の文であり、事件の意味づけが行われていることがわかる。

かくして導かれるのが、いわゆる比企氏の乱である。その長大な記事分量と詳細かつよく構成されたプロットは、事態への解釈を饒舌（じょうぜつ）に物語る。すなわち、直前の意味づけに沿って、悪王頼家に付け入る逆臣比企の謀叛として、またそれを鎮圧してより善い君主を擁立する時政・政子の正当な合戦として、明快な構図のもとに描かれてゆくのである。以下、その記事を追っていこう。

九月一日、頼家の病気平癒の祈禱に効果がなく、鎌倉中が不穏となって、国々の御家人が競うように参上した。人々は関東の安危を分ける叔父甥の不和が迫っていると語り合ったという。そして二日、比企能員が娘の若狭局を通して、頼家に北条追討を訴えた。頼家は能員を病床に招いて談合しこれを承諾したが、なんと政子が、障子を隔てて密かにこの密談を聞いていたという。政子はこれを時政へ急報した。仏事のため名越の自邸への帰路にあった時政は、報を受けて落涙（らくるい）し、思案の末、馬を返して大江広元のもとへ向かい、比企討伐を相談した。広元は「自分は兵法に暗いのでお任せする」と答えた。広元は終始いぶかり、乗り気ではなかったように描かれる。その後時政は天野遠景・仁田忠常と策を練り、能員を自邸の仏事に呼び出して誅殺してしまう。そのくだりは実に詳細に描写され生々しい。ともあれ、この事態に能員の一族郎党は、一幡の小御所（こごしょ）（将軍の跡継ぎの居所）に立て籠（たてこ）もって合戦し、放火・自害して族滅することとなった。『吾妻鏡』は「一幡もこの災いを免れなかった」と明記している。

明くる三日、頼家の近習である僧源性（げんしょう）は、一幡の遺骨を拾おうと焼け跡に赴き、多くの焼死体の中から小袖の菊の紋を手掛かりに見つけ出し、遺骨を首にかけて、奉納すべく高野山（こうやさん）へと向かったという。四日には比企の縁戚の処分がなされるが、翌五日、頼家の病が少し軽くなった。これを『吾妻鏡』は「憖（なまじいに）」寿命を保ったと表現する。「なまじいに」とは中途半端に、あるいはそうしなくてもいいのに余計なことに、という意味であり、この史書の頼家に対する態度がにじみ出ている。そうして頼家は嫡子一幡と舅（しゅうと）能員の滅亡を知り、「鬱陶（うっとう）」（憂え憤る気持ち）に耐えきれず時政誅殺を命じた。しかし実行されず、頼家はますます心労を募らせたという。

続く六日、一幡の乳母夫（めのと）（乳母の夫であり後見役）である仁田忠常は、行賞のために時政の名越邸へ出かけて帰宅が遅れた。このとき、忠常の弟らが、兄が頼家から時政追討を相談されていたことが露見したかと早合点して義時の居所を急襲するも迎撃される。忠常は名越邸からの帰路これを知り、「命を捨てる」と言って参戦し、誅されてしまった。先述の通り、これは富士山麓の「人穴」を調査したために受けた「霊神の祟り」の一環と読める。

翌七日、頼家が出家させられた。病の上、家門を治めることが危ういため、政子の計でそうしたという。頼家はその後、二十九日に伊豆修禅寺（しゅぜんじ）へ下向させられる。約一か月を経た十一月六日には、頼家から政子と実朝へ書状が届く。近習の参入と安達景盛の身柄引き渡しを願い出たものであった。しかし審議の末却下となり、書状の送付も停止されることとなった。そして翌元久元年（一二〇四）七月十九日、伊豆から飛脚が到着し、十八日に頼家が死去したと報じる。その直後の二十四日には、頼家の御家人らによる謀叛の企てが発覚し義時が派兵、誅殺したとあるから、『吾妻鏡』の文脈において頼家は徹頭徹尾、関東の安寧を乱す悪王として位置づけられていることになる。

『愚管抄』が語る北条の乱

以上の経緯はしかし、相当の虚構を含んでいる。この「比企氏の乱」について、最も信頼できる史料は慈円の『愚管抄』である。というのも、この乱に参加して戦死した能員の娘婿糟谷有季の一族が乱後に在京しており、『愚管抄』の記述は彼らからの情報に拠っているため正確だと考えられるからである(永井晋『比企氏の乱 実史』)。したがって『愚管抄』と比較することで、『吾妻鏡』の虚構が明らかになり、その主張するところが見えてくる。

『愚管抄』によると、頼家は一幡に源家の全てを相続させようとしていた。これは能員が実権を握るための方策だったが、それを聞いた時政は千幡を擁立しようと能員を殺し、頼家を監視下に置いた。これは九月二日のことで、頼家の側近だった仁田忠常は五日に義時と戦って死んだ。一幡も襲われたが母に抱かれ脱出し、郎等らはみな小御所で合戦の末討死した。十日に頼家は修禅寺に押し込められた。頼家は八月三十日の夜に出家して病気療養中だった。二日の惨劇を聞いた頼家は太刀(たち)を取って立とうとしたが病身に力なく、政子らに捕らえられて幽閉された。十一月三日、義時は一幡に刺客を送って殺害。翌元久元年(一二〇四)七月十八日には修禅寺で頼家を殺害した。首にひもを付け睾丸を取って刺殺したという。

これを見れば、「比企氏の乱」と呼ばれる事件の実態はむしろ「北条氏の乱」であったことがわかる（坂井孝一『源氏将軍断絶』）。自家のために時政が能員を謀殺し、政子が頼家を押し込め、義時が一幡・頼家を暗殺したわけである。もちろんこの三人は一体であり、実朝擁立を期してのクーデターであった。一応その史実性について検証しておくと、『吾妻鏡』と同時期成立の『武家年代記』『武家年代記裏書』に『愚管抄』とほぼ同様の記録があって裏付けられる。南北朝期成立の『増鏡』も頼家・一幡の殺害を実朝・義時の謀とするが、実朝は十二歳なので実質は義時の主導ということになる。『吾妻鏡』編纂の時期をまたいで、京でも鎌倉でも同様の言説が確認できるわけである。

そうした実態を、『吾妻鏡』は覆い隠す。頼家の病は自業自得であり、比企能員は驕り高ぶって謀叛を企んだから討たれたのであり、一幡は巻き込まれて焼死したのであり、頼家もただ「修禅寺で死去した」と記して暗殺とは読めないように仕組まれている。その後の歴史を知っている後世の視点から見るならば、このとき一幡が廃され実朝が将軍に就いたことこそが、その外戚北条氏の立場を確立させ、執権政治そして得宗専制の時代を導いた転換点だった。したがって、このクーデターを「比企氏の乱」と位置づけて北条氏を免責することは、『吾妻鏡』にとって核心的な作業の一つであったに違いない。

なお、頼家出家の日付についても、『愚管抄』によると八月三十日だが、『吾妻鏡』は九月七日とする。九月七日は、実朝将軍記最初の記事にあたる九月十五日の記述によると実朝の将軍宣下の日にあたる（『猪熊関白記』『明月記』でも確認できる）。これは、頼家・実朝兄弟の明暗を同日に設定し、鎌倉殿の地位が頼家から実朝へスムーズに継承されたことを演出した作為と読むこともできる（岡田清一『北条義時』）。

無念の物語と歴史の構想

ところで、『吾妻鏡』のみならず、一三一〇年代に成立したと思しき「小代伊重置文」（石井進『鎌倉武士の実像』）や、延文元年（一三五六）以前成立の『保暦間記』もまた、『愚管抄』と異なり、北条ではなく比企氏の乱として記す。『吾妻鏡』成立前後には両様の言説が流通していたことがうかがえるわけである。特に『保暦間記』は一幡も小御所で焼死したとし、頼家出家も九月七日とするなど、『吾妻鏡』に近似する。しかしそれでも、頼家に関しては殺害されたと記しており、『吾妻鏡』の情報操作はこの点において顕著である。義時の頼家暗殺を正史に記すわけにはいかなかったはずである。

しかし、頼家および比企一族の無念は、正史とは別の形で語り継がれたことだろう。たとえば『吾妻鏡』には、はるかのちの文応元年（一二六〇）十月十五日、時の連署（執権補佐）北条政村（義時の子で、のちの第七代執権）の息女に、比企能員の娘の怨霊が憑依した事件が記される。その怨霊は、角のある大蛇となって比企谷の土中で苦しんでいることを語り、人々は恐怖したという。これに対して政村が鶴岡八幡宮の別当（寺務を統括する長官）である隆弁を招いて供養の儀を行ったところ、説法の最中に姫君が蛇身のような奇妙な動きをしながら苦しんだ。そこで隆弁が加持を行うと鎮まり、姫は回復したという（十一月二十七日）。幕府の守護者である伝説的な高僧隆弁の勲功譚であるため、また六十年近く隔たっており支障が少ないため、例外的に書き留められたのであろう。苦悶する比企能員の娘とは、一幡の母若狭局を指すと考えられる。

あるいは、『吾妻鏡』で一幡の遺骨を首にかけて供養のため高野山へ向かったという僧源性の姿からは、柳田国男の説いたように、鬼界が島で憤死した俊寛僧都の遺骨を持ってその無念の死を語り歩いたという高野聖、有王の存在が想起される（柳田『物語と語り物』）。高野聖は回国して鎮魂の物語を語る話芸の徒としての側面を持っていた（五来重『高野聖』）。そのような目で見直すと、『吾妻鏡』には源性に関する超常的逸話が語られているのに気付く。正治二年（一二〇〇）十二月三日の記事である。すなわち、源性は目測で正確に測量ができる無双の算術者であったため、陸奥国伊達郡（福島県北部）へ境相論の実検のために派遣され、なりゆきで松島の一僧と得意の算術で勝負することとなったが、幻術を使われて驚き慢心を戒められたと、帰還した源性自身が語った、という話である。占いの技術を含む算術の名手であるとともに、話芸に達者な人物としての側面もうかがえるわけだが、後世において頼家の無念を語り歩いて鎮魂した高野聖があったのではないかと想像される。

高野山はのちに安達景盛が入寺して金剛三昧院を建て、頼朝と実朝の菩提を弔った地でもある。頼家の横恋慕の話も出元はここかと推測したくなるが、どうであろうか。ひとつの仮説を立てることは許されよう。

ともあれ、一幡は、頼朝の意思で将軍後継者と決められていたとの説もある（佐伯智広「『吾妻鏡』空白の三年間」）。幼くして北条に殺害されたことへの親族の無念や周囲の同情は相当のものであったろう。比企氏や一幡の鎮魂の物語が生まれるのも自然なことで、実際には様々な言説があったはずである。ところが『吾妻鏡』は、そうした無念を語らない。佞臣を近侍させ蹴鞠にふける頼家の姿を描き、地の文の評言、政子や泰時の諫言、霊神の祟りといった叙述操作を駆使して、また比企能員のよこしまな内心を書き込み、一幡と頼家の暗殺を秘するなど、見事な手際で「頼家の悪行」「比企氏の乱」としてまとめ上げ、比企・一幡の排斥と北条による実朝政権樹立を正当化している。

しかし、『吾妻鏡』における頼家・実朝将軍記は、二つの将軍記で一連の文脈を形成している。そのため、この期間の歴史叙述を明瞭に理解するには、次なる将軍実朝と、さらにもう一人、頼家と対比されていた北条泰時を視野に入れることが必要となる。次章以下、これを見てゆくことにしよう。

第五章　和田合戦（一二一三年）

——頼朝の政道を継ぐ実朝と北条泰時

幕政史上の分水嶺

鎌倉幕府の歴史上、無数の武力衝突が重ねられてきたが、鎌倉の市街を舞台とする大規模な戦闘も幾度かあった。そのうち最大のものは、元弘三年（一三三三）五月に新田義貞が数十万の大軍を率いて鎌倉に攻め入った合戦で、最後の得宗北条高時をはじめ無数の自害者による死屍累々の上に鎌倉幕府は滅亡した。しかし、『吾妻鏡』が編纂された一三〇〇年頃の時点では、そんな惨劇が待つ未来を誰も知らない。高時の父貞時が得宗専制を極めていた当時において、鎌倉史上最大の市街戦と言えば、建暦三年（一二一三）の和田合戦であった。幕府滅亡のちょうど百二十年前、奇しくも同じ五月の出来事である。

和田合戦とは、幕府の武力を束ねる侍所の別当和田義盛が、鎌倉殿の政務を支える政所の別当北条義時を討とうと挙兵し、大規模な合戦を繰り広げた事件である。それまで大都市で行われた市街戦としては、京都では保元の乱や平治の乱、鎌倉ではいわゆる比企氏の乱があるが、いずれも半日前後で終結した。ところが幕府の二大勢力が鎌倉の中心部で衝突した和田合戦は、五月二日の夕刻から激しい戦闘が夜通し続き、三日の日没頃にようやく鎮圧されるという、空前の規模の合戦であった。そのため、『吾妻鏡』編纂時においても、その記憶は鮮烈だったらしい。

たとえば日蓮(にちれん)は、建治(けんじ)二年(一二七六)に著したとされる「種種御振舞御書(しゅじゅおふるまいごしょ)」の中で、北条一門の画期は和田合戦と承久の乱だったと述べている(山本みなみ『史伝 北条義時』)。あるいは『吾妻鏡』の中でも、寛喜三年(一二三一)に名越朝時(北条義時の子)が闘乱に巻き込まれた際、兄北条泰時が政務を中断して駆けつけ、「建暦・承久」のときと変わらぬ覚悟だと語っており(九月二十七日)、承久の乱と並置されている。また事実として、終戦後、義時は政所別当に加えて侍所別当を兼務することとなり、幕府における北条氏の優越的地位を決定づけた。つまり、和田合戦は実質上、侍所と政所の別当を兼ねる幕府最高職としての「執権」という地位を誕生させた事件であり、中世政治史における大きな分水嶺(ぶんすいれい)であった。

では、この乱はなぜ、どのような経緯で起きたのだろうか。『愚管抄』や『保暦間記』といった史書には、和田義盛が義時への対抗意識から殺害を試みたとあるが、詳しいところは汲み取れないため、『吾妻鏡』に頼るしかない。そこから形作られた一般的な理解は、和田義盛が上総国の国司という過分の任官を望み、義時打倒を企んだ謀略（泉親衡の乱）が露見したために、義時は和田義盛を挑発して挙兵に追い込み滅ぼした、というものであろう。しかしこの筋立ては、挙兵を和田義盛の「逆心」に帰する『吾妻鏡』の筆勢に強く影響された解釈と言える。実際には、義盛の任官希望は必ずしも過分ではなく、反逆を主導したことも事実性が疑われている。何より、近年の研究によると、和田一族を排除したい勢力は北条氏だけではなかったらしい。以下、和田合戦勃発までの過程をもう少し詳しく見ていこう。

頼朝の先例と実朝の計らいに背く

相模国の一大勢力三浦氏の中で、族長としての位置を占める和田義盛は、治承四年（一一八〇）八月の頼朝挙兵当初から最有力御家人として幕府の創建を支えた。『吾妻鏡』の語るところによると、頼朝は富士川合戦（十月二十日）で甲斐源氏と合流し、金砂城合戦（十一月四日）で佐竹氏を討って関東を平定すると、義盛を初代の侍所別当に任じた（十一月十七日）。頼朝が新造の大倉御所へ初めて入った際には、義盛が行列の先頭を務め、侍所に列座した御家人たちの中央の座で着到（参加者名簿）を作成したのも義盛だった（十二月十二日）。なお、この記事の末尾では、これ以降東国の人々が頼朝の徳ある政道を讃え鎌倉の主として推戴したこと、辺鄙な鎌倉がこのときから都市として整備されたことが、地の文で顕彰されている。この日の入御と着到は、関東草創の記念碑的儀式として位置づけられているわけである。
そのような地位にあり続けた義盛は、東国のみならず京都でも活動し、平家追討の遠征では西国武士と連携するなど、全国的な人脈を築いていた（野口実「後鳥羽院政の成立と鎌倉の政変」）。無双の武勇も名高く、奥州合戦では強弓（ごうきゅう）により敵の大将軍西木戸国衡を討ち取っている。やがて頼家・実朝の時代になると、梶原景時・比企能員・畠山重忠ら有力御家人が滅び、安達盛長・千葉常胤・三浦義澄ら開幕以来の宿老たちが没することで、和田義盛は相対的にその勢力と年﨟（ねんろう）を上昇させることとなり、北条義時に次ぐ位置を占めるようになった。

そんな義盛が挙兵に至った転機を、『吾妻鏡』は二段階で描く。すなわち、上総国司任官の所望と、泉親衡の乱である。

承元三年（一二〇九）五月十二日、義盛は実朝に、上総国の国司に推挙してほしいと内々に依頼した。しかし実朝の相談を受けた政子は、「侍受領（さむらいずりょう）」（侍の身分で国司の長官になること）は頼朝の沙汰に背く新例として拒否したという。それでも義盛は二十三日、「一生の余（よ）執（しゅう）（心に残り離れない執着）はただこの一事」と、大江広元に同じ依頼をもちかける。だが結局、二年以上待たされ続けた義盛は、建暦元年（一二一一）十二月二十日、「すでに余執を断った」として申請を取り下げた。『吾妻鏡』はこの日の記事の末尾に、実朝が待てというのを待たずに取り下げたのはひとえに実朝の計らいを軽んじているからだと、非難の評を付している。つまり、『吾妻鏡』は義盛が上総国司を望んだ一件を、頼朝の教えや実朝の計らいを裏切る僭越な悪行として位置づけていることがわかる。

しかし実際には、左衛門尉（左衛門府の第三等官）を長年務めた義盛が次に受領を望む「侍受領」は、平家時代以来の一般的な昇進コースであった（岩田慎平『北条義時』）。北条時政が遠江守に任じられたのをはじめ、義時は相模守になっているし、その弟の時房はこの時点ですでに遠江・駿河・武蔵の国司を歴任している。北条氏以外にも、大江広元は因幡守、八田知家は筑後守を務めている。ただし和田氏には前例がないため、困難な望みであったことは確かだが、六十三歳という高齢の宿老義盛が、長年の勲功を根拠として最後に国司任官を望んだとしても必ずしも過分ではない。実現しなかったのはその困難さゆえ手続きが滞ったためで、実際には和田合戦との直接のつながりはない出来事だった。

ところが『吾妻鏡』は、政子が頼朝の沙汰を持ち出し批判することで、義盛の望みをあるべき政道から外れた行為と位置づけ、また実朝を軽視したと評して悪役化する。政子の台詞は虚構であるし、評言も読者を誘導する作為を含んだ地の文である。『吾妻鏡』はこうした曲筆により、和田義盛は思い上がって不当な過差（贅沢）に執心した、というストーリーを仕立て上げている。

義盛の「逆心」と責任の所在

和田一族蜂起の契機となったのは、いわゆる泉親衡の乱である。和田合戦の三か月前にあたる建暦三年（一二一三）二月十六日、信濃国の御家人泉親衡が頼家の遺児千寿丸を立てて義時を討とうと企てていることが発覚した。この計画には二百人にも及ぶ与党がおり、しかも義盛の子（義直・義重）と甥（胤長）が加わっていた。翌日から謀叛人の捜索および処分が行われたが、首謀者の泉親衡は行方知れずとなる。そして三月八日、兵乱の風聞により、幾千万の御家人たちが警備のため鎌倉に群参した。その中に、当時上総国伊北庄（千葉県南部）に居住していた和田義盛の姿もあった。義盛は事のついでに実朝と対面し、子息義直・義重の赦免を訴えて許されたという。ここまではよかった。

翌九日、義盛はまた御所に参り、今度は一族九十八名を引き連れて、甥胤長の赦免を申請した。しかし、胤長は首謀者であったため許されなかった。しかもこのとき、北条義時は、後ろ手に縛った胤長を一族の前で引き渡したという。これは列座した一族の面目をつぶす行為であり、以降一同は出仕を止めることとなった。『吾妻鏡』はこの記事の末尾に、「義盛の逆心」はこのために起こったと付言している。

さらに、義盛が実朝に申し入れて慣例通り一族間で拝領した胤長の闕所（没収された土地）を、数日後には義時が覆して拝領してしまう（四月二日）。この日の記事も、末尾で再び義盛の心中に触れ、不満だが「義時との優劣関係はもはや虎と鼠のようだ」という状況なので何も言えず、「逆心いよいよ止まずして起つ」と語られる。本人以外は知ることのできない心情の動きを『吾妻鏡』は整然と一本の線につなげ、事件を導いてゆく。その手際は見事である。なお、実際には蜂起は一族内の若い衆の暴走であって、義盛は巻き込まれた形だったと考えられている（高橋秀樹『北条氏と三浦氏』）。

あるいは、二度にわたる北条義時の挑発的行動を考慮すると、和田合戦の責任は義時にもあるように思われるが、『吾妻鏡』は一連の評語と表現の綾により、そうと取れないようになっている。すなわち、上総国司の希望を過分と位置づけた評言、義時と義盛の立場を虎と鼠になぞらえて義盛の無理を強調する比喩、そして「逆心」すなわち不当な謀叛の心という言葉を繰り返し用いる表現の効果である。

さらに『吾妻鏡』は、かくして勃発した武力衝突における合戦の叙述に関しても、事実をそのまま記録しているわけではない。それどころか、一定の構想に基づきながら原史料を切り貼りし、明快なストーリーを構築するという、編集作業の具体的なプロセスすら垣間見える。しかし、その構想を探るためには、合戦記事を精査するだけでなく、ひとまずこの合戦が配置された『吾妻鏡』のより広範な文脈を確認しておく必要がある。先にこの点を押さえ、その上で合戦記事の検討に移りたい。

図9　三浦一族略系図

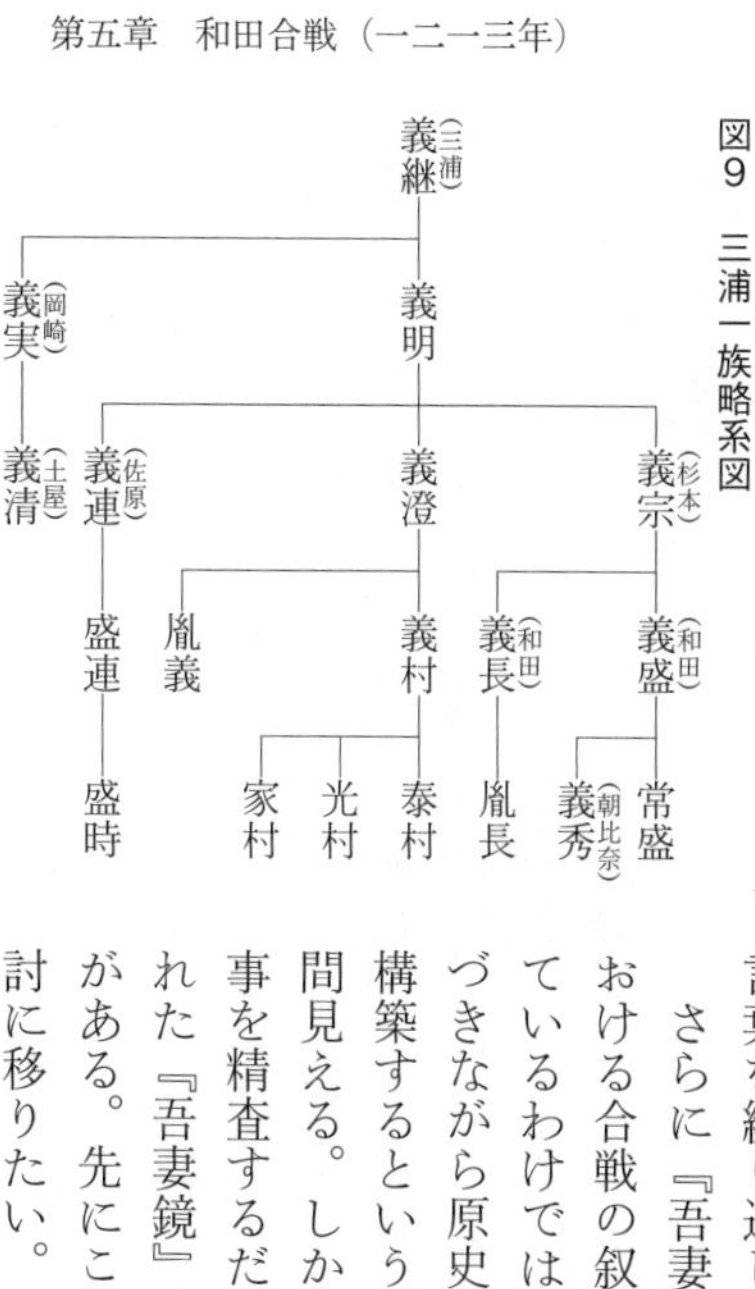

頼朝の後継者

頼家・実朝将軍時代は、幕府の内紛や要人の暗殺といった事件に満ちている。改めて俯瞰すると、まず頼朝が没して頼家が跡を継いだ翌年の正治二年（一二〇〇）正月には梶原景時が殺害され、建仁三年（一二〇三）には次の将軍継承者争いに絡んで阿野全成や比企能員らが滅ぼされる。頼家が伊豆に幽閉されて将軍は実朝に移るが、翌年頼家は暗殺され、さらに翌元久二年（一二〇五）六月には畠山重忠が討ち取られる。同年閏七月には北条時政が妻牧の方とともに娘婿で源氏門葉の平賀朝雅（ひらがともまさ）を将軍に立てようとして露顕、失脚し、政子・義時が実権を握る。そして本章で扱う建暦三年（一二一三）五月には和田合戦で義盛が滅ぼされ、次章で見る建保七年（一二一九）正月には実朝も殺害されてしまう。

これらの出来事を『吾妻鏡』が記すにあたり、端々に北条得宗家のための曲筆が見られるわけだが、近年では説話文学研究の方面から、『吾妻鏡』の論法について重要な指摘がなされている。すなわち、『吾妻鏡』は頼家と北条泰時を対比的に造形しており、頼家を悪王化するのと対応させる形で、泰時を頼朝の後継者として描いているというのである（小林直樹「『吾妻鏡』における頼家狩猟伝承」）。

『吾妻鏡』が幕府の正当性を傷付けることなく歴史を語ろうとする以上、語り手の現在において威勢を振るう北条貞時の政権を絶対化するにあたり、源氏将軍家から北条得宗家へと幕府統治者の血統が移るねじれについて、何らかの説明が必要となる。その転換点にあたる頼家・実朝将軍記は、必然的にかなりの無理を冒して虚構を織り込みながら歴史を叙述している。

その流れの中で、和田合戦に至る文脈を押さえるには、亡き頼朝の後継者候補である頼家・実朝・泰時という三人の人物の描かれ方に注目するのが有効である。そこには、頼朝の政道がどのように継承されたのか、実に象徴的に表現されている。頼家が悪王化されていることは前章で述べたので、順序として、次に頼家と対比的に語られる北条泰時について見ていこう。

泰時の徳政

泰時が『吾妻鏡』に初めて登場するのは、七月に頼朝が征夷大将軍となる建久三年（一一九二）の五月二十六日である。多賀重行なる御家人が金剛（泰時の幼名）の前で下馬の礼をとらず、頼朝が叱責したが、金剛はこれをかばった。頼朝は十歳の金剛の仁恵を褒め、剣を贈る。金剛はこの剣を長く大切にし、承久の乱の宇治川合戦で用いたという。顕彰記事の色彩が濃く、作為性の明らかな記事である（貫達人「吾妻鏡の曲筆」）。武の力を象徴する剣の贈与といい、それを承久の乱という日本の武力を幕府が束ねる画期に直結させる組み立てといい、武の力を統べる立場が頼朝から泰時へと移行することを象徴的に予言する逸話である。

とりわけ末尾は、後世の視点に立った語りで『吾妻鏡』における泰時の位置づけを示している。

また、翌年には頼朝主催の富士野（静岡県富士宮市）の狩りで頼家が初めて鹿を射止め、山神を祀る「矢口祭」を行ったとある。しかし、この儀式のうち「三口」の儀が頼朝の期待通りには進行しなかった（五月十六日）。頼家が山神に受け入れられなかったことを暗示しているわけだが、これが、次の泰時の記事と対比関係にある。つまり、約四か月後に同じく初めて鹿を射止めた泰時の矢口祭が記され、「三口」を完遂できたことで頼朝が賞賛したと語られている（九月十一日）。つまり、弓馬の力を振るうことの正当性を象徴レベルで裏打ちする山神は、頼朝が主催する狩猟儀礼において、頼家ではなく泰時を、次なる王として認めたことになる。

さらに、建仁元年（一二〇一）秋には、前章で述べた通り、飢饉にもかかわらず連日蹴鞠にふける頼家に泰時が苦言を呈して（九月二十二日）、頼家の怒りを買う（十月二日）。しかし、あくまで自らの意思として下った伊豆北条の地で、泰時は、困窮する領民たちの貸し付け米の証文を焼き捨て、酒食を振る舞い、人々の信頼と尊崇を得たという（十月六日）。これも悪王頼家と泰時の徳政を対比させた逸話だが、『史記』に取材した美談である。

加えて有名なのは、正治二年（一二〇〇）四月十日、殺人犯の処遇に関する泰時の堂々たる意見に、大江広元が感嘆し落涙したとの記事である。十八歳の泰時が道理に基づいて裁定できる器量を示した逸話であるが、これは実は、捏造された泰時顕彰記事であることがわかっている。というのも、この記事は藤原定家の日記『明月記』三月二十九日の引き写しで、泰時の発言は筆者定家の考えを記した文言とほぼ同じなのである（八代国治『吾妻鏡の研究』、益田宗「吾妻鏡の本文批判のための覚書」）。

このように、泰時は登場以来、地の文の語りや頼家との対比、神仏の意思表示や美談の捏造など、虚構を含む様々な方法を用いて、頼朝の地位を継ぐ徳人として造形されている。

実朝の徳政

次に実朝について見ていこう。源実朝といえば文弱のイメージがいまだ根強い。しかし、実際には積極的に幕政の刷新・改革を進めており、むしろ活発なリーダーであったことが近年明らかにされてきている（坂井孝一『源実朝』）。文に傾倒し武に疎い、あるいは官位の上昇を望んで過分の栄達に身を滅ぼしたという実朝の一般的イメージは、『吾妻鏡』における和田合戦以後の実朝像が敷衍されることで導かれたものである。それについては次章で扱うが、少なくとも『吾妻鏡』の実朝は、和田合戦までは賢王として描かれている。

たとえば将軍就任翌年の元久元年（一二〇四）、実朝は父頼朝が発給した文書を集め書写しており（四月二十日～五月十九日）、また頼朝の代に拝領した土地は大罪を犯さない限り没収しないと定めるなど（元久三年〔一二〇六〕正月二十七日）、頼朝の政道を継承する姿が語られている。他にも、頼朝の月忌による恩赦を行った承元三年（一二〇九）から和田合戦まで、頼朝の遺志を継ぐいくつもの施策や寺社興隆事業、また頼朝の例を根拠とした裁定や人員配置が相次いで記される（拙著『『吾妻鏡』の合戦叙述と〈歴史〉構築』）。

このように和田合戦以前の実朝は、頼朝の遺業継続を強く意識して政治運営にあたったことが繰り返し語られ印象づけられている。これは、頼家が頼朝の政道から外れていったのとは対照的に、この時期の実朝が頼朝の後継者として賢明な姿勢を保持していたことを示している。また、同じ時期には、聖徳太子の記録、前九年・後三年合戦の絵巻、中国唐代の政治規範の書である『貞観政要』、和漢の武将の美談などを積極的に学び、学問所番（和漢の故事などを将軍に講じた役職）を結番するなど、温故知新の姿勢が多く描かれている。こうした、あるべき姿に立ち帰ろうとする為政者の態度を「徳政」といい、古代・中世を通して理想的政治姿勢とされた。とりわけ、頼朝の先例を重んじた事案を列挙するところに、『吾妻鏡』の力点が見て取れる。

その特徴がよく表れているのが、実朝が大倉の地に大慈寺を建立した逸話である。和田合戦前年にあたる建暦二年（一二一二）十月十一日に、実朝が夢告によって発願した大慈寺の新造中、善信（三善康信）が、「自分もかつて夢告を受けてこの地に精舎を建てることを進言し、頼朝殿は建立を決意したが早世により中絶した。いま実朝殿の発願で草創されるのは霊夢の感応だろう」と明かしたという。大慈寺建立が実は頼朝の遺志の実現であったわけで、実朝が頼朝の政道の後継者として語られる傾向が如実に見て取れる逸話である。

夢告の一致という超常的な出来事である以上、この記事は創作と考えられるが、『吾妻鏡』編者による作文ではなく、大慈寺の縁起が素材となったのだろう。しかし、超常的という点に注目すると、この逸話は『吾妻鏡』における実朝像のもう一つの側面をよく表しているとも言える。

神仏と交感する実朝

そもそも『吾妻鏡』における実朝は、夢告や祭祀（さいし）を通して神仏と交信する人物として、一貫して造形されている。将軍就任以来たびたび神仏の夢告を受けており、たとえば駿河国建穂寺（たきょうじ）鎮守馬鳴大明神（まなりだいみょうじん）にて「酉の年に合戦があるだろう」との託宣があったと報告されたとき、実朝にも同日に同じ夢告があったため、託宣の実現を確信したという（承元四年〔一二一〇〕十一月二十四日）。これは三年後の癸（みずのとり）酉の年に起こる和田合戦の予言であり、結果から遡って創作された話であろう。

実朝が和田合戦にまつわる予言を発した記事はほかにもある。合戦の一か月前にあたる建暦三年（一二一三）四月七日、酒宴の最中に、往来していた二人の武士（山内左衛門尉・筑後四郎兵衛尉）を実朝が御簾（みす）の中から見て呼び寄せ、「二人とも間もなく死ぬ。一人は敵となり一人は味方となるだろう」と語ったという。そしてのちに引用される戦死者の交名（きょうみょう）（名簿）には、予言の通り敵味方に分かれて二人の名がある（五月六日）。なお、実朝本人ではないが、側近の宮内公氏が和田義盛のもとへ偵察に訪れた際、義盛の烏帽子が抜けて公氏の前に落ち、公氏はこれを義盛が首をはねられる前兆と感じたという（四月二十七日）。これらもまた予言・予見という形で天意を暗示し、和田合戦とその結果に対して必然性を付与している記事である。

あるいは、和田合戦の後にも夢告により経巻（経文を記した巻物）を海底に沈めている（十二月三十日）し、二年後にも義盛らが夢に現れたために仏事を催したとある（建保三年〔一二一五〕十一月二十五日）。さらに、宋から来日した高僧陳和卿と対面した際には、和卿が「自分たちの前世は医王山（中国浙江省の阿育王山阿育王寺のこと）の長老と弟子だった」と語るのに対して、実朝も「同じ内容を夢で高僧に告げられた」と明かしている（建保四年〔一二一六〕六月十五日）。

このように、『吾妻鏡』の実朝は、しばしば他者と一致する夢告を受けつつ、しきりに神仏と交信する。これらの記事を事実と捉えて実朝のカリスマ性を説く論もあるが、『吾妻鏡』という書物の性質からすると疑わしく思われる。なお、これに対して北条泰時が霊夢を見る例は、『吾妻鏡』に現れない。徳人ではあってもあくまで現実的な為政者であり、実朝のような神がかり的存在とは一線を画する造形がうかがえる。

ここまで見てきたように『吾妻鏡』は、頼家の悪王化と泰時の徳人化により両者を対比しながら語り進めた上、実朝による頼朝の政道の継承を記すことで、頼朝から泰時・実朝の二者へ、という幕府統治者の移行を象徴的に描出している。また、実朝は神仏と交信し天意を汲むことのできる人物として造形されている。では、そうした『吾妻鏡』の文脈の中で、和田合戦はどのように位置づけられ、叙述されているのだろうか。以下、当該記事を分析していきたい。

『吾妻鏡』の語る和田合戦

和田合戦当日にあたる建暦三年（一二一三）五月二日、三日は、『吾妻鏡』全体を通してみても出色の合戦記事である。鎌倉最大の市街戦を後世に書き残すべく、長大な分量をもってその戦況を詳細に記し、大いに読み応えのある叙述となっている。ざっと流れを確認しておこう。

まず五月二日、和田挙兵を察知した御家人八田知重（知家の子）が大江広元にこれを告げ、広元は御所へ急行する。同じ頃、和田に同心していた三浦義村・胤義兄弟が変心し挙兵を義時に告げ、義時も御所へ参る。合流した広元と義時は政子と実朝の妻室（公卿坊門信清の娘）を退避させた。そして申の刻（午後四時前後）、和田軍が蜂起し、義時邸・広元邸・政所で合戦となる。酉の刻（日没前後）には御所が包囲され、和田義盛の息子朝比奈義秀に放火される。しかし実朝は、義時と広元の誘導で頼朝法華堂へ退避した。鎌倉市街各所で戦闘が起こり、合戦は夜通し行われたという。

明けて五月三日、寅の刻（午前四時前後）に和田勢の援軍が到着。辰の刻（午前八時前後）には幕府勢も到着したが状況がわからずどちらに付くか迷っていたところ、実朝が命令書を発給して参集することとなった。続けて巳の刻（午前十時前後）には武蔵国以下の近国に命令書を遣わしてさらなる援軍を集める。合戦は熾烈をきわめたが、和田軍にあって異様な強さを発揮していた土屋義清（岡崎義実の子）が流れ矢に当たって落命したことが決定打となり、酉の刻（日没前後）にようやく鎮圧されることとなった。『吾妻鏡』はそのように語っている。

『明月記』の切り貼り

では、この合戦記事はどのようにして編集され、現在の形を整えたのだろうか。

当該記事が語句レベルで依拠している原史料が、実は夙に判明している。和田合戦についてリアルタイムで伝え聞いた藤原定家が、『明月記』同年五月九日に記録した記事である（八代国治『吾妻鏡の研究』、益田宗「吾妻鏡の本文批判のための覚書」）。伝聞情報をそのまま書き記した『明月記』の語句をこま切れに分断して、時系列順に並べ替え、叙述の枠としているのである。なお、『明月記』では『文選』（詩文集）や『史記』の文言を引用して戦況を叙述しているが、『吾妻鏡』は対句を分割したり、字義を誤って意味の異なる文脈にあてはめたりと、『明月記』の記述をよく理解できないまま使用していることまでわかっている（高橋典幸「『吾妻鏡』の『明月記』利用」）。

そのようにして構築した枠の合間合間に、幕府に残っていた諸史料（交名、勲功の記録、発給文書）を挿入し、あるいは独自の作文を盛り込むことで、『吾妻鏡』の躍動感あふれる合戦記事が成立している。たとえば、五月二日の挙兵の場面では、「申の刻に和田義盛が軍勢を率いて幕府を急襲した」「義盛は去春以来軍勢を集めていた」という二つの『明月記』由来の文言の間に、軍勢に加わった武士の名が列挙される。これは幕府に残っていた交名を挿入したものと考えられる。

また、開戦後の「放火されて御所は全焼した。そのため実朝は頼朝の法華堂に避難した」「和田義盛が大いに威を振るうのみならず、その兵士も一騎当千で、天地を震わせ戦った」という、『明月記』に散在する文言を継ぎ接ぎした二つのフレーズの間には、怪力で有名な朝比奈義秀と戦った多くの武士の逸話が並ぶ。こうした戦闘の記述は二日間を通してかなりの割合を占めているが、素材となったのは武士たちが幕府に勲功を訴えるため提出した申状や家伝と考えられる。あるいは、翌三日の二か所に掲載される、実朝が味方の参集を命じた発給文書も、幕府に保管されていた控えの文書、あるいは動員の証拠として提出された実物を引用したものであろう。

このように、『吾妻鏡』の和田合戦記事が原史料にかなりの手を加え、一定の作為に基づいて構成されていることは確かである。では、具体的な記事の検討から、『吾妻鏡』の構想を探っていこう。

三浦の働きの省筆

まずは、『吾妻鏡』の合戦叙述の中で『明月記』から省筆された事柄を確認しよう。その最も重要なものは、和田義盛の従兄弟にあたる、三浦義村の働きである。

『明月記』には、「三浦義村はもとより義盛を仇敵として背いていた」とあり、義村は挙兵前から幕府側へ内通していたと考えられる。そのことは乱の勝敗に大きく影響しただろう。近年では、この合戦は三浦一族の族長の座を義盛と争う三浦義村が北条と利害を一致させて和田を滅ぼした合戦であったと指摘されており、実際、鎌倉時代の説話集である『古今著聞集』や『雑談集』には、和田合戦は三浦一族の内紛であったとの認識が見られる（山本みなみ『史伝 北条義時』）。ところが『吾妻鏡』では、『明月記』由来の文言の間に挟まれる形で、「三浦義村・胤義兄弟は当初は和田方について参戦したが、源氏の重代の恩を思って後悔し、内通しようと考えて義時邸へ入った」と、挙兵直後に変心し寝返ったかのように、心情描写を伴って語られている。

また『明月記』ではこの直後、大江広元と三浦義村の「両人の告げ」によって、政子と実朝の妻室が逃れたとある。しかし『吾妻鏡』では、同じ働きをするのは広元と北条義時となっている。つまり、三浦義村の功績が北条義時のものへと差し替えられているわけである。

さらに、『明月記』によると、御所や鶴岡八幡宮にほど近い横大路（よこおおじ）の戦闘において、「義村の兵が背後を塞いで義盛を大いに破った」ことが乱の帰趨を決したと記されている。しかしそれが『吾妻鏡』では、横大路の戦いは合戦の最初期段階に記され、『明月記』にあった文言はきれいに取り落とされる。そして乱の勝敗を決定づけた働きは、北条泰時と実朝のものとされている。この点は泰時・実朝像の造形と関わるため、のちに詳述する。

このように、『吾妻鏡』は明らかに意図的に三浦義村の功績を過小に描いている。歴史的に見ると、義村は和田合戦で義盛を退けることによって、幕府において不動の地位を確立し、三浦氏は北条氏に比肩しうるほどの存在となった。しかし、宝治元年（一二四七）の宝治合戦で北条氏に滅ぼされるため、名高い和田合戦が三浦氏の働きで鎮圧されたという事実は都合が良くない。そこで、『明月記』に記されていた決定的な功績を別人のものとしたのであろう。

では、『吾妻鏡』で三浦義村の働きに代わって特筆されるものは何か。ここからは、『明月記』にはないが『吾妻鏡』編纂の際に追加された事柄を見ていこう。まずは、先に触れた北条義時の動きである。

義時の美化

『吾妻鏡』によると、三浦義村が義時邸へ密告に訪れたとき、囲碁の会を開いていた義時は少しも驚かず、心静かに目を数えた後、立烏帽子(たてえぼし)と水干装束(すいかんしょうぞく)に着替えて幕府へ参じたとある。しかしこの描写は、『吾妻鏡』編集段階での曲筆とみられる。というのも、同書では平賀朝雅(北条時政と妻牧の方の娘婿)が追討される記事でも、同様の振る舞いが記されているからである(元久二年〔一二〇五〕閏七月二十六日)。切迫した事態にあたって泰然と囲碁を続ける描写は、危機にも動じぬ武人の様子を描く常套的(じょうとうてき)表現である(『十訓抄(じっきんしょう)』など)。

また、そうした表現面のみならず、『吾妻鏡』が叙述する出来事の流れには作為的な構成がうかがえる。『吾妻鏡』によると、まず和田義盛の館の近隣に住む八田知重が軍勢の参集を察知し、広元に告げる。広元は酒宴の最中だったが一人席を起ち御所へ急ぎ参る。ここまでは『明月記』も同じである。次に三浦兄弟が変心し、挙兵を義時に告げる。囲碁会の最中だった義時は先述のように悠然と構えて御所へ参る。この義時と広元の動きは見事に対になっている。そして広元・義時が幕府で合流し、「両客の告げ」により政子と実朝の妻が逃れたとする。『明月記』では広元と三浦義村の「両人の告げ」による脱出であったところ、『吾妻鏡』では義村の働きを消去して義時に差し替えているわけだが、その際、広元の動きに、義時を対にする形で加筆しているのである。

続く和田勢の動きも、『明月記』では「まず広元の宿所を囲む」とあるところ、『吾妻鏡』

は「まず幕府の南門ならびに義時の邸宅の西門と北門を囲む」とあり、勇壮な武士たちの攻防が描かれて、「次に広元朝臣の邸宅」を襲ったとする。叙述の順序を操作し、広元邸と対にして、『明月記』にはなかった義時邸の防戦を追加していることがわかる。ただし、『愚管抄』などによると、義時邸も戦場になったこと自体は事実だったらしい。

さてその後、『吾妻鏡』では御所の四方が包囲され、朝比奈義秀が総門（表門）を破って南庭に乱入し、放火して大倉御所を全焼させたので、その火災から逃れるために、義時・広元が実朝を頼朝の法華堂へ逃がしたとある。しかし、四方を囲まれてからでは脱出は不可能なはずで、曲筆が疑われる（坂井孝一『源実朝』）。『明月記』では広元が通報を受けて急ぎ御所に参上した後すぐに退避させており、義時の働きは見えないが、そちらの方が現実的である。このように、『吾妻鏡』は出来事の順序を操作し、広元の動きと対にして義時の功績を語り加えつつ、合戦の発端を叙述しているのである。

勇士たちの勲功譚

さて、続く展開において、『吾妻鏡』が大幅に増補しているのが、「神のように猛威を振るった」という、朝比奈義秀にまつわる言説である。義秀といえば様々な怪力伝説を今日に伝える豪傑である。先述した御所の総門を破る逸話は、室町時代の狂言「朝比奈」でも語られるなど、有名な話として流通した。和田勢敗北後も、討ち取られることなく五百騎ほどを率いて船で安房へ漕ぎ出し、そのまま行方知れずになったという。しかし『明月記』を確認すると、御所への放火や海上へ逃亡する落人について、同じ文言があるのに具体的な実行者名は書かれていない。つまり、『吾妻鏡』は『明月記』の文言を用いつつ、義秀の名のみ記して和田勢の行為を彼に代表させて語っていることになる。

その義秀と幕府軍の戦闘の描写は、分量的に『吾妻鏡』の当該記事の大半を占めている。たとえば足利義氏（足利氏の当主）との互角の戦いは躍動感があり、義秀に摑まれた鎧の袖を引きちぎるくだりは、悪七兵衛景清（藤原景清の異名）の錣引き（『平家物語』巻第十一「弓流」）に類する武士の剛力の常套的表現が用いられている。こうした武士たちの功名譚は、従来、合戦の大将の面前で集約されて作成された「合戦記」が原史料だと考えられてきた。しかし近年、そうした「合戦記」はより簡略なものでしかなかったことや、合戦の数十年後になって幕府に恩賞申請のために提出された申状が取り込まれていることが明らかにされている（高橋秀樹「いくさの情報と記録」）。

そのような記録の集積過程を具体的に垣間見せてくれる記事が『吾妻鏡』内部にある。合戦初日の五月二日に記される武田信光・信忠親子の美談と、翌三日に語られる長尾定景・光景（幼名「江丸」）親子の功名である。いずれも子の奮戦により父が生き延びたという記事であるが、前者は仁治二年（一二四一）十二月二十七日に、父信光に義絶された信忠が孝行の実績を述べた記載があり、その中にこの美談も語られている。後者は、文暦二年（一二三五）九月十日に、幕府へ恩賞を請求した長尾光景の訴えが載り、和田合戦での勲功としてこの逸話が記されている。つまり、武田信忠や長尾光景が和田合戦のときの働きを評価してもらうために、二十数年後になって幕府に訴え出た際の記録が幕府に残り、これが『吾妻鏡』の和田合戦記事の素材になったと考えられる。合戦のありさまを伝える他の逸話も、類似のルートで取り込まれたのだろう。

このように、『明月記』由来の叙述の枠に追加された『吾妻鏡』の合戦記事は、後世に展開する伝承の原型やこの史書の編集過程が見て取れる点、興味深い。だが、追加された要素はまだ残っている。それは、先に確認した通り『吾妻鏡』の文脈上きわめて重要な、実朝と泰時の二人の働きである。では続いて、この二人の和田合戦における記述を見ていこう。

実朝の文の力

和田義盛が軍勢を集め、五月二日の申の刻（午後四時頃）に挙兵してからというもの、夜通し激戦が続いたが、拮抗（きっこう）する戦局が大きく傾く契機は、『吾妻鏡』によると、翌三日に御家人らへ発せられた実朝の書状であった。曽我（そが）・中村（なかむら）・二宮（にのみや）・河村（かわむら）ら近郊の武士は、辰の刻（午前八時頃）より兵を整えたものの、幕府による召集の真偽を疑っていたが、この書状を受けることで、ことごとく実朝方に参集したという。しかし、この実朝の文書発給を戦局の転機として強調する語り方は、『吾妻鏡』の作為である可能性が高い。

たとえば、和田合戦の十年ほどのちに書かれた『愚管抄』によると、この合戦で武士たちが幕府方に参集したのは、実朝が直接戦闘に参加したからだという。『愚管抄』は実朝について、「殊の外に武の方面よりも文に心を入れていた」「愚かにも用心をせず、文の方面に身を置いた」と、一貫して「武」を軽んじ「文」に偏した人物として評しているが、それだけに、和田合戦で実朝が武の力を発揮することで戦局を好転させたとの言説は、筆者慈円の主観を離れて世に流布していたものと見られる。これに比して『吾妻鏡』は、文書発給という、実朝が持つ「文」の力を強調していると言える。そしてまた、同様の作為は、合戦の帰趨を決する場面にも見出すことができる。続いてそのことを述べよう。

新たな武士たちの参入を受けて多勢となった幕府軍は、しかし暴れまわる土屋義清・古郡保忠（ふるごおりやすただ）・朝比奈義秀の三騎の異様な強さに手こずり、再び各所で激戦が続くこととなる。そんな中、幕府の勝利を決定づけたのは、土屋義清を射た「神鏑（しんてき）」（神が放った矢）だった。義清は鶴岡若宮の赤橋（あかはし）で、北から飛来した流れ矢に当たり絶命したのである。そしてそれは、大江広元が願文を執筆し、その奥に実朝が自筆の和歌を二首加えて鶴岡へ奉納した、まさにそのときであった。そのため人々はこれを「神鏑」ともてはやしたのだと『吾妻鏡』は語る。『明月記』によると乱の帰趨を決したのは三浦義村による背後からの攻撃だったが、それに替えて、実朝が文の力を発揮し八幡神の加護を得たことが劇的に描き出されていることになる。この「神鏑」は冥加（みょうが）（神仏の加護）を示す常套的表現で、方角や時刻により冥加を暗示する論法も類型的なものである（『平家物語』巻第十一「志度合戦」など）。

このように、『吾妻鏡』は他の史料と異なり、実朝の文の力、およびそれがもたらす神仏の加護を、趣向を凝らして強調している。先述の通り、実朝は『吾妻鏡』において夢告や祭祀を通して神仏と交信する人物として造形されていたが、ここでもその構想は一貫している。では、『吾妻鏡』の文脈上もう一人の頼朝の後継者である、北条泰時の描かれ方はどうか。

泰時の武の力と徳

『明月記』の当該記事では名前すら記されない泰時だが、『吾妻鏡』では和田軍が幕府を包囲した当初から、弟名越朝時や足利義氏とともに防戦し、兵略を尽くしたと語られる。また『明月記』由来の「星空の下で夜通し戦った」「義盛は兵力も矢種も尽くし、疲れた馬を走らせた」という二つの文言の間に、「泰時は義盛の武勇を少しも恐れず、命をかけて、あるいは兵士を指揮して、朝が来るまでよく防御した」と、泰時の勇戦を称揚する一文が挿入されており、編集作業の一端をうかがわせる。またそのすぐ後には、泰時が旗を揚げて軍勢を率い、幕府周辺を固めたことが語られるなど、幕府軍の中心としてとりわけ勇敢に戦ったことが印象づけられている。

さらに、五月三日午前の実朝の書状発給直後には、和田義盛が御所を襲おうとしたが道々を勇士たちが固めていて突破できなかったとあり、その筆頭に挙げられているのも泰時である。そして、合戦の帰趨を決する「神鏑」を招来したのは実朝の祈願だったが、その祈願という行為を導いたのは、戦況を冷静に分析した泰時が「幕府軍は多勢ですが、敵を破ることは難しそうです。重ねて賢慮をめぐらされるべきです」と伝え送った進言だった。つまり、和田合戦における幕府の勝利を決定づけた天の加護は、戦線にあって武の力を束ねる泰時の慧眼と、文の力で神仏と交感する実朝の祭祀という、両者の力がともに発揮された結果であったことになる。見事に組み立てられたプロットである。

泰時の顕彰記事は、戦後処理の中でも並べられる。たとえば、終戦翌日の五月四日には、朝比奈義秀との戦闘で負傷し歩けなくなった弟名越朝時を泰時が助け、それを見た老将が落涙したとの美談が記される。また同月八日には、泰時が恩賞を辞退し、自分は父の敵と戦ったにすぎないので他の御家人の恩賞に充ててほしいと申し出て、世の人はこぞって感嘆したとある。このように、『吾妻鏡』当該記事群における泰時は、『明月記』にない逸話の幾重にもわたる挿入により、その武勇や仁徳が強調されている。

君臨と統治の分掌

以上、『吾妻鏡』の和田合戦記事について検討してきたが、振り返ってみると当該記事群もまた、軍記物語の型をしっかりと踏襲していることがわかる。すなわち、和田義盛の思い上がりと「逆心」による反逆を、忠臣たちの活躍と冥加により鎮圧し、秩序が回復され強化される、という型である。では最後に、そうして回復・強化された秩序のあり方について、一言付け加えておこう。

ここまで考察してきたように、当該記事は、文の力を携えて神仏と交感し冥加を得る実朝と、武勇と仁徳で武士たちを指揮する泰時という、一種の分業を象徴的に描出している。そもそも、和田合戦までの記事において、神意の暗示や人物像の対比を含む具体的な逸話の積み重ねにより、幕府統治者の立場が頼朝から（頼家ではなく）実朝と泰時とに分かち継がれる流れが描かれていた。そうした『吾妻鏡』の文脈の中で、承久の乱と並ぶ危機とされる和田合戦は、儀式や祭事を中心に司る将軍と、御家人たちの統率者である執権という、分掌体制を確立させた契機として叙述されている。実際、『吾妻鏡』が編纂された時期に前提となっていた将軍（宗尊・惟康・久明と続く親王将軍。二四五頁の系図参照）の役割は、武の力＝軍事的実力による統治ではなく、文の力＝王朝的権威による君臨であった。たとえば親王将軍時代になって、「御出」には必ずしも随兵の勇士を伴わなくなったと指摘されている（関口崇史「知られざる源実朝後の「非源氏将軍」の系譜」）。そうした分掌体制の起源として、和田合戦は叙述されていることになる。

しかし、頼朝の後継者が二人並び立つ状況は長くは続かない。六年後に実朝は暗殺され、源氏将軍は三代で断絶するためである。それでは、『吾妻鏡』は実朝の退場をどのように語っているのだろうか。

第六章　実朝暗殺（一二一九年）

――源氏将軍断絶と得宗家の繁栄を導く神意

実朝暗殺事件の語られ方

建保七年（一二一九）正月二十七日の夜、雪化粧の鶴岡八幡宮で、鎌倉幕府第三代将軍源実朝は、右大臣就任の拝賀を終えた直後、列をなす公卿たちの眼の前で、突然現れた法師に斬殺された。鶴岡別当にして実朝の甥にあたる、公暁（こうぎょう）の仕業だった。公暁は「父の仇（かたき）を討ったぞ」と叫んだという（『吾妻鏡』『愚管抄』）。政争に敗れ伊豆で暗殺された、第二代将軍頼家の仇討ちであった。しかし、頼家を追い落とした張本人である執権北条義時は、公暁の標的の一人であったにもかかわらず、事前に行列を離れていて無事だった。闇に紛れて出奔した公暁は三浦義村を頼ったが、義村はこのことを義時に告げ、その日のうちに公暁はあえなく討ち取られたのだった。

この史上稀に見る暗殺劇は、なぜ可能となったのか。そしてなぜ義時は難を逃れえたのか。これまでに様々な議論が重ねられてきた。たとえば新井白石の『読史余論』や水戸藩の『大日本史』にはすでに、北条義時が黒幕であったとの説が載る。義時は実朝没後の幕府権力を掌握することになる上、幕府の正史たる『吾妻鏡』には不自然にも、急な体調不良で行列を離れ奇跡的に襲撃を免れた、と記されるからである。

また、作家の永井路子は小説『炎環』の中で、黒幕は三浦義村であるとの説を展開した。この説は石井進の名著『鎌倉幕府』により支持され、以来広く有力視されてきた。公暁は実朝殺害後すぐに義村を頼っていることに加え、義村が拝賀の行列に供奉していなかったためである。実朝と義時がいなくなれば、公暁が将軍となり、義村が執権となる。そうした企みがあったとの説である。

しかし、実朝暗殺をめぐる議論はすでに、日本史研究者の間では結論に達しつつある。暗殺の現場に居合わせた貴族たちから直接得た情報に基づく『愚管抄』の記述によると、北条義時が現場にいなかったのは体調不良のためではなく、公卿・殿上人（天皇への目通りが可能な上級貴族）のみで儀式を行うべく義時ら低身分の人々は中門に留まっていたためと判明する。『吾妻鏡』はこれを義時の不名誉と捉え、記さなかったというわけである。また、三浦義村が行列にいなかったことについては、前年に儀式の行列を遅らせる失態を演じたことから今回は選ばれなかったと考えられ、また現実的にも実朝・義時を討ち取ったところで北条氏一門（政子・泰時ら）が健在では政権奪取は難しい。そもそも当時の政治情勢からすると、実朝と後鳥羽院の信頼関係により幕府と朝廷の関係は非常に良好であって、義時も義村も実朝を必要としていた。両者にとって実朝を暗殺するメリットはなかったのである。したがって、黒幕を想定することはできず、公暁とその一味による単独の犯行と見るのが妥当、というのが現在の歴史学の結論である（坂井孝一『源実朝』など）。また最近では背景として院近臣一派の勢力争いも指摘されており（野口実「後鳥羽院政の成立と鎌倉の政変」）、今後も新たな側面が明らかにされてゆくだろう。

さて、本章で問題としたいのは、そうした事実関係についてではなく、『吾妻鏡』の叙述のあり方についてである。頼朝の正当な後継者である実朝が、衆人環視の中での殺害という不名誉かつ隠蔽不可能な形で幕府を去ったことに対して、また、これ以後は将軍ではなく義時・政子が幕政を掌握し、その権力が泰時へと引き継がれてゆくことに対して、『吾妻鏡』はいかなる説明を与えているのだろうか。

災異記事による暗示

まずは、実朝の死が『吾妻鏡』の文脈の中でどのように合理化されているか、という点について見ていこう。前章で述べた通り、『吾妻鏡』の実朝は将軍就任以来、過去の理想的な政治を盛んに学び、頼朝の遺業を積極的に継承するなど、頼朝の政道を北条泰時とともに分かち継ぐ正当な後継者として造形されていた。しかし、その人物像は建暦三年（一二一三）五月の和田合戦を境として、続発する天変地異と同調するように変容してゆくこととなる。『吾妻鏡』は和田合戦直後から、日照りや大地震、天変に関する記事をしきりに載せる。特に建暦の大地震と合戦とはセットで記憶されたようで、後年、大地震があった際に古老が和田合戦を想起した、という記事が二つある（嘉禄三年〔一二二七〕三月七日、仁治二年〔一二四一〕二月七日）。『吾妻鏡』編纂時にも、両者の連関が意識されたことだろう。

しかし、この期間には怪異を語った記事も多い。先行研究が明らかにする通り（序章）、『吾妻鏡』の天変地異や災害、怪異記事には、政治的事件と関連させる形で作為的に配置されている例が見られる。少なくとも、天人相関（政治の善悪に対し天が禍福を与える）の印象をもたらす構成となっている。

たとえば、和田合戦後の六月二十九日には、正体不明の「光物」の飛行が記される。また、八月十八日には深夜の御所を不審な女が走り抜け、同時に再び「光物」が出現して、招魂祭（遊離した魂を招き戻す儀式）を行った、といういかにも不気味な出来事が語られる。そのすぐ後には鶴岡八幡宮の宝殿に黄蝶が群集したとあり（二十二日）、これが兵乱の兆として卜筮され、実朝が慎むべしとの勘文（陰陽師らの答申）が出される（二十八日）。十月十三日には雷鳴とともにたびたび狐の鳴き声がしたことが怪異とされ、翌日祈禱が行われている。

また翌建保二年（一二一四）八月七日には、実朝が建立した大慈寺の総門が転倒している。直前にある七月二十七日の記事で盛大な供養が描かれたにもかかわらずである。この大慈寺草創が、和田合戦前の夢告による頼朝の遺業継承であったこと（第五章）を考え合わせると、この転倒は実朝が頼朝の後継者から外れてゆくことを象徴していると読める。さらに翌建保三年（一二一五）六月二十日には御霊社（鎌倉市坂ノ下の御霊神社）が鳴動し、八月十八日には鶴岡八幡宮の前浜鳥居が転倒。のちにこの鳥居を再築するため設けられた足場もまた転倒している（十月三十日）。続く八月二十一日には鷺の群集飛来と地震があり占いが行われ、重大な変異として百怪祭という祈禱が行われたという（二十二日、二十五日）。そして十一月十二日には、怪異の頻発により御霊社で祓がなされるが、実朝の夢に和田義盛以下の死者が群らがって現れたため、緊急に幕府で仏事を行っている（二十五日）。

加えて、この頃には天変（金星の木星食など）も続発しており、十二月十六日にはそれを実朝が慎むべきこととする勘文が提出される。年が明けた建保四年（一二一六）正月十五日には、江ノ島明神で託宣が下るとともに海が道路となり、相模国中の僧俗貴賤がこぞって徒歩で江ノ島に参詣したとある。また、同じく三月七日には海水が赤く変色したことも記されている。

かくのごとく怪異や天変地異の続発を記すことは、実朝の治世に対する神仏の加護が失われつつある、ということを暗示する機能を帯びているだろう。そして暗殺前年の建保六年

（一二一八）二月十九日には、実朝の乗っていた馬が急死したとある。起請文の失（神仏が誓文を認めなかったという証）の一つに乗馬の転倒があるが、まして乗馬の急死は神仏の意思表示として十分な意義を読み取りうる。さらに、同年六月八日には白い虹の出現が記されるが、白虹は古来、戦乱の前兆として認識されていた（『平家物語』巻第五「咸陽宮」など）。

　また暗殺の直前記事である建保七年（一二一九）正月二十五日には、鶴岡八幡宮に参籠した源頼茂（摂津源氏で右馬権頭。実朝の後継将軍をめぐる抗争から七月に内裏で自害する）が、子供が鳩を打ち殺し、次に頼茂の袖を打つ夢を見たところ、翌朝本当に死んだ鳩がみつかり、占うと不吉と出たことが語られる。鳩が源氏の氏神八幡大菩薩の使いとされていたことは言うまでもない。この記事は明らかに、実朝の死を神仏の意思として予告している。

　このように、和田合戦を境として、災異（為政者への天の警告）の記事がしきりに記され、実朝殺害へとなめらかに接続するよう叙述されている。そして凶兆と連動するように、実朝自身の造形にも変化が表れることとなる。次にそのありさまを見ていこう。

実朝の悪王化

　和田合戦の四年前の承元三年（一二〇九）、十八歳の実朝に対して、北条義時と大江広元が、武芸を疎かにせぬようにと助言している（十一月四日、七日）。この時点では忠告にとどまるが、和田合戦後の建暦三年（一二一三）九月二十六日には、それが現実のものとなったかのように、有名な長沼宗政の痛罵が記される。すなわち、実朝の命令に背き謀叛人を殺害して咎められた宗政が、和歌や蹴鞠を重んじて武芸を疎かにする実朝を、頼朝の頃と比べながら強く批判したとの記事である。実朝が文に傾倒し武を軽んじているとの言説が、『吾妻鏡』においてはここで初めて出現している。

また、暗殺前年の建保六年（一二一八）九月十四日に、頼朝が敬神のために始めた制である鶴岡八幡宮中の宿直人を、実朝が停止している。前夜、和歌会の最中に宿直人が騒動を起こしたためで、これも象徴的な記事と言えよう。実朝が頼朝の政道から外れて文に傾倒し、武を疎かにしていると印象づけている。

他方では、実朝が華美を好み民に負担をかける記事も散見されるようになる。たとえば和田合戦翌年の建保二年（一二一四）四月十八日には、大江広元らが、実朝が大慈寺の落慶供養にあたり京都から高僧を招こうとするのを「万民の煩いになる」と諫め、「徳政」を求めたという。あるいは、建保四年九月十八日、実朝が近衛大将就任の望みを口にした際、頼朝と対照的な態度だと、義時が広元に相談する。広元も同意見で、災いの元になると考えたため、広元が義時の使いとして実朝に昇進を諫めた（二十日）。これに対し、実朝が「源氏の正統は自分で絶えるから家名を上げるのだ」と語った逸話は有名である。

しかし、このくだりは虚構が疑われる。このとき実朝はまだ中納言中将になったばかりで、大将を望むのは不自然であり、翌年の出来事の誤りとする説がある（五味文彦『増補　吾妻鏡の方法』）。確かに、大将申請・就任は一年以上後であり、話題として早すぎる。また、より積極的に虚構を疑う見方もある（坂井孝一『源氏将軍断絶』）。すなわち、実朝はすでに摂関家と同格であり、大将を望むのも過分ではない。また厄災を招くという広元の発言や源氏の正統が断絶するという実朝の発言は、暗殺という結果を前提とした後付けと考えられる。しかも、当時実朝は後鳥羽院と協調し主体的に幕政に取り組んでいる以上、衰亡の予見は不自然である。一方、義時も高位所望を非難したとあるが、自身や一族も先例を超えて順調に官位を上昇させており、辻褄が合わない。つまり、このやりとりは全面的に虚構であるという。首肯すべき見解である。記事を事実と考える必要はそもそもなく、実朝の悪王化という構想の一環と捉えるべきだろう。

そして、この一件から二か月を経た十一月二十四日、またも義時と広元が実朝を諫めている。実朝が宋の医王山への渡海を志し、陳和卿に唐船の建造を命じたからである。実朝と陳和卿は先述の通り、前世について認識を共有するという運命的な出会いを果たしており（同年六月十五日）、『吾妻鏡』を鵜呑みにはし難い。事実、唐船建造説話の結末として、完成した船が浮かばなかったとあるが（建保五年〔一二一七〕年四月十七日）、これは虚構である可能性が高い。実際には実朝の使者を乗せて宋へと船出していたからである（大塚紀弘『日宋貿易と仏教文化』）。考えてみれば、東大寺の大仏を再建した技術者である陳和卿が、海岸に船体が浮かぶかどうかという基本的な構造設計・地形調査を怠るはずもない。また同日の記事末尾は「空しく砂浜で朽ちた」と後世からの語り口で結ばれており、『吾妻鏡』編纂時の作文であろう。実朝の悪王化の文脈を補強する意図が透けて見える。

源氏将軍家から得宗家へ

では、実朝と並んで頼朝の政道を継承したことが語られていた泰時はというと、和田合戦の半年後の建保元年（一二一三）十二月十八日、伊豆走湯山（そうとうさん）の神領を返還したとの記事がある。仁田忠常が私掠（しりゃく）したのを知らずに泰時が拝領しており、由緒を知ってすぐ寄進したという。土地をあるべき元の持ち主に戻すことは、「徳政」の典型である。また、実朝の左大将就任直後の建保六年三月二十四日、泰時は実朝が推挙した讃岐守就任を過分として固辞したとあり、実朝と対比的に描かれている。

さらに三か月後の六月二十一日、「任大将拝賀の盛大な儀式は全て庶民の負担である」と地の文で語られるが、翌七月九日には、義時が夢告を受けて大倉薬師堂（やくしどう）の建立を決める。このとき、泰時は叔父時房とともに「撫民の儀」に反すると父へ諫言したとある。義時はこれに従って民の負担にならぬよう、私財で建立することを決めたという。この逸話に関してはのちに詳述するが、ここでは、義時・泰時と実朝とが対照的に語られていることを確認しておきたい。なお、翌八月十五日には、この年の鶴岡放生会（ほうじょうえ）が例年に過ぎて華美であると地の文で語られる。これも、同じ文脈上に位置づけられるだろう。

このように、和田合戦を境として、実朝が頼朝の政道から次第に外れて武を疎かにしてゆく、という筋立てに凶兆の頻発を絡めつつ、過差を慎み撫民に励む義時・泰時と奢侈に傾倒する実朝とを対比するなど、『吾妻鏡』は様々な方法を用いて、実朝の死、および頼朝から得宗家への権力の継承を必然化している。しかし実際には、こうした実朝の評価は必ずしも一般的なものではなかった。鎌倉〜南北朝時代の史料には、むしろ実朝を「文」の力に優れた賢王として賞賛するものも多い（源健一郎「中世伝承世界の〈実朝〉」）。したがって『吾妻鏡』の叙述は、事実の羅列ではなく、一定の構想に基づくものと考えねばならない。

ただし『六代勝事記』を見ると、賢政を行い、兵略にも優れた実朝が、しかし次第に撫民を忘れ、過分に振る舞うようになったとした上で、最期については武勇の謀の不足を惜しんでいる。実朝が変容したとの評価は他書にない独自の言説である。次で述べるが、『吾妻鏡』は実朝殺害の前兆記事において『六代勝事記』の本文を用いているので、実朝の人物像の変容についても、『六代勝事記』の叙述が『吾妻鏡』の参照枠となった可能性がある。

神仏の意思

ここまで、『吾妻鏡』の歴史叙述における実朝の人物像の変容および凶兆の頻発を見てきたが、実朝の死を暗示する怪異、とりわけ源頼茂が鶴岡参籠で得た予言的夢告のような、事実とは考え難い超常的な予兆現象は、暗殺当日の記事にも末尾に複数まとめて記されている。

すなわち、①出立にあたり覚阿（大江広元の法名）が原因不明の落涙により不吉を感じて実朝に腹巻着用を勧めたこと、②実朝が側近の宮内公氏に形見と言って鬢を授けたこと（翌日の葬儀では、首が発見されなかったため代わりにこの鬢が葬られたとあるが、『愚管抄』には首は発見されたとあるため虚構）、③実朝が庭の梅を見ながら自らの死を暗示する和歌を詠じたこと、④出立の際に鳩がしきりに鳴いたこと、⑤実朝が降車する際、不慮に剣を突き折ったこと、の五つである。

実は、これら予兆記事のうち③④⑤については、実朝暗殺後さほど間を置かずに書かれた『六代勝事記』と語句レベルで一致しており、これを原史料としたことは明らかである。また①②はそれぞれ、大江広元・宮内公氏に関するまとまった家伝的史料がそれぞれ素材となっている可能性が高い（拙著『『吾妻鏡』の合戦叙述と〈歴史〉構築』）。実朝暗殺に伴い列挙される超常的な予兆記事群は、いずれも『吾妻鏡』編者の完全な創作ではなく、編者の手元にあった原史料をパッチワーク的に利用する形で叙述を形成しているようである。

予兆を記すことは稀代の暗殺劇を神仏の意思として説明し必然化する効果を生む。かくも執拗に予兆記事が並べられるのは、源氏の氏神である八幡が神前の実朝を守らなかったという事実の説明がどうしても必要だったからだろう。あるいは、将軍を凶刃から守れなかったという、執権義時の痛恨の不祥事を合理化することにもなる。

この日義時が難を逃れたことについても、『吾妻鏡』は神仏の加護であるかのように潤色している。すなわち、実朝が右大臣拝賀のため鶴岡八幡宮の門に入る際、義時は突然不調に陥り、持っていた御剣を源仲章（実朝の側近）に預けて行列を退いた。しばらくして回復し、そのまま自邸へ帰ったという。そして実朝を殺した公暁は、夜陰の中、事前に得ていた情報の通りに御剣役の者を義時と見定めて斬殺したが、それは義時ではなく仲章であった。

しかし最初に述べた通り、より信頼できる『愚管抄』には別の事実が描かれている。確かに、義時が狙われていたことや、代わりに仲章が殺されたことは事実であったらしい。しかし、義時は実朝の命令で中門に留まっていたとある。公暁を現場で確保できていないことからも、用心を怠ったと『愚管抄』に酷評される通り、実朝は拝賀の儀を公卿・殿上人のみで行い、御家人たちを参列させなかったのである。

このように、『吾妻鏡』に記される義時離脱の経緯は虚構である。加えて、暗殺当日だけでなく、前後にも関連記事を配置することで一連の文脈を形成し、義時が難を逃れたことは神仏の導きであったのだと語っている。次にそのことを説明しよう。

戌神霊験譚

まず暗殺前年の建保六年（一二一八）七月九日、先に触れたように、義時が大倉の地に薬師堂を建立することを決めた。これは前日にあった実朝の鶴岡参詣後の戌の刻（午後八時前後）に、薬師十二神将の戌神が夢枕に立ち、「今年の拝賀は無事であったが来年は供奉せぬように」とお告げを得たためだった。義時は夢告の意味がわからなかったが、元来十二神将を崇拝していたため即座に建立を決意した。しかし弟時房、息子泰時により「撫民に反する」との諫言があったため、これに従い民の負担にならぬよう義時の私財で建立することにしたというくだりは先述の通りである。

同年十二月二日には、大倉薬師堂に運慶（うんけい）作の薬師像を安置し供養を遂げたことが語られる。儀式を終えて僧らに布施が与えられたのは「戌の刻」であった。そして翌月の実朝暗殺当日に、義時が「心身の不調」により難を逃れる虚構が記されるわけだが、このときの事情が十日後の二月八日に明かされる。すなわち、暗殺当日の「戌の刻」つまり事が起きたその時刻に、義時は「白犬」を傍らに見て不調となった。そして義時が御剣役を務めるのをあらかじめ知っていた公暁は、義時の代わりに剣を持っていた源仲章を討つこととなった。ちょうどこのとき、大倉薬師堂の「戌神」の像は姿を消していたという。

このように、義時離脱の虚構は、義時の夢告と大倉薬師堂の戌神をめぐるプロットの一環として配置されている。その仕掛けにより、実朝暗殺という幕府にとってきわめて不名誉な事件は強調点をずらされ、むしろ義時への神仏の加護を物語る出来事として描出される。そして八幡神は神前の実朝を守らなかったが、それは幕府そのものが神に見放されたことを意味しない、ということも暗に示すこととなる。

なお、事件四日後の二月一日には、凶事の現場となった鶴岡八幡宮に十分な手当を施す義時の賢慮と敬神とが地の文により賞賛されている。『吾妻鏡』の叙述が義時の顕彰をもって実朝暗殺事件を総括しようとしていることは確かである。

それでは、戌神に護られる義時の物語は、『吾妻鏡』編者の創作なのだろうか。あるいは、暗殺当日の他の超常的記事と同様、何らかの素材があったのだろうか。実朝暗殺記事が源氏将軍家から得宗家への幕府統治者の移行を描いている以上、『吾妻鏡』にとってこの事件の語り方は編纂作業全体を通して一つの核心部であったことは間違いない。そのため、この部分がどう編集されたかを探ることで、『吾妻鏡』編纂の起点に迫ることができるはずである。そうした重大な虚構の編集過程を考えるにあたって、一連の義時の逸話が大倉薬師堂の縁起となっていることは、少なからず手掛かりとなりそうだ。そこで、いったん実朝暗殺の現場から目を転じ、大倉薬師堂のその後から確認してゆくこととしよう。

覚園寺開基と縁起作成

義時が草創した大倉薬師堂は、永仁四年（一二九六）、第九代執権北条貞時により覚園寺と改められ、名高い古刹として現在も信仰を集めている。貞時とは、『吾妻鏡』編纂の主体となったあの貞時である。

同寺に伝わる文書群『覚園寺文書』のうち至徳三年（一三八六）の「官宣旨」によると、永仁四年、蒙古討伐の祈りのため、貞時が私財を投じて、義時の大倉薬師堂を覚園寺として改めて開基したという。開山は律僧の心慧。奈良西大寺派（南都律）の高僧忍性の弟子であるとともに、京都泉涌寺（北京律）の長老憲静の弟子でもあり、当時における律宗の俊英である。覚園寺は多様な流派の道場となり、特に北京律の鎌倉における拠点として栄えたという。

より古い建武四年（一三三七）の「覚園寺住僧申状案」にも、当寺開創は「異国を降伏し朝廷を鎮護するため」とある。永仁の頃は蒙古襲来（一二七四年、一二八一年）の記憶が生々しく、いつまた再来があるとも知れぬため常に厳戒態勢が敷かれる緊迫した時代であった。全国的に異国降伏祈禱がなされるとともに、寺社造営・復興が盛んに行われたが、多くの場合、そのための祈禱や勧進（資金を募る活動）などを担ったのは、律宗の僧侶集団だった（海津一朗『新 神風と悪党の世紀』）。貞時の覚園寺開基も、そうした時代的潮流の一環と言える。

ところで、覚園寺には『相州鎌倉薬師堂谷鷲峯山覚園寺縁起』と題された縁起（寺社の由来を記した文書）が伝わっている（以下『覚園寺縁起』と略す）。その内容は、『吾妻鏡』にある義時の戌神霊験譚と同話である。しかも、特殊な語彙を含めて語句レベルで対応しており、『覚園寺縁起』と『吾妻鏡』が参照関係にあることは明らかである。とすると、戌神の霊験を語る大倉薬師堂の縁起は、覚園寺開山の頃に北条貞時の周辺で律僧の関与によりまとめられたものであり、これが同時期に幕府で編纂されていた『吾妻鏡』に素材として取り込まれ、一方では『覚園寺縁起』として書き留められた、という可能性が浮上する。

従来、『覚園寺縁起』は『吾妻鏡』を参考として江戸時代に作られたものとされてきた。しかし、叙述の構成、語句の配置、時刻の記載の有無、泰時の顕彰の有無、『吾妻鏡』の前後の文脈との整合性などを分析してゆくと、『覚園寺縁起』の前身となった大倉薬師堂の縁起は覚園寺開山の際に作成され、むしろ『吾妻鏡』の方が、その大倉薬師堂の縁起をもとに記事を作成したようである（拙著『『吾妻鏡』の合戦叙述と〈歴史〉構築』）。あるいは建築史の方面からも、『吾妻鏡』の実朝暗殺記事にある義時邸の位置が時代に合わないとの指摘があり、同記事は覚園寺開山の際作られた戌神霊験譚を原史料とする、後世の認識を反映したものであろうと推測されている（岩田尚一「北条義時の大倉亭と『吾妻鏡』戌神霊験譚の原史料」）。

それでは、覚園寺開山時にまとめられた大倉薬師堂の縁起は、どのような経緯で『吾妻鏡』に取り込まれたのだろうか。両者が結びつく背景には、どのような時代的・政治的・思想的力学が作用したのだろうか。次にこの点について検討し、『吾妻鏡』編纂の起点を探っていきたい。

『吾妻鏡』成立の時代と北条貞時

序章で触れた通り、『吾妻鏡』は一三〇〇年前後に編纂されたと考えられているが、この時代は不穏な雰囲気に満ちていた（五味文彦「「吾妻鏡」の成立と編纂」）。すなわち、南都（なんと）（興（こう）

福寺）・山門（延暦寺）・石清水・高野山で内部紛争が続く中、正応六年（一二九三）四月には大地震で鎌倉中の寺院が倒壊。また凶兆である彗星もたびたび出現するなど天変地異が続発し、蒙古襲来の衝撃もあって社会は混乱をきわめた。そのような不安定な情勢にあって、人々は自らが拠って立つ安定したアイデンティティを確保すべく、家や社会集団の歴史を語り直すことでその立て直しを図り、過去の来歴を物語る歴史叙述が多く生まれた。『一遍聖絵』『春日権現験記絵』などの絵巻が作成され、『曽我物語』や『平家物語』諸本が形成されたのも同じ時期である。幕府による『吾妻鏡』編纂も、そうした家々の起源を叙述しようとする社会的潮流の中に位置づけることができる。

そして先述したように、蒙古襲来に伴って寺社の造営・復興が盛んに行われたことも、こうした情勢と深く結びついていたのである。ならば、義時が草創した大倉薬師堂を再興する形で行われた覚園寺開基もまた、貞時による、北条得宗家の起源を語り直し家を確固たるものとして立て直そうとする活動の一つであっただろう。そしてまた、これらは貞時による「徳政」、すなわち本来あるべき姿から逸脱した政治を元の形に戻そうとする政策（笠松宏至『徳政令』）の一環とも位置づけられよう。事実として、貞時の政策で最も人口に膾炙しているのは、永仁五年（一二九七）の徳政令である。それはまさに、『吾妻鏡』編纂や覚園寺開基と時を同じくする事業であった。

しかし、徳政を貴ぶ政治路線は、貞時独自の方針としてよりも、安達泰盛の政策を継承したという側面が強かった。そうした事情を解きほぐす前提として、ひとまず、この時期の政治状況について確認しておく必要がある。

異国襲来に揺れる文永・弘安の頃、若き執権北条時宗・貞時の姻戚として幕政を主導したのは、最有力御家人である安達泰盛だった。安達氏は頼朝の側近として関東草創期以来、重臣として幕府を支え続け、時宗の父時頼の時代からは得宗家の外戚となり権勢を振るった一族である。その族長たる泰盛は、文永七年（一二七〇）、朝廷に働きかけ、時の将軍惟康王に源氏の姓を賜ることに成功する。源氏将軍の復活を主導したわけである（秋山哲雄『鎌倉幕府滅亡と北条氏一族』）。また、源家三代の菩提を弔うため、高野山に金剛三昧院を管理し町石（一町ごとに立てられた石の道標）を建立したことも有名である。あるいは、頼朝ゆかりの名刀「髭切」（源氏重代の太刀）を探し出すなど（『法華堂文書』所収「北条貞時寄進状」）、泰盛は源氏将軍時代への回帰を志向する活動を盛んに行った。これは、あるべき理想の姿に立ち戻ろうとする、「徳政」路線の表れであった。

「徳政」は政治運営にも貫かれ、二度の蒙古襲来後の弘安七年（一二八四）には、いわゆる弘安徳政を打ち出した。これは、神社から流出した所領の無償回復（神領興行という）や、貴族の所領を管理する非御家人（本所一円地名主）を御家人化する身分保障（名主職安堵）などからなる、新たな式目である。ところが、この急進的な改革は得宗家被官（御内人）である平頼綱らの強い反発を招き、翌年、泰盛は殺害されてしまう。いわゆる霜月騒動である。

このとき貞時は十四歳。前年、父時宗の死去に伴い執権に就任したばかりであった。

霜月騒動の本質は、土地支配を介した幕府の組織結合システムが蒙古襲来により破綻（はたん）した状況下において、求心力をどこに求めるか、という点にあった。つまり、将軍の下に非御家人をも御家人化して全国を統率しようとする路線（将軍権力派）と、得宗と御内人が中心となって従来の御家人層を統制しようとする路線（得宗権力派）の対立である（本郷恵子『京・鎌倉　ふたつの王権』）。

図10　北条得宗家の姻戚関係（太字は得宗、四角囲みはその外戚）

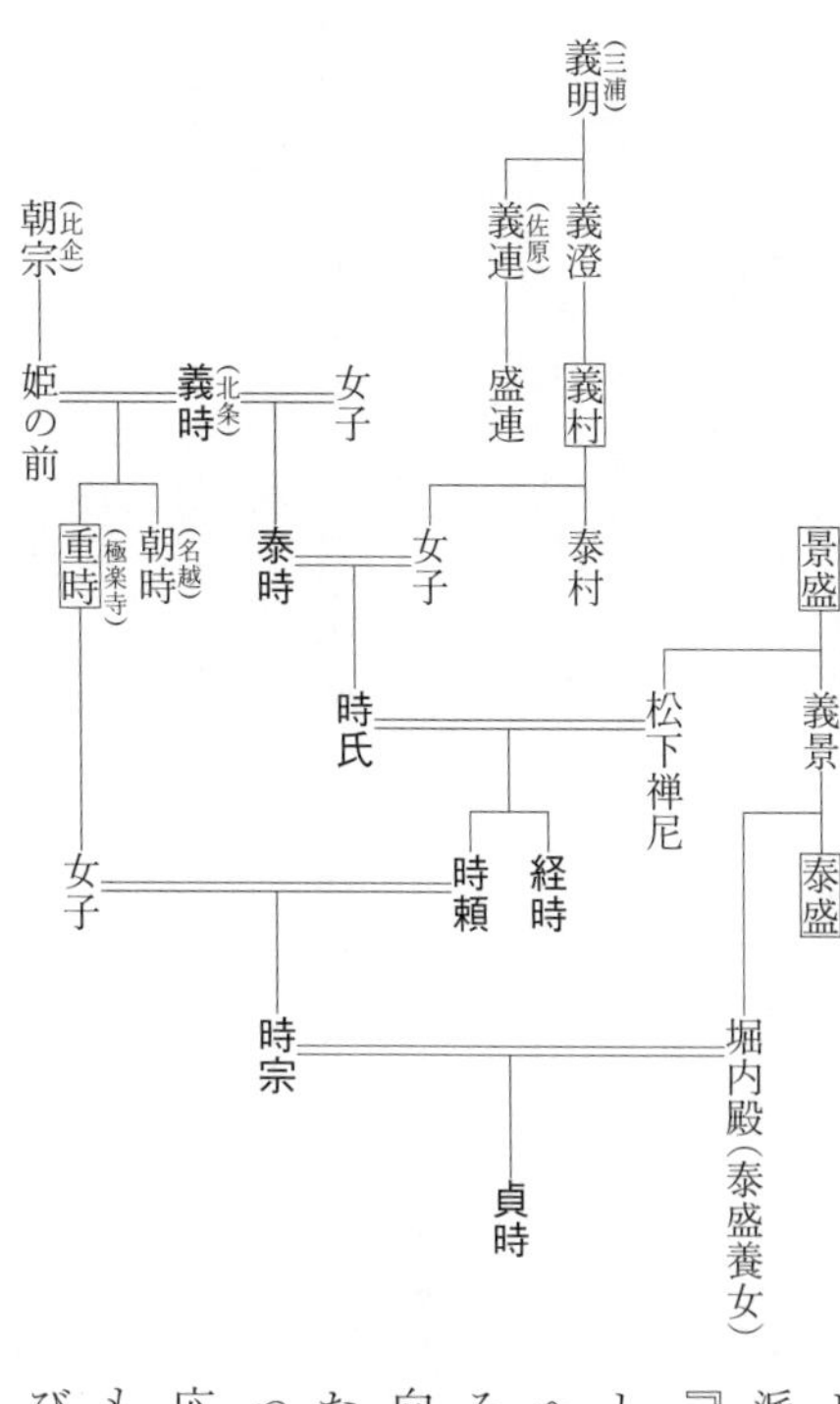

しかし、安達泰盛から平頼綱へと為政者をすげ替えたところで構造的な問題の解決には向かわず、御家人・非御家人たちの不満は蓄積する一方だった。そのため、八年後の正応六年（一二九三）には頼綱も殺害され（平禅門の乱）、再び幕政の方針転換がなされる

こととなった。ここで青年執権、北条貞時が実権を握る。

弘安徳政回帰と『吾妻鏡』編纂

乱後、霜月騒動で排斥された安達泰盛派の人脈が、軒並み幕府中枢に復帰した。そして貞時は、泰盛派の人々への家領返付、すなわち大規模な「徳政」から執政を開始したのである（湯浅治久『蒙古襲来と鎌倉幕府の滅亡』）。以来貞時は、泰盛の政治方針を受け継ぎつつ、さらに発展させてゆく。

なお、このとき復帰した泰盛派の顔ぶれを見てみると、太田時連・長井宗秀・金沢顕時・宇都宮景綱（うつのみやかげつな）など、『吾妻鏡』編纂に関与したと考えられる人物が多い。前三者は序章で紹介した通りであり、宇都宮景綱は、息子貞綱（さだつな）が『吾妻鏡』の原史料となった小山家の家伝を提供したとの指摘がなされている（野口武司「『吾妻鏡』にみる小山朝光の活動」）。こうしてみると『吾妻鏡』は、安達泰盛時代への回帰という思潮を背景として集められた原史料により形作られていることになる。

以後、貞時は精力的な政務活動を重ね、永仁五年（一二九七）頃までに、関東・六波羅（ろくはら）・博多（はかた）の人事・制度改革を連動させつつ、集権的な幕府の支配体制を確立させていった（熊谷隆之「モンゴル襲来と鎌倉幕府」）。こうした流れの中で、永仁四年の覚園寺開基や、翌年の徳政令、あるいは幕府の正史『吾妻鏡』の編纂も実施されたのである。しかし、貞時の政権運営は決して順風満帆だったわけではない。むしろ、常に蒙古の再来に備えなければならず、天意を思わせる災害や天変地異に動揺し続ける、艱難辛苦の日々であった。

たとえば、先に触れた大地震や寺社の紛争、再三の彗星出現のみならず、永仁三年（一二九五）に勝長寿院と箱根山が相次いで焼亡し、翌年にも鶴岡八幡宮と三島社（みしましゃ）が次々と灰燼に帰した（以上『鎌倉年代記裏書』）。いずれも幕府の精神的な支柱であり、貞時が神経をすり減らすことは尋常でなかっただろう。さらに、細川重男氏によると、北条氏庶家との権力闘争にも気を抜くことのできない、緊張の絶えぬ執権時代であった（細川重男『鎌倉幕府の滅亡』）。人事や改革が分権化への揺り戻しを小刻みに繰り返していることからも、その不安定なありさまがうかがえる。

そうした苦心の政権運営の末、正安（しょうあん）三年（一三〇一）、貞時は三十一歳で出家の身となる。ただし、この時点では幕府中枢から身を引く意思はなかったようで、従弟の師時（もろとき）を執権とし、これも従弟の宗方（むねかた）に要職を歴任させて、僧形の貞時の下に二人の従弟が幕府の政治と軍事力を独占する得宗専制体制を構築した。

貞時が政務に倦（う）むのは、四年後の嘉元三年（一三〇五）、いわゆる嘉元の乱がきっかけであった。これは、貞時が得宗専制を保守すべく宗方に命じて北条氏庶家の時村（ときむら）（第七代執権政村の子）を暗殺させた際、その行為に対する批判が高まったためやむを得ず自ら右腕である宗方を討伐した、という事件である（以上、細川重男『鎌倉幕府の滅亡』『鎌倉政権得宗専制論』）。まさに血で血を洗う一族の内紛であるが、その極北にあって疲弊したのか、以後の貞時は幕政から遠ざかり、連日の酒宴を諫められるようになる（『平政連諫草』、『金沢文庫文書』二四六号「金沢貞顕書状」）。六年後に四十一歳で没するまで、政治への情熱を取り戻すことはもはやなかった。こうした貞時の落日が『吾妻鏡』編纂事業を中断させたために未完に終わった、との説もある（井上聡「『吾妻鏡』の成立とその構成および伝来をめぐって」）。

得宗家による源氏将軍家の菩提管理

さて、ここまで貞時の事跡をまとめてきたが、注目したいのは、その政治方針が安達泰盛の「徳政」路線を継承したものだったという点である。というのも、覚園寺開基そのものに、泰盛の路線継承という側面がみられるからだ。そしてそこには、亡き夫実朝を京都で弔う禅尼の文脈が絡んでいる。少し煩雑になるが説明しておこう。

先述の通り、覚園寺は京都泉涌寺の長老憲静の弟子にあたる心慧が開山し、鎌倉での泉涌寺派律宗（北京律）の拠点となった。しかし遡れば、その北京律の系統の寺院を京・鎌倉において積極的に保護した存在は、安達泰盛であった。そして泰盛が霜月騒動で排斥されたのち、代わって北条氏が北京律の寺院を援助するようになっていった（湯山学「北条氏と律宗（北京律）」）。実は貞時の覚園寺開基も、その流れの上にある。

泰盛が京都で保護した寺院に、西八条の遍照心院（大通寺）がある。これは実朝の妻だった西八条禅尼本覚（ほんがく）（坊門信清の娘）が、実朝の菩提を弔うために京都八条の自邸（元は実朝の所有）をそのまま寺として開基した律院である。本覚尼は政子や安達氏に支えられながら仏道に生き、蒙古襲来のあった文永十一年（一二七四）に八十二歳の長寿を全うした。そして同寺は本覚尼の遺言により、安達泰盛の管理するところとなった（細川涼一『中世寺院の風景』）。

開山の僧は唐招提寺（とうしょうだいじ）派の廻心房真空（えしんぼうしんくう）であり、遍照心院は戒律を先としつつ諸宗を兼学する律宗寺院として成立した。心慧の師の憲静が没したのもこの寺であった。ところでその心慧は、覚園寺開山僧として、伊予国西条庄（さいじょうのしょう）（愛媛県西条市）の代官を任命している。西条庄は元来遍照心院の所領であり、新たに開山された覚園寺がこれを奪った形である。そして結局、西条庄は覚園寺領となり、遍照心院は覚園寺の末寺に編入されることとなった（『覚園寺文書』所収「覚園寺文書目録」）。

こうした事情を勘案するに、覚園寺開山は、心慧の立場からすると、師である憲静の死没を期に関東へ北京律の拠点を移植設立した、という意義があったようである。また、蒙古襲来に伴う寺社修造・復興は律僧の担うところであり、律宗の文脈からみれば、対外的緊張を背景とした全国的な勢力拡大運動の一局面であった。さらに、貞時にしてみれば、覚園寺開基は、安達泰盛の「徳政」継承の一環として、泰盛が管理していた源氏将軍家の菩提院を得宗家の管理下に吸収した、という意義を持っていたことになる。

貞時による先祖義時の顕彰事業として大倉薬師堂のリニューアル＝覚園寺開基が行われたのは、この薬師堂の由来が実朝暗殺という得宗家の不祥事を語り直すための重要なモニュメントたりえたからであろう。しかしそれだけでなく、実朝の菩提供養と表裏の関係にあったことも大きな要因として働いただろう。覚園寺開基は、安達泰盛没後も京都で実朝を弔い続ける遍照心院を、得宗家の管理下に置くことまで見通していたわけである。

貞時がほかにも近似の動きを見せていることは、その証左となる。たとえば、泰盛が管理した、源氏将軍三代の菩提を弔う高野山金剛三昧院は、霜月騒動の翌年から得宗家にその管理権が継承されている（『高野山文書』所収「金剛三昧院住持次第」）。なお、遍照心院を開山した真空は金剛三昧院の第五世長老として泰盛に招かれており、源氏の菩提寺として両院には密接なつながりがうかがえる。あるいは、泰盛が保持していた頼朝相伝の太刀「髭切」を霜月騒動後に見つけ出し、頼朝法華堂に納めたのも貞時だった（『法華堂文書』所収「北条貞時寄進状」）。覚園寺開基も、そうした泰盛の源氏将軍追慕運動を得宗家の立場から継承する動きの一環とみなすことができる。

徳政としての正史編纂

このように、覚園寺の開基・開山は、蒙古襲来後の不穏な情勢下、政界と宗教界の文脈が交錯する形で行われた。そしてその正当性を保証するために、義時の薬師堂草創を語る縁起が、かなりの虚構を交えながら作成された。得宗家政権の正当性を語る幕府の正史『吾妻鏡』が、時を置かずしてこの縁起を素材に用いているのは、ほとんど必然的なことであったろう。

そのような目で改めて見直してみると、貞時の行動が大倉薬師堂縁起の内容に投影されている節もある。『吾妻鏡』には、薬師堂草創が義時の私財による事業であったと明記されていたが（『覚園寺縁起』も同じ）、先述の通り、覚園寺開基も貞時の私財で行われていたからである。このように縁起を作れば、当代の貞時が得宗家の父祖義時の事績を踏襲したことにできる。現在の意義づけのために過去像を創作する――覚園寺の縁起も、『吾妻鏡』と同じく歴史叙述の営為であった。そして、あるべき規範を過去に求める政治を、当時は「徳政」と呼んでいた。

覚園寺の表向きの開基目的は異国降伏であっても、その裏にあった貞時の意図は、得宗家の先祖義時を追慕するための記念建造物に絡めて、得宗家の歴史を源氏将軍時代に遡って整頓し、その正当性を語り直すことにあった。それは、『吾妻鏡』の編纂意図と見事に重なっていることになる。『吾妻鏡』編纂事業は、貞時の「徳政」の一環として行われたと考えてよさそうである。そして、そのような複雑な政治的思想的状況を重層させながら、『吾妻鏡』の実朝暗殺記事群は織り上げられている。いくつもの黒幕説を誘発させてきた不可解さを、当該記事群が含み込むこととなった所以である。

第七章　承久の乱（一二二一年）

――執権政治の起源を語る軍記物語

「世の中あらたまりける時」

風光明媚（ふうこうめいび）な山川に恵まれ、後鳥羽院が離宮を造ったことで知られる水無瀬（みなせ）（大阪府三島郡島本町）の地には、現在、水無瀬神宮が鎮座し、後鳥羽院とともに土御門（つちみかど）院・順徳（じゅんとく）院（いずれも後鳥羽の皇子）を祀っている。承久の乱に敗れて隠岐（おき）・土佐（とさ）・佐渡（さど）へそれぞれ流され（土御門はのち阿波に移った）、帰京が叶わぬまま没した三上皇である。その水無瀬神宮には、有名な後鳥羽院の肖像画が伝わっている。似絵（にせえ）の技法を完成させた高名な画家、藤原信実（ふじわらののぶざね）の筆という。『吾妻鏡』に、隠岐配流の直前に信実が召されて御影（みえい）を描いたとあり（承久三年〔一二二一〕七月八日）、慈光寺本『承久記』や『増鏡』、『皇代暦（こうだいれき）』（歴代天皇の年代記）にも同様の記述があるので、信実が院の肖像を描いたのは事実であろう。それが現在に伝わる

図11　後鳥羽院画像　伝藤原信実筆。水無瀬神宮蔵

この絵ということになる。

信実は、父隆信(たかのぶ)とともに美術史の画期をもたらしたことで名高いが、後鳥羽院の歌壇で歌人としても活躍していた。また、説話集『今物語(いまものがたり)』を編集したのも信実と考えられており、君主に劣らず多芸多能であったらしい。『今物語』は後鳥羽院が崩御した延応(えんおう)元年（一二三九）から一年以内に編まれたことがわかっており、王朝的風雅を追慕する説話が多く収められている。中でも、「承久のころ」から始まる次の話は、当時の認識を伝えて興味深い。

承久の頃、住吉大社(すみよしたいしゃ)（大阪市住吉区）へ貴人（後鳥羽院か）が参詣することになり、在京中の神主は使者を出し社殿の清掃を命じた。ところが神社側では精を出しすぎ、長年にわたって様々な貴人が社殿の柱や建具に歌を書き置いてきたその筆跡を、みな削り捨ててしまった。帰ってきた神主はこれを見てひどく悲しんだがもう遅い。そこで「古き尼」が一首の歌を書き付けたという。

　世の中のうつりにければ住吉の昔の跡もとまらざりけり

末尾は、「これは承久の乱ののち、世の中あらたまりける時の事なり」と結ばれる。社殿はくまなく清掃され、積み重ねてきた由緒ある歌の筆跡はみな木屑と化してしまった。それを嘆いても時は戻らず、年かさの尼僧は承久の世情と重ねて詠う。編者信実にとって、それは深い実感のこもった回顧であったろう。そして悲哀の背景には、「承久の乱」によって「世の中」が不可逆的な変容を遂げた、との認識が書き留められている。今上天皇（仲恭天皇）廃位・三上皇配流という未曽有の事態を招いたこの乱は、貴族社会において、時代の大きな転換点として記憶されていたのである。

このように都の人々が体験したはずの承久の乱は、しかし、その経過を記した日記の類がほぼ現存していない。乱に関わったことが知れれば断罪されかねない以上、不用意に記録を残すことが憚られたのだろう。そうした光景は現在に至るまで繰り返され続けている。時代が変わっても人間の営みはさほど変わるものではない。ともあれ、必然的に、承久の乱の歴史的実態を解明しようとすれば、かなりの部分を『吾妻鏡』

図12　天皇家略系図②（数字は皇位継承順）

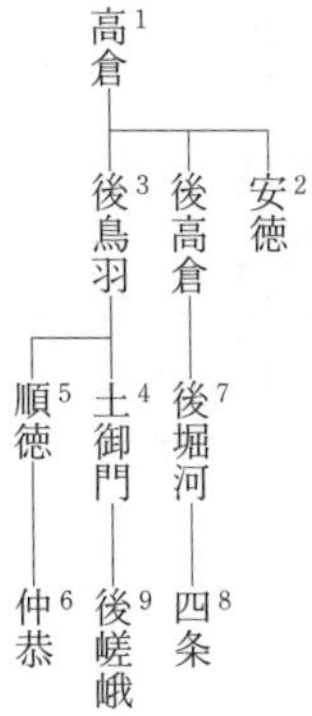

- 高倉[1]
  - 安徳[2]
  - 後高倉 — 後堀河[7] — 四条[8]
  - 後鳥羽[3]
    - 土御門[4] — 後嵯峨[9]
    - 順徳[5] — 仲恭[6]

に依存するしかない。ところがここまで見てきた通り、この正史には相当の虚構が織り込まれているため、史料として用いる前に、一定の構想をあらかじめ確認して読み直す必要がある。そこで本章では、『吾妻鏡』が承久の乱をいかなる構想のもとに描出しているのか、記事の真偽を検証しつつ分析していきたい。

将軍後継問題の省筆

歴史的実態として、後鳥羽院がなぜ挙兵したのか、という問題の説明は容易ではない。だが、それまで院と協調関係を築いてきた将軍実朝が暗殺されてから、朝幕関係が不安定化したことは間違いない。源氏将軍に代わって親王将軍の下向が前々から予定されていたが、後鳥羽院はその許可を取り消し(『愚管抄』)、また代替案として実現した摂家将軍の下向にも不快を表明していた(『鎌倉遺文』二六九八号「慈円書状」)。幕府の首長実朝を凶刃から守れなかった執権北条義時への不信も大きかっただろう。そうした状況を踏まえると、後鳥羽院の挙兵は幕府の改革を目的とした実力行使であった可能性が高い(河内祥輔「鎌倉幕府と天皇」)。

承久の乱は従来、朝廷による討幕の企てとして捉えられてきた。しかし、宣旨や院宣における追討対象はあくまで北条義時であり、また院は御家人の多くを自軍に動員しようとしていた。そうした事実から、近年では後鳥羽院に幕府を滅ぼす意図はなかったことが判明している（長村祥知『中世公武関係と承久の乱』）。つまり、従来の公武対立の図式的理解は誤りで、院は義時を追討して幕府を再編しようと目論み挙兵したのである。

また、承久の乱の原因として一般的にイメージされるのはおそらく、後鳥羽院が寵愛した舞女亀菊（かめぎく）に摂津国長江（ながえ）・倉橋（くらはし）両庄（大阪府豊中市あたり）を与えるため、義時が持つ同地の地頭職を手放すよう迫って拒否された、という事件であろう。『吾妻鏡』や『承久記』に記されて有名であり、高校教科書にも乱の主因として掲載されていることが多い。しかし近年の研究では、院と義時の駆け引きの一要素として捉え直されており、それ自体はさしたる政治問題にはなり得なかったようである（坂井孝一『承久の乱』など）。

だが、殊に『吾妻鏡』では、政子の有名な演説が語られる承久三年（一二二一）五月十九日の地の文において、この問題こそが勅勘（ちょっかん）（上皇の怒り）の原因として特記されている。改めて『吾妻鏡』の文脈を確認してゆくと、建保七年（一二一九）正月に実朝が暗殺され、その事後処理が三月二十八日まで記されて実朝将軍記は終わり、続く第四代将軍九条頼経の将軍記は、改元された承久元年七月十九日の三寅（頼経の幼名）下向から起筆される。つまり、この年の四〜六月は記事が欠落しており、結果として将軍継承の経緯が抜け落ちている。すなわち、閏二月十二日に親王将軍の申請について「必ず下向させる」という後鳥羽院の裁許を得たと記されるのに、将軍記が改まると、何の説明もないまま、いつのまにか決定したらしき三寅の下向が語られているのである。

朝幕の折衝も書かれないわけではない。たとえば三月九日には、院の使が義時に「摂津国長江倉橋両庄の地頭職を改補せよとの事以下の院宣の条々」を申し伝えたとある。将軍後継問題を含むのかどうか明記されないが、ここでは地頭職改易の件が特に強調されている。また、これを受けて義時・時房・泰時・大江広元（法名覚阿）が政子の邸宅に集い、「速やかに対応しなければ後鳥羽院の勅勘を招く」と評議したとある（十二日）。その内容は、件の条々への回答と将軍下向の二点についてであったことがごく簡略に記されるものの（十五日）、そのいずれに勅勘の重点があるのかは定かでない。かくして具体的な論点が不明瞭なまま叙述が進み、二年を隔てた承久三年（一二二一）、政子の演説がある五月十九日の地の文で、勅勘の原因が地頭職改易問題にあることが唐突に断言される流れとなっている。

このように、実際には承久の乱を誘発する主因となったはずの将軍後継問題について、『吾妻鏡』はほとんど語ろうとしない。そうすることで、後鳥羽院挙兵の契機は、亀菊を溺愛して判断力を失ったという次元に矮小化され、次の将軍頼経は文脈上何の問題もなくすんなりと推戴されることになる。結果として、義時の失態であった実朝暗殺事件の甚大な影響が、幕府の正史から消去されているのである。

尼将軍の媒介

では、『吾妻鏡』の文脈においては、実朝暗殺事件の後も義時が神仏の加護を享受し続けるのかというと、そうではない。実際には、鎌倉後期には義時を神格化する説話が流布していたし（細川重男『北条氏と鎌倉幕府』）、義時が承久の乱で天下を掌握したと認識されていた（『建武式目』序文）。しかし『吾妻鏡』を読む限り、義時の影は薄い。むしろ、この頃から存在感を増すのは姉政子であり、神仏に護られるのは長男泰時である。

　頼経将軍記の始発にあたる承久元年（一二一九）七月十九日の記事は、三寅の下向に従い鎌倉入りする行列の交名（きょうみょう）が記されたのち、酉の刻（日没前後）に政所始（まんどころはじめ）（政務開始の儀式）があったこととともに、「三寅が幼いため、政子が理非を簾中（れんちゅう）（すだれの中）で裁断する」と付け加えられている。このとき三寅はわずか二歳。『吾妻鏡』は、実質的な幕府の指導者が実朝から政子に移ったと宣言していることになる。尼将軍政子の誕生である。

　ただしそれ以前から、院との折衝の審議は政子の邸宅で行われているし（三月十二日）、院への応答の主体も義時ではなく政子だった（二月十三日、三月十五日）。また義時追討の動きが露見した承久三年（一二二一）五月十九日、緊急の会合が行われたのも勝長寿院内にある政子邸であった。そしてその場で、集った御家人たちに頼朝の重恩を語る有名な演説を行うのである。源氏将軍が断絶したこのとき、三寅に代わって理非を裁断しつつ、ほかならぬ頼朝の興した政道を伝える媒介役として、政子は一貫して造形されている。

　このように、承久の乱記事群における幕府の支柱は政子である。同日、戦の方針（迎撃か遠征か）の評議は執権義時の館で行われたが、遠征を決定したのはやはり政子だった。では義時はというと、印象的な記事は、自邸の落雷におののいて神意に背いたかと怯え、大江広元に「頼朝殿の奥州合戦でも落雷があったのでむしろ吉兆です」と諌められる逸話ぐらいである（六月八日）。後述するが、これは諏訪明神の加護を示す祥瑞であることがのちに判明するのであり（同十一日）、その加護を受けるのは、宇治川合戦の現場で死力を尽くしていた泰時である（同十四日）。どうやら『吾妻鏡』の義時は、承久年間（一二一九〜二二）の騒擾の中で、神仏に護られた幕府統治者の座を子息泰時に譲り渡したらしい。その媒介役を、尼将軍政子が果たしているわけである。

始まりを告げる災異記事

今、大江広元が頼朝の奥州合戦に範を求めた逸話に触れたが、『吾妻鏡』の承久の乱記事群は、分量において奥州合戦と並び立つ、実に長大な合戦叙述となっている。では、まずその全体像をざっと確認しておこう。

同記事群は、よく整った三部構成になっている。まず第一部は、開戦までの経過である。承久元年（一二一九）九月から天変や災害が相次ぎ、それらを受けるように同三年三月に政子に夢告があると、五月に義時追討命令の書状が到来。政子の演説がなされて、劇的に演出された泰時の出陣が描かれる。続く第二部では、各地での合戦と宇治川渡河の激戦、そして忠臣の活躍と神仏の加護による勝利が活写される。最後の第三部では、温情に満ちた戦後処理と乱の意義づけがなされて総括される。以上のような三部構成である。

それでは、第一部から順を追って見ていこう。承久の乱勃発までの約三年間は、地震、落雷、暴風、洪水、旱魃（かんばつ）、火災、彗星、星の配置の変異など、天変地異や災害の記事がひたすら並んでいる。このあたりは『吾妻鏡』の本文上では他の記事がほとんどないため、天変地異・災害記事ばかりという印象を受ける。これを原史料の性質に由来する叙述傾向と見ることも可能であろうが、編者がその表現効果に無自覚なはずはなく、畳みかけるように異常事態が列挙される文脈上、ここでは世情の不穏を暗示する災異記事としての機能を帯びているのである。

たとえば、承久元年（一二一九）十二月二十九日は、京都の陰陽師からの勘文を引用して、彗星が西の方に出現したが関東では見えなかったと記す。これは実朝暗殺に始まり三寅下向を経たこの年の最後の記事であるが、約半年を隔てた承久二年六月十日、十二日にも継続してその不審が記されつつ、関東では見えないので祈禱の沙汰には及ばないと決定されている。京で見える彗星が鎌倉で見えないということはありえず、虚構が疑われる（湯浅吉美「『吾妻鏡』に見える彗星と客星について」）。彗星は天変のうち最も不吉なものと考えられていたので（『玉葉』安元二年〔一一七六〕十月七日、翌年六月六日）、これは京都に凶事があり関東は安泰であるという啓示とも読める。

また、頻発する火災については、十二月四日に「去年から鎌倉中で火事が絶えない。とうとう免れた所はなくなった。ただ事ではない」と地の文で危惧が語られる。そしてこの年最後の記事である二十九日には「この二、三か月、雨もなく雪も降らない」と旱魃が明記され、異様な情勢であるとの現状認識が地の文で強調されている。

地の文といえば、承久元年（一二一九）九月二十二日の鎌倉における大火の記事の末尾にも、「頼朝以来このような火災はなかった」と付言されている。三年にわたり打ち続く火災の始発に位置するこの記事において、地の文で頼朝に言及するのは、偶然にしては出来過ぎている。

政子・泰時・天皇王権

そうした災異の意味するところが明らかになるのは、義時追討の宣旨が鎌倉に到着する約二か月前、承久三年（一二二一）三月二十二日のことである。この日の夜明け前、政子は夢を見たという。二丈（約六メートル）ほどもある鏡が由比ヶ浜の波に浮かんでおり、その中から声がする。「我は大神宮である。天下を見るに、世は大いに乱れ、兵乱が起こるだろう。泰時が我を輝かせれば、太平を得るだろう」と。政子は大いに信仰を深めたという。「大神宮」とは皇祖神たる伊勢神宮であり、「鏡」とはその御神体たる神鏡、つまり天照大神の化身である。大乱があるが、その鏡を泰時が輝かせれば、つまり天皇王権を泰時が助ければ、天下が太平になるというのである。

このような『吾妻鏡』の文脈上、打ち続いた異常事態は承久の乱の前兆であり、そこには神仏の意思が暗示されていたのだと納得されよう。そして、ここでは政子が、神仏と交信し加護をとりつける媒介者として描かれていることになる。あたかも戌神（じゅっしん）と交信した義時や、それ以前の実朝の役割を継いだようだが、政子は石橋山合戦や奥州合戦でも同様の働きをしている（第一章、第三章）。幕府の正史において政子は、様々な意味で媒介者の役割を担わされているらしい。そしてこの時点では、尼将軍として君臨するとともに、頼朝の後家であり泰時の伯母（おば）でもある。この夢告記事は、天皇王権の守護をアイデンティティとする武家の首長が、頼朝以来の源氏将軍家から政子を介して泰時以降の北条得宗家へと移行したこと、またそれが神意によることを、象徴的に示している。

なお、武家のアイデンティティが天皇王権の守護にあるという点は、近年の歴史学ではすでに常識に属する（野口実ほか『公武政権の競合と協調』）。いまだに幕府は朝廷の影響を脱して独立王権を目指したとの認識が根強いようだが、「はじめに」でも触れたように、その見方は修正を要する。『吾妻鏡』編纂時の幕府の見解としては、この夢告に示されている通り、武家は天皇王権を輔弼（ほひつ）する存在であり、承久の乱もまた、その枠組みを覆すどころか強化する契機として捉えている。そして、そのような兵乱の主人公こそ、北条泰時なのだと語られているわけである。

さて、かくして神仏の意思が確認された上で、五月十九日、義時追討を命じる四通の書状が相次いで鎌倉に到着する。一通目は、京都守護として在京していた伊賀光季（義時の義兄）が、十五日に討伐される直前に発した、後鳥羽院の官軍召集を報じる書状。二通目は、西園寺公経（幕府と親交の深い公卿）に仕えた三善長衡が同じく十五日に飛脚で発した、公経らの幽閉と伊賀光季の誅殺、および義時追討宣旨の発給を告げる書状。三通目は、関東の御家人たちに院の命を伝える密使押松丸が取り押さえられて押収された宣旨および書状。四通目は、在京している三浦胤義が兄義村に宛てた、義時追討命令を伝える書状である。うち三善長衡の飛脚は他の文献に見えない。『吾妻鏡』には三善氏を顕彰する記事がたびたび挿入されているが、その例に数えられよう。しかし他は、義村が弟の書状に返事をしなかったという表現を含めて、慈光寺本『承久記』と一致している。『吾妻鏡』に直接の影響関係があると考える必要はないが、近似の原史料を使用している可能性が見て取れる。

ともあれ、この危機に際して急ぎ政子の御簾の側に御家人らが集められ、安達景盛の取次で演説がなされる場面となる。記事を要約すると次の通りである。

政子は「①みな心を一つにして聞きなさい。これは最期の言葉です」と語り起こし、「②頼朝殿が朝敵を征伐し幕府を草創して以来、官位・俸禄の御恩は山よりも高く海よりも深い。③しかし今、逆臣の讒言による非義の綸旨（義時追討宣旨）が下された。④名を惜しむ者は、首謀者である藤原秀康（院近臣）・三浦胤義らを討ち、三代の将軍の跡を守りなさい。ただし、院に参りたい者は今すぐ申し出なさい」と告げる。これに対して、⑤その場に集った武士たちは涙に暮れて返答もできず、みな命を懸けて御恩に報いようと決意した。続いて地の文で、⑥勅勘の原因は、舞女亀菊のための長江・倉橋両庄の地頭職停止命令が二度下されたのに、義時が承諾しなかったことにある。義時が「頼朝殿のときに勲功の賞として補任した者は、さしたる過失なしに改められない」と返答したのが逆鱗に触れたのだ、という解説で締め括られる。

なお、慈光寺本『承久記』にも見られる言説は④の一部と⑥のみであるのに対して、貞応年間（一二二二～二四）に成立したと考えられる『六代勝事記』は、①②③④⑤について修辞レベルで『吾妻鏡』と一致しており、原史料の一つとなっていることは間違いない（弓削繁『六代勝事記の成立と展開』）。『吾妻鏡』の本文は、諸史料をパッチワーク的につなぎ合わせ、一定の構想のもとに改変しながら編集したものとみられる。

とりわけ『吾妻鏡』の論理として重要なのは、②⑥の、頼朝の御恩に対する報恩の論理、あるいは頼朝の遺志を継承すべきだという倫理観が、官軍に楯突くにあたって大きな動機となる点である。幕府の現体制の危機にあって、頼朝以来の正当なる幕府統括者の系譜をまず意識させ、その系譜が、政子を介して泰時へとなめらかに接続するさまをこの後述べていくからである。次にその泰時へとスポットが当てられてゆく。

泰時への神仏の加護

政子の演説の二日後にあたる五月二十一日には、官軍に反抗して上洛することに異議が出ているため評議を行う。そこで大江広元が「時を置いては武士たちに変心が生じる。今夜泰時が単独ででも出立すれば、迷う御家人らも雲が龍に従うようにことごとく後に続くはずだ」と進言し、もう一人の宿老三善康信（法名善信）も全く同じ意見を述べたため、義時は神の加護を確信して泰時に出陣を命じた。そして翌二十二日、まず泰時がわずか十八騎で進発し、その後に、時房、足利義氏、三浦義村・泰村以下が続いたと語られる。泰時が迷わず先陣を切ることで、その勇敢さと求心力とを顕彰する流れになっている。

しかし、これが事実であったかは疑わしい。話として出来過ぎている上、他の文献（流布本『承久記』『梅松論』『増鏡』『明恵上人伝記』など）には、泰時が朝廷に逆らうことを畏怖する態度を見せた逸話が描かれているからである。『吾妻鏡』はそうした様子を記すことなく、独自の構想により、泰時を英雄化して語っているのである。そして、ここまでの文脈からすれば、泰時の出陣は既定路線であり、期待通りの展開と言える。政子の夢の記事によって、泰時の活躍は神意に裏付けられているからである。

そもそも官軍に抗戦することとなったのも、陰陽師らが一同に「関東は太平になる」と占ったことによる（十九日）。さらに翌日、世の中の平穏を願う祈禱が指示され、行軍中の二

図13　上洛する幕府方の進路　野口実編『承久の乱の構造と展開』（戎光祥出版）などを参考に作成。略記した月日は承久３年の日付

十六日に祈禱が実際に開始されるのだが、同日の記事には院方の動きが対比的に並べられる。すなわち、前線からの飛脚が京都に到来し、幕府軍が雲霞のごとく押し寄せていること、神仏の助けがなければ勝ち目がないことを伝達したため、院の方でも慌てて祈禱を準備し始めるのだ。これは神仏の加護が院よりも幕府の方に厚くあるべきことを示唆する記事で、乱の結果から逆算した叙述だろう。

また、泰時の出陣でいよいよ進軍が始まり、総勢十九万騎が三手に分かれて上洛を目指すわけだが、泰時らの率いる東海道軍が遠江国の天竜川に差し掛かった二十八日、連日の洪水で船が通行できなかったこの大河から唐突に水がなくなり、奇跡的に徒歩で渡河できたという。超常的で事実とは考えにくく、これも神助を示す逸話として挿入されたのであろう。このように、開戦までの経過の叙述は、記事の配列や虚構を駆使して、神仏は泰時に味方をしているというメッセージを繰り返し発している。

諏訪明神の助力

さて、続く記事では、越後、遠江、京都、尾張・美濃（愛知県西部・岐阜県南部）、近江（滋賀県）、越中（富山県）、宇治（京都府宇治市）と、頻繁に視点を変えながら各地の状況が点描され、幕府軍の進軍および合戦と京都の混乱が語られる。本書で述べてきた通り、『吾妻鏡』における合戦叙述は、視点を異にする御家人たちの功名譚のパッチワークで構成されている。しかし、神仏と泰時との関係を語る、緊密に構成された一連の物語もまた、編年体の記事中に織り込まれている。それは春日貞幸なる武士にまつわる、『吾妻鏡』独自の逸話である。

　五月二十六日に信濃国から参じたこの武士は、手越駅（静岡市）にて合流し、自らの強い希望で泰時に従ったことが特筆される。泰時は行軍の最中にも、たとえば六月十二日に野路（滋賀県草津市）において幸島行時が忠誠を誓って参陣してきたとき、その忠心を喜び並々ならぬ歓待を施すことで見る者たちみなを奮起させるなど、徳のある指揮官として武士たちとの連帯を強めてゆく。春日貞幸もそうした理想的な主従関係を体現する者として、承久の乱のクライマックスである宇治川渡河の合戦では突出した存在感を発揮する。

　六月十三日、日没後になって足利義氏・三浦泰村の独断的行動から泰時の与り知らぬところで開戦してしまった宇治川渡河の攻防は、雷雨の中での矢戦となり、泰時軍はたちまち劣勢の窮地に陥る。翌十四日未明、何度も落雷する中で、春日貞幸は佐々木信綱・芝田兼義らとの先陣争いに加わったところ、馬を射られて水中に投げ出され川底に沈んでしまう。今は限りと思われたが、心中で諏訪明神に祈念しながら鎧具足を脱ぎ捨てることで、かろうじて浅瀬に浮かび上がり、水練の郎従らに救われた。これを見た泰時が手ずから灸治を施したため意識を回復したが、貞幸の子息郎従以下十七人は溺れ死んだという。その後も増水した急流に九十六人が戦わずして水死することとなった。

夜が明け、泰時軍は急流に阻まれて敗色濃厚となり、泰時も死を覚悟して自ら渡河しようとする。しかしそこで、貞幸が機転を利かせ、鎧具足を脱ぐように勧めた。これは貞幸自身が直前に河に沈んだ際の経験を踏まえての進言である。泰時はこれに従い武具を脱いだが、貞幸はその隙に馬を隠してしまうことで、泰時を留めおおせたという。そうしているうちに、忠臣たちの活躍によって幕府軍は渡河に成功し、戦況が逆転。京都の入り口にあたるこの要衝を制圧することで勝利を確定的にした。

　この難戦最大の山場において、泰時を死機から救った忠臣が、貞幸その人であるように語られているわけである。ここで特に注目したいのは、貞幸が諏訪明神に祈って一命を取り留め、それが泰時の命を救う機転を導くというプロットである。なぜなら、この諏訪明神による泰時への加護の物語こそ、『吾妻鏡』における承久の乱の叙述の大きな軸となっているからである。

　諏訪明神にまつわる物語は、戻って六月八日の深夜、義時の館の釜殿（湯や食事を用意するための釜を設置した建物）に落雷があり人夫一人が死亡した、という記事から始まる。先に触れた通り、義時は朝廷に楯突くことを咎める凶兆かと畏怖するが、大江広元は頼朝の奥州合戦のときの落雷を引いて吉兆と捉えた。陰陽師三人に占わせると、果たして三人ともが「最吉」との判断で一致したという。

　この出来事の意味づけは、三日後の十一日に至って明かされる。すなわちこの日、諏訪大社の大祝（神主）である諏訪盛重から八日に発せられた書状が届く。世の平穏を願う祈禱を実施したこと、および子息信重を派兵したことの報告であった。八日とはもちろん、義時の館に落雷のあった日付である。つまり、吉兆とされたこの落雷は、大祝盛重の祈禱に対する諏訪明神の応答だったことになる。そしてその諏訪明神が、何度も落雷があったという十四日未明には春日貞幸を助命し、その貞幸の経験を通じて泰時をも救済することで、幕府軍に勝利をもたらす流れになっている。きわめて精巧に構成されたプロットである。要約すると、諏訪明神が泰時を助けた物語、ということになるだろう。

しかし、その助力には、なぜ春日貞幸なる人物が介在しているのだろうか。貞幸と諏訪明神には、どのような関係があるのだろうか。以下、もう少し掘り下げていこう。

諏訪社と幕府の相互保証

続群書類従（江戸後期の叢書）所収『信州滋野氏三家系図』によると、貞幸の祖父貞直は「神平」と称され、滋野姓の祢津道直の実子である。そして、前田家本『神氏系図』および『諏訪大明神絵詞』によると、「祢津神平貞直」は母胎にあるとき神の告げがあり、諏訪の大祝貞光の猶子（自分の子のように遇したもの）として育てられた。諏訪の領主として保元・平治の乱にも参戦して武勇を示しただけでなく、東国無双の鷹匠（鷹を飼育・訓練する職人）だったという。いずれも中世後期の史料だが、『吾妻鏡』の文脈をうかがい知るための補助線として有効である。

　第二章で触れたが、『吾妻鏡』では、治承四年（一一八〇）に頼朝が挙兵した際に大祝篤光が呼応して諏訪明神の加護を獲得し、甲斐源氏による南信濃平定を

図14　諏訪氏略系図（太字は大祝）

（諏訪）貞光─**敦光**─**敦忠**─**敦信**─信重
（貞光）＝（祢津）貞直─（春日）貞親─貞幸

助けたとある（九月十日）。この篤光は、諸系図に見える大祝貞光の息子「敦光」に比定できる。そして敦光の孫「敦信」は、子に「信重」を持つことから、『吾妻鏡』で六月十一日に書状をよこしてきた「大祝盛重」と同一人物と考えられる。この敦信は、『諏訪大明神絵詞』によると、承久の乱で義時から出兵要請を受けて神意を占ったところ、速やかに発向せよとの神判を得て「長男小太郎信重」を派兵したとあり、『吾妻鏡』の記述と一致している。

　なお、敦信を『吾妻鏡』が「盛重」とするのは何らかの錯誤によるものであろう（石井進「中世の諏訪信仰と諏訪氏」）。あるいは、のちに主要な得宗被官（御内人）となる蓮仏（俗名は諏訪盛重）を念頭に置いた曲筆の可能性もある。蓮仏は泰時・経時・時頼の三代の執権に仕え、宝治合戦では特段の活躍が描かれている。当該説話の形成にこの一族の存在が関与した可能性も考えられよう。

　ともあれ、以上を『吾妻鏡』の文脈に則して見れば、諏訪明神に祈って一命を取り留め、その経験から泰時を助命した春日貞幸は、その直前に祈禱で諏訪明神の加護をとりつけた「大祝盛重」の又従兄弟（親が従兄弟同士の関係）にあたることになる。そしてその諏訪社の

神主大祝とは、神の使いとして頼朝に認定されるなど（文治二年〔一一八六〕十一月八日）、早くから幕府に保護された存在であった。

そこで、この諏訪明神が泰時を助けた物語がどのようにして生成されたかを考えてみよう。注目されるのは、合戦終結後の六月十七日、佐々木信綱と芝田兼義の間で先陣の勲功争論がなされた際、貞幸が証人として出廷した記事である。そこには貞幸自身の起請文が引用されており、「貞幸が水底(みなそこ)に入った後のことは存じません」との文言が見える。『吾妻鏡』の原則として、文書はそのまま貼り付ける形で引用されるため、この点は事実であった可能性が高い。ならば、まず貞幸が先陣争いで川底に入ったとの談話があり、これが端緒となって、泰時による貞幸助命および貞幸による泰時助命の話が盛り込まれるとともに、貞幸の血縁関係にあたる諏訪大祝が祈禱という形で幕府の勝利に貢献したとの言説が付与されていった、という説話生成過程の見通しが立つ。制作者は当然、諏訪の一族であろう。

こうした物語が創作された背景には、諏訪社独特の立ち位置が作用したと考えられる。というのも、頼朝以来幕府と密接な関係を持つ諏訪社は、このとき、朝廷の敗北を祈ることになったからである。『諏訪大明神絵詞』を見ると、承久の乱を大きく取り上げて、従来の合戦と異なり「今度は君臣の争い、上下の闘いなり。天心測り難し」と判断に迷い、「時の祝(ほうり)敦信」が卜占(ぼくせん)に従って「長男小太郎信重」らを派遣したことを、「神氏（諏訪氏）の正嫡自ら戦場に臨む事、これ最初なるべし」と記している。承久の乱は、諏訪社としても大きな転換点であった。

朝廷が敗北した承久の乱について、寺社の立場からはどのように語るべきか、難しい問題だっただろう。たとえば石清水八幡宮の縁起『八幡愚童訓』は、結果として官軍を支えなかった八幡社の立場を、武家を滅ぼしては国が危うくなるのだからそれが神慮に適っていたと説く。鶴岡八幡宮が鎌倉の精神的支柱となっている事情もあり、八幡社は微妙な立ち位置を説明すべく腐心しているわけである。しかし諏訪社はそれ以上に、むしろ積極的に官軍の敗北を祈ったことの正当化のために、神意という根拠が必要とされた。貞幸の逸話は、そうした要請から創作されたのであろう。

諏訪明神の加護の物語は、泰時の重要な合戦における勝利を諏訪社が決定的な貢献をしたからだと称揚し、なおかつ得宗家という権威との特別な結びつきを主張する。『吾妻鏡』では、そのような諏訪社の側から語られた家伝的伝承と、神意を語ることで泰時を権威化しようとする幕府の思惑とが、相互に絡み合う構造となっている。原史料の志向と歴史叙述の構想の共犯関係により、事実とは異なる過去像が生成された一例である。

では、『吾妻鏡』の文脈において、官軍に楯突く泰時を勝利に導いた神意は、世の中にどのような変化をもたらしたと書かれているのだろうか。最後に、戦後処理と乱の意義づけがなされて総括される記事からそれを探っていきたい。

徳による戦後処理

宇治川渡河翌日の六月十五日には、官軍敗戦の報とそれを受けた後鳥羽院の弁明の院宣、泰時の六波羅入り、官軍を主導した三浦胤義の自害などが語られる。続いて武士が帝都に充満する事態への悲嘆が、『史記』にある項羽の咸陽（秦の都）攻略を引きつつ美文調で記されるが、これは明らかに『六代勝事記』の表現を漢文に直した文章である。そして末尾には、関東の祈禱がこの日結願となったこと、その同日に官軍が敗北したのは神仏の力であることが地の文で述べられる。幕府軍への加護を語る態度は執拗なまでに徹底している。承久の乱は、それが必要な合戦だったのである。

続く戦後処理の記事では、泰時の情けある言動が繰り返し記される。たとえば翌十六日には、再び『史記』にある殷の湯王の故事を用いて、四面の網の三面を解くように寛大な残党処分を行ったと述べる。しかし実際には徹底的な残党の掃討が行われており（坂井孝一『承久の乱』）、泰時の美化がここにも見られる。続けて、治承四年（一一八〇）の山木合戦で功のあった経蓮（佐々木経高の法名）を助命するも当人はそれを恥じて自害したので泰時が嘆いたこと、清水寺の僧で合戦にも加わった敬月法師を詠歌に免じて助命したことが、和歌の引用を交えて語られる。また七月十二日には、後鳥羽院に挙兵を思いとどまるよう諫状を書いていたことが後日になって判明した公卿葉室光親を、すでに処罰してしまったことについて、泰時がひどく後悔したことが記される。

漢籍や詩歌の引用が頻出するのはこの辺の記述の特徴である。ほかにも、七月十日、十三日、十四日の各記事には、後鳥羽院や土御門院の院司（院に仕えて諸事を司った職員）を務めた公卿である藤原宗行の処刑に至るまでの悲哀のさまが、漢詩や和歌を引用しつつ綴られる。この宗行のエピソードは『六代勝事記』や延慶本『平家物語』など多くの文献に見え、有名な哀話を取り込んだものと言える。また、二十七日には後鳥羽院の悲嘆の和歌が二首引用されるが、これも『六代勝事記』に載るものと同じである。

そして八月七日に「世の中は平穏になった。これは政子の夢想と符合する」と地の文で確認され、神仏への御礼が沙汰される。今上帝の廃位や三上皇の配流も含めて、皇祖神たる伊勢大神宮の意に沿うものであったことが念押しされるわけである。三月二十二日の夢告の通り、泰時の働きによって、天皇王権は再び安泰を得たことになる。また、同じ八月七日の記事には、泰時・政子・義時による無私無欲の領地配分が「美談」として世間に讃えられたとある。

このように『吾妻鏡』は、仁徳に適う戦後処理を語りつつ、漢籍や詩歌を引用しながら体制の転換を穏当に収束させ、神意に沿う結果であったことを確認し総括してゆく。この筆法は、第三章で述べた頼朝の奥州合戦にも見られるものである。

奥州合戦との対応

改めて比べてみると、この承久の乱の叙述は、夢告、神助、落雷など、奥州合戦のそれと重なる要素が多い。そもそも二つの合戦は、頼朝と泰時がそれぞれ直接遠征した、幕政史上の画期となる合戦であったという意味で、相似の関係にある。頼朝の奥州合戦は幕府の強い影響力が奥羽に及んだ画期を語るのに対して、泰時の承久の乱はそれが京都に及んだ画期（西国を管轄する出先機関、六波羅探題（ろくはらたんだい）の設置）を語る、と整理すれば、両合戦の対応関係がより明確になるだろう。また、このように奥州合戦の叙述に照らして整理すると、『吾妻鏡』の歴史叙述の文脈における承久の乱の意義づけも捉えやすくなる。

これまで見てきた通り、『吾妻鏡』の承久の乱記事群の中で、泰時は一貫して神仏の加護を受けつつ、英雄化、徳人化されて描かれていた。入京後はそのまま六波羅探題に就き、叔父時房とともに三年間在京することとなる。この時期は幕府の力が朝廷を圧倒するようになる、朝幕関係史上きわめて重要な転換期にあたることは言うまでもない。そして『吾妻鏡』は、その歴史的転換は泰時の多大なる働きに負うものだった、と語っているのである。

実際、この正史は貞応三年（一二二四）七月十七日において、義時死後の執権選定にあたり、泰時しかいないと語る政子の台詞として、「承久の乱で幕府が勝利したのは、天命とはいえ、半ばは泰時の功績にある」「関東の棟梁たるべきは泰時である。泰時がいなければ、人々はどうして運を久しくできようか」と記す。つまり『吾妻鏡』の論理として、承久の乱の勝利は泰時の功績であり、それが幕府の棟梁たるべき根拠、すなわち執権就任の決め手とされているのである。そして周知の通り、泰時の執権就任は幕政史において、執権得宗家の地位確立を意味している。したがって、ここまで追ってきた『吾妻鏡』における承久の乱の叙述とは、先述した奥州合戦に対応させて言うならば、得宗執権体制の起源を語る軍記物語、ということになる。

執権政治の根拠

このように、『吾妻鏡』が叙述する承久の乱は、源氏将軍の終焉（しゅうえん）に逢着（ほうちゃく）した幕府が摂家将軍という新たな体制下で得宗家による執権政治体制を産出するための過程だった。これを、神仏に庇護された英雄泰時の功績とすることで、その必然性を構築し正当化しているわけである。その際、頼朝以来の統治者の正統を、政子を介して泰時が継いでゆくという枠組みを強調することで、その系譜意識が強く喚起される仕掛けとなっている。

　伊勢神宮の夢告や諏訪明神の加護などの冥慮を巧みなプロットにより描出することで透徹した論理を紡ぎ、壮絶な宇治川合戦と忠臣たちの躍動を活写し、泰時の英雄化を通して得宗執権体制確立の正当性を物語る『吾妻鏡』の叙述は、軍記物語に属する文学作品として捉えることさえ可能であろう。泰時を主人公に据えることでこの兵乱を一定の意義づけのもとに叙述しきったことは、他の歴史叙述に比して特筆すべき独自性、あるいは文学史的達成と言ってもよい。軍記物語である『承久記』諸本などは、官軍が敗北するこの事件を十分に対象化できていない（大津雄一『軍記と王権のイデオロギー』）。勝者の側から叙述する『吾妻鏡』にこそ、乱全体の眺望がかくも整然と描出されえたのである。

ただし、敗者の怨霊やその鎮魂が語られない点は、やはり『吾妻鏡』が文学作品であるよりも正史であろうとしていることを示すだろう。この兵乱により生まれた怨霊とは、延応元年（一二三九）二月二十二日に失意のまま隠岐で没した、後鳥羽院である。

たとえば公卿平経高の日記『平戸記』（延応二年〔一二四〇〕正月二十八日）によると、同じ年の暮れに頓死した三浦義村や、翌正月二十四日に後を追うように死んだ北条時房は、いずれも後鳥羽院の怨霊に祟られたとみなされていた。また仁治三年（一二四二）六月十五日に異様な高熱に苦しんで死んだ泰時も、その日付が宇治川を突破して入洛した日にあたることから、祟りとみなされていた。『吾妻鏡』成立の頃にはすでに水無瀬の御影堂に祀られていたが、依然として盛んに託宣が下り、祟りをなし続けていたという（今野慶信「後鳥羽院の怨霊」）。

しかし、おそらく意図的に『吾妻鏡』はこれらの話題を記していない。『吾妻鏡』が承久の乱を得宗家執権体制およびその正当性の起源として語ろうとするならば、この兵乱が生んだ後鳥羽院の怨霊という負の遺産は、歴史を叙述する上で不都合な存在である。終章でも言及するが、怨霊たちを沈黙させることが、得宗家の正当性を語る歴史叙述の構想を盤石にしているのは確かである。しかしそのことが、以後の記述を無味乾燥なものとする一因なのも否定できない。承久の乱を境に、『吾妻鏡』の世界は後半に入ってゆく。

第八章　宝治合戦（一二四七年）

――北条時頼による得宗専制の開始

体験者が生存する時代をどう語るのか

親子をざっと三十歳差と考えるなら、六十年経てば二世代隔たることとなり、孫から見るとこれより上の世代のことは直接の体験談を聞くのが難しい歴史上の出来事ということになる。語り手が生まれてから歴史を見る目を養うまでの約二十年を加えると、体験者がほぼ存在せず、もはや伝説に属する遠き昔というのは、その時点からおおよそ八十年より前の時代ということになろうか。一三〇〇年頃に編纂された『吾妻鏡』に当てはめれば、八十年前とは、ちょうど承久の乱の時期にあたる。平均寿命が短く記録媒体も乏しい当時にあっては、この頃が記憶のボーダーラインであり、本書でここまで見てきた頼朝や政子・義時の時代は、『吾妻鏡』の編者にとってほとんど神話の領域だったと考えねばならない。

事実として、北条泰時が執権に就任する貞応の頃（一二二二〜二四）は、この史書において、前半と後半とを分かつ画期となっている。関東草創と泰時への政道継承を語る前半は「叙事巧妙」「文学的将軍実記とも云ふべきもの」と称される（八代国治『吾妻鏡の研究』）。合戦叙述が重要な役割を果たすのも一つの特徴である。それに対して、泰時の事績と時頼・時宗への継承を描く後半は「平凡にして修飾なきのみならず、文章も流麗ならず、日記を読むが如く無味乾燥にして興味少し」と評される。確かに、記事の大半が儀式や相論の記録など事務的なものとなって読み応えに乏しく、合戦叙述は本章で扱う宝治合戦が唯一である。『吾妻鏡』後半の時代は、編纂時点の感覚からすると、実体験を語れる古老が生存する近代史であり、忠臣や逆臣の断定が当該の家の利害関係に直接影響してくる。そのために、前半のようなわかりやすい善悪の認定がしにくく、起伏あるストーリーを語るのが難しい時代なのは確かである。では『吾妻鏡』は、そのような時代について、いかに叙述しているのだろうか。

伊賀氏事件

実際に承久の乱後の叙述を追うと、泰時の時代の後半にあたる貞応以降は、あたかも泰時顕彰説話集のごとき構成となっている。特に大きな事件として注目すべきは、貞応三年（一二二四）七月のいわゆる伊賀氏事件である。これは、義時の急死に伴って後家の伊賀の方が兄伊賀光宗と謀り、娘婿の一条実雅（頼朝の妹婿一条能保の子で、将軍頼経側近の公卿）を将軍に就けて息子の北条政村を執権にしようと企て、三浦義村とも連携しようとした事件である。泰時は、この騒動の中で執権に就任した。

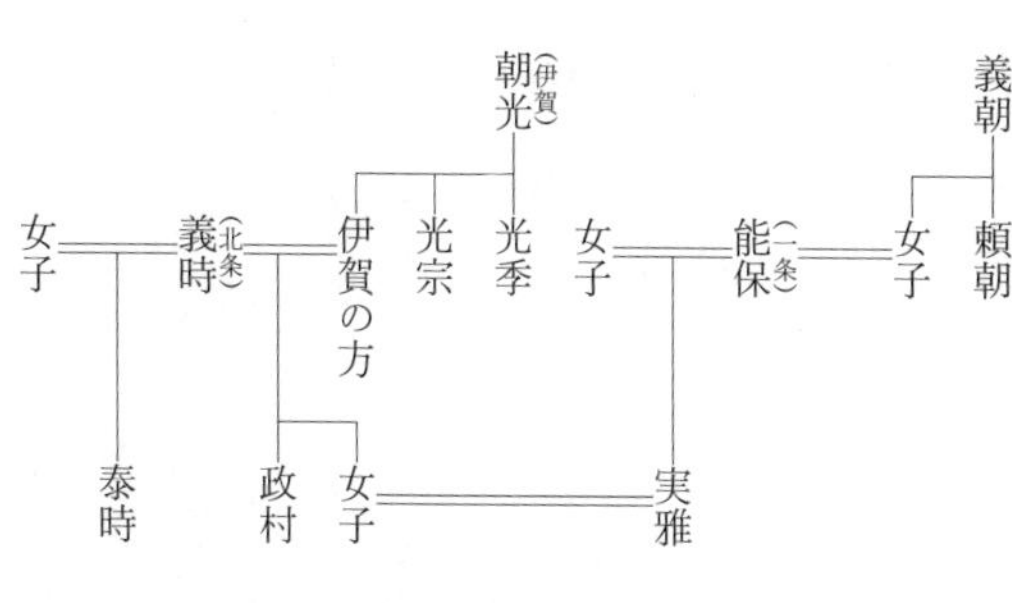

図15　伊賀氏事件関係系図

六月十二日、義時が発病し、翌日には死去する。当時の幕府は尼将軍政子と執権義時の二頭体制だったので、この急逝は驚天動地の事態である。しかし『吾妻鏡』のこのあたりの叙述は実に淡々としていて深読みを誘うのか、義時の死因は従来、伊賀の方による毒殺説が有力であった（石井進『鎌倉幕府』など）。しかし近年の研究によると、実際に病死だったようである（山本みなみ『史伝　北条義時』）。『吾妻鏡』の叙述は、義時の退場よりも泰時の執権就任に主眼を置いているのである。

その新執権誕生は、義時の死からわずか五日後の六月二十八日に記される。政子および大江広元（法名覚阿）による決定であった。しかし同時に、故義時の後家兄妹が娘婿と実子を将軍・執権に立てて武家を掌握しようとしている、という先述の計略が噂として記される。だがこれを聞いても、泰時は驚いたり騒ぎ立てたりすることがなかったという。泰時の器の大きさを示す語り口であり、和田合戦における義時の描写（第五章）に通じる。

翌二十九日には、叔父の北条時房が泰時へ臣従の態度を表明したことが描かれている。しかし、時房は歳首椀飯（年初の饗応の儀式）の序列などから見て泰時より格上であり、承久の乱でも時房が大将軍の筆頭だった。しかし目立った活躍は描かれておらず、『吾妻鏡』は時房を矮小化して描いている（岩田慎平「北条時房論」）。また、こののち時房は初代連署となって執権泰時を支えるが、連署は北条一族の長老として影響力を持った時房のために用意されたポストであり、実質は二人で執権を行う体制だった（久保田和彦「鎌倉幕府「連署」制の成立に関する一考察」）。

そうした文脈を踏まえると、この記事の真偽も疑わしい。時房の政治的地位が泰時を凌駕する可能性があったからこそ、時房自らに泰時への従属を語らせることが必要だったと考えられる。また後年の記事には、時房は泰時が急病との報を聞いても酒宴乱舞を中止せず続けたとある（延応元年〔一二三九〕四月二十五日）。いぶかる周囲に時房は「頼みにしている泰時がもし亡くなれば自分は隠遁するので、もう宴もできなくなるから」と語り、周囲はかえって感涙したという内容であって、やはり『吾妻鏡』は時房の泰時への臣従を描き出そうとしているようである。

ともあれ、その直後の記事にあたる貞応三年（一二二四）七月五日には、伊賀光宗らがしきりに三浦義村に使いを出し相談している様子について「人はこれを怪しんだ」と不穏に語られる。その夜には伊賀の方のもとで何か密約を交わす声を聞いた女房が、不審に思い泰時に告げに来たとある。しかしこのときも、泰時は少しも動揺しなかったという。続いて天変記事を挟んだ十七日には、鎌倉が物々しい雰囲気に包まれる中、深夜密かに政子が義村邸を訪ねて直談し、「承久の乱の功績は泰時が大半である。泰時こそが頼朝の後継者で関東の棟梁にふさわしい」と語って、光宗への同調を牽制（けんせい）したことが記される。義村は恐れ入って恭順したという。これを受けて翌十八日には、義村が泰時に申し開きをし、光宗を諫止し帰伏させたことを報告した。しかし泰時は喜びも驚きもしなかったとあり、泰時が泰然としていたことが繰り返し語られる。

ここで重要なのは、政子の発言により、頼朝から泰時へ、という幕府統治者の系譜意識が喚起される点である。これも承久の乱記事群における政子の夢や演説の内容とよく照応している。『吾妻鏡』の記述は一貫した構想のもとに作られていることがわかる。その後も、尼将軍の主導で事件は収束してゆくこととなる。すなわち、翌閏七月には政子の圧力により一条実雅が帰洛。八月には伊賀の方を伊豆北条へ、その兄光宗を信濃へ流したのも政子だった。かくして九月五日には義時の遺領分配が行われ、泰時の無欲さに政子が感涙したと記されて、この事件がつつがなくかつ公正に落着したことが印象づけられている。

このように、伊賀氏事件の結果として泰時の地位が確立したわけだが、その曲筆を交えた叙述の中で強調されるのは、泰時の執権就任の必然性、有事に動じぬ豪胆さ、北条氏庶家や三浦氏と一線を画する優越性、そして頼朝から泰時への政道継承の系譜である。このように『吾妻鏡』は、伊賀氏事件を、義時死後の執権の行方および泰時の執権就任に主眼を置いて語っている。

ただし近年の研究によると、実際には後家である伊賀の方こそが義時の後継者を指名する立場にあり、政子の介入は後家の家長権を侵害している。不当なのは政子の方で、伊賀の方の人事には必然性があったのだが（永井晋『鎌倉幕府の転換点』）、それを『吾妻鏡』は伊賀の方の陰謀事件として描いている。『吾妻鏡』は、幕府の根幹の不安定さを露呈するようなこの事件の本質を語らず、代わりに統治者としての泰時の揺るがぬ正当性を顕彰する物語として再構成しているのである。

泰時の顕彰

ところで、『吾妻鏡』には書かれていないが、泰時の弟である名越朝時は、義時の四十九日の仏事を単独で行っている。これは、義時の死去を受けて、母の家格が泰時よりも高い朝時が、義時の嫡流を主張した行為と考えられる（山本みなみ『史伝 北条義時』）。なお、泰時の母が不明であるのに対し、朝時の母は有力御家人比企朝宗の娘（姫の前）である。名越一族はこの後も、寛元の政変（一二四六年）より文永九年の二月騒動（一二七二年）に至るまで得宗家を脅かし続けることになる。しかし『吾妻鏡』は、朝時が泰時に臣従したように語っている。

第五章で述べたが、和田合戦で朝時が負傷した際、泰時が助けて人々が感涙したと語られていた（建暦三年〔一二一三〕五月四日）。これは単に泰時の仁徳を示すのみならず、泰時・朝時兄弟の結束と序列とを象徴的に可視化している。また、伊賀氏事件後にも、朝時の家に賊が入ったと聞いた泰時が、幕府の評定中であるにもかかわらず即座に駆けつけたとの記事がある（寛喜三年〔一二三一〕九月二十七日）。公務を優先すべきと咎めた御内人平盛綱に対し、泰時は「弟を助けることは和田合戦や承久の乱と同様の大事だ」と言い放ったため、周囲は落涙感嘆し、朝時は子々孫々にわたる忠誠を誓ったという。名越家の祖朝時が自らを得宗家より下に位置づけたことが語られているわけだが、先述の時房や政村と同様、北条氏庶家はこの段階でまだ泰時を凌駕する可能性があったからこそ、このようにあからさまな格付けをしたのだろう。

そしてこの後も、泰時の徳政とレガシー（遺産）とが畳みかけるように語られる。たとえば執権就任の年の冬には、泰時が毎日早朝に明法道（法律についての学問）を修学していたとの逸話が載る（十二月二日）。また、貞永元年（一二三二）には和賀江島（鎌倉の港として機能する人工島）の築造、御成敗式目の制定、あるいは飢饉にあっての貧民救済が相次いで語られる。翌天福元年（一二三三）秋口にも、泰時の徳政とそれに呼応する日照りの解消が記され、「天下豊饒の基なり」との評語が付される（七月九日、十日）。同じ冬には、泰時は評定ごとに誰より早く参るという勤勉ぶりが語られる（十一月十日）。

以下も無数の評定や立法、若宮御所の新造や将軍頼経の上洛、巨福呂坂切通（こぶくろざかきりどおし）の造成などが続々と記される。これらも泰時のレガシーの一環であるが、泰時の働きぶりはすさまじい。仁治二年（一二四一）春には、泰時の詠歌「こと繁き世の習ひこそ物憂けれ花の散るらむ春も知られず（忙しいのは世の常だがつらいことだ。桜が散っているであろう春の訪れもわからないほどだ）」が、民のために忙殺される君主の美徳として配置されている（三月十六日）。翌月には六浦道（むつらみち）（三浦半島の付け根を横断し、相模湾と東京湾を陸路で結ぶ道）の着工が語られるが（四月五日）、この日の記事には泰時が直接現場で監督したとあり、翌月には泰時が自らの馬で土石を運んだとあって（五月十四日）、画期的な交通網構築を牽引したさまが称揚されている。

泰時が『吾妻鏡』に現れるのはこの年が最後となるが、十二月五日には、泰時の勤勉を総括するように、これまで病のときを除き忠勤したことが語られる。そして歳末にあたる三十日において、泰時は、頼朝と義時の法華堂に詣で、また獄囚・乞食（こつじき）に施行（せぎょう）（施し）したとある。これが泰時を語る最終記事であり、正統の系譜と徳政を示唆して退場したように読める。

このように、『吾妻鏡』における泰時時代後半の叙述は、泰時の幕府統治者としての正当性を強調し、そのレガシーと仁徳の顕彰を一貫した軸に据えている。

泰時から時頼へ

泰時が頼朝の後継者たることを暗示する記事に、頼朝の面前で幼年の泰時が初めて鹿を射止めたとき、山神に捧げる矢口祭を執り行い成功させた、という逸話があった（第五章）。頼家が父の面前で同様の儀式を行ったが作法に瑕疵があったという逸話と対比的に描くことで、頼朝から頼家ではなく泰時へと、山神の裁許に基づき正当に権力継承がなされたことを語っていたわけだが、『吾妻鏡』は、泰時から孫時頼への権力継承についても、よく似た方法で描出している（小林直樹「『吾妻鏡』における頼家狩猟伝承」）。

時頼は十一歳になった嘉禎三年（一二三七）、鶴岡放生会の流鏑馬の射手に任じられたため、泰時の監督のもとで初めて流鏑馬の訓練を行った（七月十九日）。このとき泰時は古老の海野幸氏を招き、頼朝に認められた故実を時頼に伝授させた。幸氏は時頼を見て、天賦の才に賛辞を漏らしたという。

一方、時頼より三歳年長の同母兄経時もまた、四年後の記事で熊を射止めたことが記され、「先代未聞の珍事」といって人々は一同に感嘆したとある（仁治二年〔一二四一〕九月二十二日）。経時は翌年、泰時の死去に伴い執権に就任するので、そのような人物にふさわしい美談とも思われる。ところが、二か月後の記事で、経時は祖父泰時に「文を好むを事として武家の政道を扶くべし（専ら文を大切して幕政を補佐しなさい）」と訓示されている（十一月二十五日）。つまり、現状では経時は武に偏し「文を好む」態度を欠いているという評価が、泰時によってなされていることになる（市川浩史『吾妻鏡の思想史』）。そしてこれを受けるように、続く一連の記事では、経時ではなく時頼こそ泰時の後継者であるということが暗示される。

すなわち、同十一月二十九日、三浦一族と小山一族が喧嘩騒動を起こし、泰時が命じて鎮めるという事件が起こる。そして翌三十日に、この騒動で経時は三浦側に加担した一方で、時頼は静観したことが明かされる。泰時は軽率な行動をとった経時に謹慎を命じ、慎重に振る舞った時頼を賞賛して恩賞を与えたという。翌十二月五日には、泰時が時頼の勤勉を褒めるとともに、地の文で泰時の勤勉が言及される。つまり、時頼が泰時の美徳を継承していることが示されるわけだが、それと対比するように、この日、経時の勘当が解かれたことも付言されている。

しかし、歴史学が明らかにするところによると、実際には経時こそが泰時の嫡流であった（高橋慎一朗『北条時頼』）。時頼の元服が行われたのは泰時邸であり、経時が将軍御所で行ったのと比べて劣るし、邸宅の継承関係からみても、経時は泰時邸を、時頼は北条時房邸を継承しており、時頼は泰時にとっての時房のように、いずれは連署として執権経時を支えることが期待されていたと考えられている。

ところが『吾妻鏡』では、経時ではなく時頼こそが得宗家嫡流であるという位置づけがなされていた。つまり、正史の構想として、頼朝→泰時→時頼という幕府統治者の系譜を語り、得宗家の正当性を支える歴史像を描き出していることがわかる。経時は寛元四年（一二四六）に病死し、以後時頼が執権を継いで、安定した得宗専制の時代を築くこととなる。そうした結果から逆算して、『吾妻鏡』は過去像を描き出しているのである。

時頼はこの後も、「民庶の煩い」を除くために贅沢を停止する法を定めて「善政随一」と地の文で賞賛されるなど（建長三年〔一二五一〕六月五日）、徳政を進めるさまが描かれる。また臨終の折にも、地の文で「生前は武略で君主を助け、仁義の心で撫民に励んで、天意にも人望にも適った。最期の姿は即身成仏の瑞相を現した。もとより神仏の化身だったことは疑いない」と、言葉を尽くして賞賛されている（弘長三年〔一二六三〕十一月二十二日）。

宝治合戦の顚末

泰時から時頼へ、執権の世代交代が進行する中で、得宗家をとりまく勢力にも地殻変動が起きていた。泰時と三浦義村の娘との間に生まれた時氏（ときうじ）が寛喜二年（一二三〇）に二十八歳で早世し、時氏と安達景盛の娘（松下禅尼（まつしたぜんに））との間に生まれた経時・時頼が相次いで執権となることで、執権の外戚という特権的地位が三浦氏から安達氏へ移行したのである。しかしその後も三浦氏は立場を譲ろうとせず、幕政に歪（ゆが）みが生じつつあった（永井晋『鎌倉幕府の転換点』）。

三浦氏は、和田合戦、実朝暗殺、承久の乱、伊賀氏事件など、幕政史上重要な局面においてことごとく謀略を阻止し、幕府を危機から救ってきた存在である。裏を返せば、御家人たちの感覚として、三浦氏を味方に引き入れれば幕府の転覆は可能だ、と考えられてきたことになる。遡れば、早く治承四年（一一八〇）の頼朝挙兵当初から三浦義明・義澄父子が与力しているが、天養二年（一一四五）にはすでに義明とその父義継が、頼朝の父義朝の指揮下にあって武力を行使している（『天養記』）。義朝は義明の娘を妻として長男義平を儲けており、三浦氏は幕臣として突出した由緒と実力を兼ね備えた一族であった。

　そのような三浦氏も、宝治元年（一二四七）六月五日、安達氏をはじめとする幕府軍に攻め滅ぼされる。いわゆる宝治合戦である。

　この合戦の発端については、前年に起きた寛元の政変（宮騒動）以後、義村の嫡子である三浦泰村の威勢が目立ったという記録は注目される（『葉黄記』宝治元年六月九日）。寛元の政変は、経時の夭折と時頼の執権就任に伴い、名越朝時の子息光時・時幸兄弟が反発して時頼追討を企て失脚したものである。しかし背後では、将軍を子息頼嗣に譲って自由度の増した頼経と、その父九条道家が糸を引いており、与党には三浦氏の当主泰村と弟光村もあった。そのため、謀叛の失敗により、九条家派と敵対していた得宗家・安達氏と三浦氏との対立が顕在化したものと推測される（高橋慎一朗『北条時頼』）。

　では、『吾妻鏡』は宝治合戦をどのように描いているのだろうか。この合戦は三浦氏の評価を結果論的に規定し、さらにこの史書全体の基調を大きく左右する重要なポイントだ。実際に宝治合戦記事群は『吾妻鏡』後半に唯一見られる、精彩に富んだ合戦叙述となっている。

ひとまず当該記事群をざっと眺めておこう。まず四月四日に高野山から鎌倉へ下着した安達景盛（法名覚智）が、十一日に執権時頼と長時間会談するとともに、子義景と孫泰盛を叱咤して、「武門に秀でて傍若無人」の三浦氏に対抗すべく戦の準備を促す。以降、幕府側の三浦氏誅伐の動き、および三浦氏の側の合戦準備や三浦光村の「逆心」（五月二十八日）、および九条家との共謀が語られ、緊張が高まってゆく。不穏な情勢の中で、三浦泰村は時頼に対してしきりに弁明を重ね、六月五日、時頼は泰村へ和平の誓書を送る。泰村は安堵するが、景盛は「和平が成っては当家が押さえ込まれる」として、「ただ運を天に任せて今朝必ず雌雄を決せよ」と義景・泰盛に急遽出撃命令を発し、和平の使者が帰参する前に開戦する。時頼もやむを得ずこれを追認し、合戦の末、館を焼け出された三浦一党は頼朝法華堂に立て籠もり、五百人以上が集団自決することとなった。

翌六日からも残党の掃討が続くが、八日には天井裏に隠れて自決の現場に居合わせたという法華堂の法師の聴取が行われ、その証言調書が引用される。これによると、光村は万事に強硬で、前将軍頼経のとき、その父道家の命に従い決起すべきだったと悔いつつ、身元をわからなくするため自ら刀で顔を削った。さらに法華堂に放火しようとしたが、泰村がこれを止め、「因果応報なのだ。今はもう冥途に赴く身であり、むやみに時頼殿を恨むべきではない」と語ったという。

以上が『吾妻鏡』の宝治合戦記事の概要である。その大枠は、京都に伝わり書き留められた記録(『葉黄記』六月九日)と一致しているが、安達氏の動きや泰村・光村の言動は『吾妻鏡』独自の情報である(高橋秀樹『三浦一族の研究』)。また、数々の予兆や神意を示す記事群、あるいは神仏の加護をとりつける役を担う僧隆弁の記事も、『吾妻鏡』の文脈を読み解く上で注目に値する。以下、詳しく説明していこう。

三浦氏の矮小化

先に確認した通り、歴史的実態としては、三浦氏は北条氏に匹敵しうる強大な御家人である。では『吾妻鏡』において、宝治合戦に至るまでの三浦氏はどのように描かれているのだろうか。編年体の記事に散在する三浦氏関係の情報をピックアップして系列化することで、この正史の中で宝治合戦の評価が導出されてゆく文脈を追ってみたい。

『吾妻鏡』における三浦氏の初出は治承四年(一一八〇)六月二十七日で、頼朝が挙兵を企てるにあたり最初に密談したのが千葉胤頼と三浦義澄であったという。また、石橋山合戦への参加が間に合わず頼朝勢が敗北した後、三浦半島の本拠地衣笠城を畠山重忠に攻められた合戦で、義澄の父義明が「私は源家累代の家人である。幸いにもその貴種再興の時に立ち会えた。どうして喜ばずにいられようか」と語って戦死する場面は有名である(八月二十六日。第一章)。『吾妻鏡』には、三浦氏が幕府草創の最発端から粉骨砕身して頼朝に尽くしたことが記されている。

三浦氏の重要性は頼朝の死後も変わらない。建暦三年（一二一三）の和田合戦においては、義澄の嫡子義村が、従兄弟である和田義盛の謀叛に加わるが、挙兵間際に寝返って北条義時に内通し、不意打ちを防いだとある。ただし、記事の原史料である『明月記』では義村について、当初から和田と仲違いしていたことや、合戦において和田勢を背後から襲い大勢を決するという『吾妻鏡』では書かれない決定的な働きが記されている（第五章）。つまり、『吾妻鏡』では義村が義時への忠誠心を発揮したことが強調される一方で、合戦での義村の活躍が矮小化されていることになる。そうしたことから、和田合戦の記事群は、宝治合戦の結果を踏まえて組み立てられたものと考えられる。

以後も、義村は謀叛を企てる勢力からたびたび協力を求められ、そのたびに政子や義時と連携して対処する。建保七年（一二一九）の実朝暗殺記事でも、義村は頼ってきた公暁の居場所を義時に知らせ、派兵して公暁を討ち取っている（第六章）。これは記録としての価値が高い『愚管抄』にも記されているため事実であろう。しかし『愚管抄』ではさらに、実朝亡き後、九条家からの将軍下向を求めたのが義村であったと記されている。その結果として三寅（頼経）の鎌倉下向が導かれており、当時の幕府における義村の指導的地位がうかがわれるが、そうした事情は『吾妻鏡』には書かれていない。

続く承久の乱でも、義村は謀叛を勧める弟胤義からの書状をまたも義時に通報する（第七章)。これも『承久記』と一致しており事実と考えられるが、義村の存在感はここでも大きい。たとえば義村は乱後の後鳥羽院領の差配に関与していたし(『武家年代記裏書』承久三年閏十月十日)、仲恭天皇廃位後に後堀河(乱に関与しなかった、後鳥羽院の同母兄の子。一九一頁の系図参照)を即位させるべく根回しにあたったのも義村だった(『賀茂神主経久記』七月七日)。そもそも後鳥羽院の挙兵目的は、幕府上層を北条氏から三浦氏にすげ替えることにあったと見られている(高橋秀樹『三浦一族の中世』)。しかしそうした情報は『吾妻鏡』では言及されない。

　京都における義村の評価は、義時の死去および泰時の執権就任を経てさらに高まる。たとえば嘉禄元年(一二二五)には、義村が朝廷の人事に介入しようとしているとの情報に接した藤原定家は「義村、八難六奇の謀略、不可思議の者(義村という男は古代中国の軍師のように謀略にたけていて油断ならない)」とその影響力を注視している(『明月記』十一月十九日)。さらに頼経の母方の西園寺家とも密接な関係を築くなど、義村は朝幕交渉の中心に位置し、政界に深く食い込んでいた(真鍋淳哉「三浦義村」)。それが『吾妻鏡』では語られないばかりか、義村の子泰村・光村の世代になると、積極的に悪役として造形されるようになってゆく。

義村とその子息の悪役化

早くも建保六年（一二一八）には、駒若丸（光村の幼名）が鶴岡八幡宮で宿直人を打擲するという狼藉を働いたことが記される（九月十三日、十四日）が、一族の悪役化が目立ち始めるのは一二三〇年代半ばからである。たとえば文暦二年（一二三五）には、義村が泰村とともに、評定衆でありながら恩沢奉行（恩賞の施行を司った役職）の所轄に介入して身内に利益を誘導し、周囲は良く思わなかったと付言される（九月十日）。また嘉禎三年（一二三七）には、鶴岡放生会において義村が泰村以下子息四人を将軍警護の列に加えたとの記事があるが、ここには「傍若無人の沙汰。人、耳目を驚かす」との評言が付されている（八月十五日）。これも勝手な人員差配で子息に業績を積ませる行為が地の文で批判されている例である。

さらに、前にも触れた仁治二年（一二四一）十一月二十九日の泰村・光村・家村兄弟と小山一族との大喧嘩の後もたびたび泰村の喧嘩騒動が記されるなど（寛元三年〔一二四五〕正月二十八日、宝治元年〔一二四七〕三月三日）、驕り高ぶる様子が語られる。そうした流れから、先述した寛元の政変への関与、および宝治合戦へと、スムーズに接続してゆく文脈が形成されているわけである。

このように『吾妻鏡』では、実力者三浦義村の政治的地位が矮小化され、子息ともども傍若無人に振る舞うようになってゆくさまが書き込まれる。その結果として、宝治合戦での三浦氏滅亡が必然化され、彼らを滅ぼした時頼や安達一族の正当性が担保される仕掛けとなっている。

災異と神意

ここまで、『吾妻鏡』における三浦氏の造形が一定の構想に基づいてなされていることを見てきたが、ほかにも、宝治合戦を歴史的に位置づけようとする叙述方法がある。それは神仏の意思表示である。

まず、宝治合戦直前に多くの災異記事が見られることを確認したい。たとえば頼朝法華堂前での火事（正月十三日）、鎌倉中での羽蟻（はあり）の群集（二十九日）、そして「光物」の飛行（三十日）などである。頼朝法華堂は三浦一族自害の現場であるし、後二者は和田合戦の前にも同様の現象が記録されているため（建暦二年〔一二一二〕十月二十日、翌年三月十日）、いずれも宝治合戦の前兆と読むことができる。続けて鶴岡八幡宮の神殿の扉が数刻にわたり開かないという事態が記されるのも（二月一日）、神意を暗示していよう。

さらには、由比ヶ浜で海が血のように赤く変色し（三月十一日）、続いて「大流星」が出現すると（十二日）、次の記事では「鎌倉中騒動」が記される（十六日）。翌日には黄蝶が群飛して鎌倉中に満ちあふれたとあり、平将門や安倍貞任（あべのさだとう）（前九年の役を起こした）の兵乱前に同様のことがあったという例を引いて「東国に兵乱があるだろうと古老が疑った」と語られる（十七日）。加えて、合戦の迫る五月二十九日の記事で、陸奥の津軽（つがる）で十一日に死人のような形の怪魚が打ち上げられた、との報告が記されるとともに、三月十一日に由比ヶ浜で海が赤くなったのはこの魚が死んだためか、と関連が示唆される。「古老」によると先例は不吉で、奥州合戦、比企氏の乱、和田合戦という三つの兵乱の前に同様のことがあったという。

このように、『吾妻鏡』では明らかに宝治合戦の前兆として機能する災異記事が多数配置されている。これらの記事は、前年までの自然現象としての天変地異とは明らかに異質であり、単なる事実の記録と捉えるにはあまりに出来過ぎている。たとえばこのときの黄蝶群飛は蝶の生態から見て事実とは考えられないとの研究もある（池田浩貴「『吾妻鏡』の動物怪異と動乱予兆」）。『吾妻鏡』は、虚構を含む災異記事を配することで、他の合戦同様に宝治合戦もその勃発と結果を天意の産物として位置づけている。

隆弁と安達氏

次に、この合戦で神仏の加護を得たとして戦後に格別な行賞を受けた高僧、隆弁についても注目される。というのも、隆弁は『吾妻鏡』において、その法力により得宗家を守護する逸話が非常に多いからである（終章）。宝治元年（一二四七）から死去するまで鶴岡八幡宮別当を三十七年間も務めた隆弁は、『吾妻鏡』が編纂される鎌倉後期の視点から見れば、突出した長期間にわたり幕府を護持し続けた伝説的な人物であった。

まず、四月二十八日に安達義景が愛染明王（あいぜんみょうおう）像を供養したが、このときの導師が隆弁で、

「殊なる願」のための「秘法」を行っている。時期からして三浦氏調伏を意図した修法であろうが、その結願が五月五日に記された後の九日に、今度は北条時頼の祈禱として隆弁が尊星王護摩（密教の修法の一つ）を開始する。さらに、合戦二日前の六月三日には、時頼の依頼により隆弁が泰平を祈るため五穀を断ち、「如意輪の秘法」を開始する。そこには「この外、他の御祈禱に及ばず」と付言され、隆弁への唯一無二の信頼が表現される。これに呼応するのが戦後の十三日で、如意輪法の結願が記されるとともに、時頼が隆弁への信仰のあまり自筆の礼状を遣わしたとある。その内容は「今度の合戦で関東が平安となったのは全て隆弁の法験のおかげだ」というものだった。

このように大いに礼賛された隆弁は、鶴岡八幡宮の別当に就任する（六月二十七日）。隆弁は再三辞退したが時頼が重ねて命じたために実現した、と語られ（七月四日）、ここでは隆弁の無欲と謙虚さ、そして時頼からの絶大な帰依も印象づけられている。

しかし、時頼だけではなく、より早い段階で安達義景も隆弁に祈禱を依頼していた。そうした文脈上、安達一族はこの合戦において、時頼とともに神仏の加護を招来したように描かれている。次にこの点に関して見ていこう。

隆弁が義景の依頼で開始した「秘法」が結願し、続けて時頼の祈禱を始めた後、神仏の応答を暗示する記事が次々と並べられる。まず五月十八日、「光物」が飛行すると同時に、義景邸で白旗が一流れ出現したという。白旗の出現は『平家物語』（巻十一「遠矢」）にもあるように、八幡神の加護を示す吉兆である。それが義景の邸に現れたということは、加護が安達一族に及ぶことを示す。続く二十一日には、鶴岡八幡宮の鳥居の前に高札（立て札）が出現し、そこには「三浦泰村が身勝手に振る舞って言うことを聞かないので、近日誅罰を加えられるだろう」との旨が記してあった。当時、落書が神仏の意思表示とみなされていたことを考慮すると、この高札により三浦氏追討が天意として正当化されたことになる。さらに二十六日には、泰村に与同していた土方右衛門次郎なる武士が、三浦一族の「反逆」に加担しないので神助を請う、という旨の願文を「ある社頭」に捧げて逃亡、その事実が「不慮に」時頼に伝わったことが語られる。いわゆる風の便りであり、これも神仏の意思を表示する記事であろう。このように、義景・時頼が隆弁を介して神仏の加護を得たと解釈できる出来事が連続的に語られている。

そうした文脈を踏まえると、合戦当日の六月五日に、戦の大勢を決したのが風向きの変化であったことは示唆的である。風向きが唐突に変化して追討軍による放火が成功し、合戦の帰趨が定まった、との描写である。同様のプロットは『将門記』や『陸奥話記』にあり、また『六代勝事記』や『吾妻鏡』の野木宮合戦記事（治承五年〔一一八二〕閏二月二十三日）でも見られる。逆賊追討の合戦で常套的に用いられる話型と言えるが、いずれも神仏が味方をしたのだという記述とセットで語られるため、この宝治合戦の場合も、中世の感覚に照らせば神仏の助力と読むべきであろう。

このように、『吾妻鏡』の文脈では、外戚安達氏が時頼と一体となって、隆弁を介した神仏の加護の獲得に深く関与し、また機敏な判断と果敢な行動により幕府への反逆を挫いた主人公格の忠臣として描かれている。また、三浦氏の逆心や神仏の意思表示を描くことで、独断で急襲を決行した安達景盛の判断は正しかったと語っているわけである。

ところで、忠臣の活躍と神仏の加護により反逆者が排除され、危機に瀕していた共同体の秩序が回復するという流れは、軍記物語に共通して見られる構造にぴたりとあてはまる。そして本書で述べてきたように、『吾妻鏡』の合戦記事には、奥州合戦や和田合戦、承久の乱など、同様の構造を備えた記事が多く見られる。この宝治合戦記事群もまた、安達氏を忠臣として配置する軍記物語として捉えることが可能であろう。一般に軍記物語は、王権への反逆とその鎮圧を物語ることで王権の絶対性を確認し、王権の下で統治される共同体の秩序を再確認し強化する機能を有する（大津雄一『軍記と王権のイデオロギー』）。では、当該記事によって強化しようとしている王権、あるいは共同体の秩序とは、どのようなものか。次にそのことを検討したい。

敗者の側の物語

ここまで、宝治合戦記事群が軍記物語の構造を備えていることを見てきたが、こと合戦そのものの描写に関しては、先述した他の合戦記事群と比べ、激しい戦闘や三浦氏側の抵抗など具体的なエピソードに乏しく、ややあっけない。合戦が行われた六月五日の記事を見ると、他の合戦記事に劣らず分量的には長大だが、開戦と人員配置、個々の武士の事情が記された後、すぐに風向きの変化と放火の場面が描かれ、三浦一族は頼朝法華堂に立て籠もってしまう。戦闘は「三刻」（六時間）続いたと明記されているにもかかわらず、合戦の大勢は開戦後いくらも経ずに決したように語られているのである。そのため、『吾妻鏡』の他の合戦記事に見られるような緊迫感が薄い。反逆者の強大さを強調する言説の不足により、合戦叙述の緊張感を欠き、三浦氏追討によるカタルシス（浄化）が不徹底となっているのである。

しかし、それを補っているのが、六月八日に引用される、法華堂に仕える法師の生々しい証言調書である。この法師は、武装した三浦一党が頼朝法華堂になだれ込んできたのに驚き、天井裏に隠れることで、総勢五百余名の自害という地獄絵図を目の当たりにすることとなった。この調書が実物の引用として掲載され、敗者の側の視界が開示されるとともに、事態の深刻さが事後的に確認されることで、宝治合戦記事は軍記物語としての迫真性を確保することに成功している。以下、この調書が登場するまでの文脈および証言内容について見ていこう。

まず、前年五月に名越光時をはじめ反得宗派が時頼追討を企てて粛清された寛元の政変において、その終幕を語る八月十二日に三浦光村が登場する。前将軍頼経の京都送還に供奉した光村は、御簾の側に数刻留まって「落涙千行」し、幼少より二十年仕えた頼経を思慕して

「なんとかしてもう一度鎌倉にお迎えしたい」と周囲に語ったとの記事である。これは、摂家将軍と強く結びつく光村をはじめとした三浦氏が、執権時頼にとってきわめて危険な存在であることを印象づけている。

そして、それから約一年を経た宝治合戦直前の五月二十七日、時頼が服喪のため三浦泰村の邸に宿泊していた折、戦の準備が行われていることを自ら察知する。これが決定打となって三浦一族は逆賊と定まり、翌二十八日の地の文において、「この程、世上静かならず。これひとへに三浦の輩（ともがら）逆心あるによる」と断言される。続けて、三浦一族は十分な官位俸禄を得ているにもかかわらず頼経の送還を怨んでおり、特に光村は「毎夜御前に伏し、日高くして座右を退く」ほどに昵懇（じっこん）であった頼経を「恋慕」して「逆心」を抱き、密約を承って反乱の準備を進めている、と明言されている。これにより、摂家将軍は幕府のあるべき秩序を乱す反逆者の側に位置づけられたことになる。

そして合戦当日の六月五日、放火の成功で泰村の館が炎上した後も、光村は永福寺に陣を取り、頼朝法華堂に立て籠もった泰村に抗戦を呼びかける。しかしすでに観念した泰村に説得され、結局光村も法華堂に参向することとなった。頼朝の御影前に列した一族の最期の法会では、その光村が音頭を取ったという。

このように、一貫して光村がこの反乱の中心人物であったように描かれるが、翌六日の首実検では奇妙な事態が語られる。光村とその弟家村の首に「不審」があり、確定できなかったというのである。一体どういうことなのか、という謎を残して叙述は進んでゆく。そうした文脈の上に、八日、前述した証言調書が配置されている。

目撃者の証言

証言によると、集まった一族は「泰村と光村が権力を握ったなら一族で官職も所領も存分に得られたのに」と、叶わなかった野望を語り合ったという。特に光村は万事に強硬な様子で、「頼経殿が将軍であったときに父道家殿の密旨に従っていれば間違いなく執権になれていた。不覚にも泰村がためらったために滅亡するのだ」と後悔を語り、自ら刀で顔を削って、顔がわからなくなったかどうか人々に問うた。その血が頼朝の御影を汚し、さらに法華堂に放火しようとしたが、泰村が頼朝への不忠になるとして制止した。泰村は万事に穏便な様子で、「曽祖父義明以来の功績にかかわらず一度の讒言で滅ぼされるのは不本意だが、父義村が多く死罪を行った罪報か」と諦念しており、「むやみに北条殿を恨むべきではない」と「落涙千行」しながら震える声で語ったという。以上の証言によって光村が顔面を削ったことが判明し、時頼は首の不審を解いたとある。ただし、家村の首の行方は不明のままになったと付言される。

このように、現場に居合わせた人物の証言で後から謎が解ける仕掛けとなっているわけだが、加えて、この引用文により宝治合戦全体の意義づけまでなされている点は見逃せない。

つまり、頼朝への忠誠を血と火で汚そうとする光村をたしなめた上で発せられた泰村の最期の言葉は、頼朝およびその政道の後継者たる得宗家に対して、三浦氏があくまで服従してきたと言い、一族の滅亡は義村の「罪報」であって時頼への恨みはないとする。この述懐は、頼朝以来の幕府と三浦氏の関係の歴史を振り返って整理し、三浦氏に対する得宗家の優位性を確認することで、この合戦を総括している。

なお、証言調書は引用の体裁である以上、『吾妻鏡』編者の創作ではなく、幕府に保管されていた史料と考えられる。しかしこの文書、特に泰村の独白に関しては出来過ぎていて疑わしい。証言調書の末尾に「泰村の声が震えていて言葉がはっきりしなかったが、趣旨はおよそこのようであろうか」と記されていることも、死人に口なしの感を強める。もしくは、頼朝法華堂という得宗家と密接な寺院の立場上、時頼に都合の良い証言が引き出され記録された可能性もある。また、「落涙千行」という表現が先述した寛元の政変における光村の落涙の表現と共通しているのも気になる。あるいは、以仁王の令旨や義経の腰越状のように偽作と思しき文書が引用されて『吾妻鏡』の基幹的なプロットを形成している例も想起される。この調書も偽作が疑われるわけだが、少なくとも結果として、『吾妻鏡』における宝治合戦の評価を決定づける機能を負っていることは確かである。

黒幕としての九条家

さて、次に、この危機の抜き差しならぬリアリティを支えている九条家の存在についても、もう少し掘り下げておきたい。実際この合戦は、三浦氏の背後にある九条家と対立する勢力（西園寺家・二条家と連携する得宗家および六波羅探題北条重時）との角逐の一環であることが明らかにされてきている（村井章介『北条時宗と蒙古襲来』など）。従来は北条氏による他氏排斥、あるいは安達氏と三浦氏の主導権争いとして位置づけられてきた宝治合戦だが、実は京・鎌倉を横断する貴族社会の政争における一局面であり、寛元の政変から建長・弘長の騒動に至る文脈の中に生じた軍事衝突だったのである。それが長らく誤解されてきたのは、『吾妻鏡』がそうした一連の対立軸を語っていないからであろう。

たとえば寛元の政変については、同時代の日記に頼経の首謀が記され（『岡屋関白記』六月九日）、『吾妻鏡』と同時期に編纂された史書『百錬抄』や『鎌倉年代記裏書』（名越光時が頼経に謀叛を勧めたとある）にも同様の認識が共有されている。にもかかわらず、『吾妻鏡』においてそうした九条家の動きが記されることはない。またこの正史は、政変後に名越光時の弟時幸が病により出家し、六月一日に死去したと記すが、京都の記録によればこれは自害であった（『葉黄記』六月六日）。『吾妻鏡』は虚構を弄して、名越氏の反逆は光時一人の暴走によるもの、という論理でこの政変を矮小化している（高橋慎一朗『北条時頼』）。政治的に連続しているはずの建長三年（一二五一）の政変についても同様で、本来は対立軸の核心部分に位置していた九条家の関与が、『吾妻鏡』では語られない。

それでは、宝治合戦記事と関わる文脈においてだけ殊更に九条家の関与を語ることで、どのような効果が生まれるのか、と考えてみると、第一に、三浦氏、特に異様な胆力を備えた光村の謀叛を、九条家という権威的な力と結託した形で措定することで、幕府の危機の切実さを強調し、それを打倒したときのカタルシスを確保していることが指摘できる。そして第二に、将軍が反逆者の側に位置している以上、摂家将軍ではなく、頼朝の政道を継承している得宗家を中心とした政権体制こそが、幕府という共同体の正統なる秩序なのだ、と言明する効果も読み取れる。そう考えると、証言調書の引用により補完された軍記物語の定型的プロットが最終的に描き出す主題は、得宗政権体制の正当性にあることが見えてくるだろう。

時頼・重時から時宗そして貞時へ

先に述べた通り、得宗家嫡流を継ぐ時頼は『吾妻鏡』では一貫して理想的な人物として造形されている。宝治合戦記事では、そのような時頼が隆弁や安達氏により神仏の加護と武略の力とを得て、幕府への反逆を鎮圧したと語られていたわけである。ただし、このとき二十一歳の時頼は、老練の外祖父景盛に押し切られて和平工作を覆され、指導力を発揮できなかったと読むこともできそうである。しかし、時頼が将軍御所へ駆けつけて「重ねて奇策をめぐらせた」と語られた直後に風向きが変わり、これに乗じた放火で勝敗が決する流れを汲めば、時頼の行動は天意にも呼応していたと読むべきであろう。

　そして、この合戦の評価を探る上で重要なのは、戦後の七月十七日において、時頼より二十九歳年上で北条氏の長老格にあたる大叔父、極楽寺重時が六波羅から鎌倉へ帰還して、二十七日には連署に就任したことである。前年時頼が提案したが泰村の反対で実現しなかったと語られる（九月一日）、懸案の人事であった。かくして、延応二年（一二四〇）に北条時房が没してから途絶えていた連署のポストが復活することで、時頼の政権は安定を得ることとなった。

　泰時の弟にあたる重時は、名越朝時と同じく比企朝宗の娘（姫の前）を母に持ち、泰時よりも格上であった。朝時はこうした出自から得宗家に対抗的な立場を取り、子息光時らによる寛元の政変へ至ったが、それに対して重時は、寛喜二年（一二三〇）以来十七年間六波羅探題として朝幕交渉の窓口を担い、得宗家と連携しながら独自の地位を築いていた。また、仁治三年（一二四二）、四条天皇（一九一頁の系図参照）の急死を受けて幕府に擁立された後嵯峨天皇が即位すると、重時は後嵯峨皇統の守護者としての役割を担った。建長四年（一二五二）に後嵯峨院が子息宗尊を親王将軍と

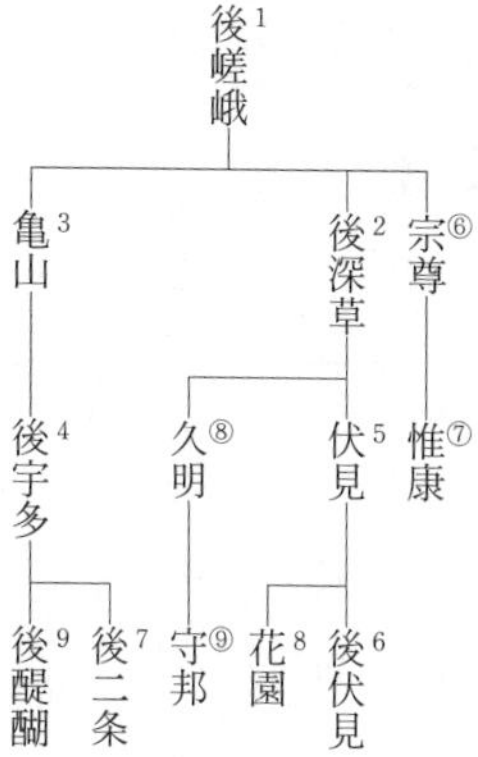

図16　親王将軍の系図（数字は皇位継承順。丸数字は鎌倉幕府将軍の代数）

して下向させたのも、連署の重時への信頼あっての実現と考えられる（森幸夫『北条重時』）。

さらに、『吾妻鏡』という正史にとってより重要なのは、重時の娘がのちに時頼の正妻となり、時宗を産むことである。頼朝から政道を受け継いだ得宗家の正統は、このとき重時が鎌倉に戻ったことにより、時宗へ、そして『吾妻鏡』編纂時の執権貞時へと接続してゆくこととなる。軍記物語の構造に則（のっと）って言えば、『吾妻鏡』の宝治合戦記事が語っているものは、時頼政権、ひいては貞時につながる得宗政権体制の揺るぎなき絶対性の物語であった、と総括できよう。

家々の勲功と悲劇

ここまで、『吾妻鏡』の宝治合戦記事について、三浦氏、安達氏、得宗家をめぐって織りなされた文脈を読み解いてきた。最後に、この合戦記事群には他にも多くの家々の物語が織り込まれ、多声的な叙述となっていることを付け加えておきたい。

たとえば、宝治合戦後に三浦氏の嫡流を継いでゆくことになる佐原盛連（さはらもりつら）の一族は、このとき時頼側に付いた。『吾妻鏡』では合戦直前の六月二日に、異心なく時頼邸に参った盛連の子息の忠誠とともに、このとき五郎盛時（もりとき）が遅参しかけたが板塀を飛び越えて庭に下り立ったことで、時頼に賞賛されたと語られる。その盛時はのちに「三浦介（みうらのすけ）」を名乗るようになるのであり、『吾妻鏡』成立の時代における家の状況を反映した記述と言えよう。先に三浦氏が悪役化されていると書いたが、宝治合戦に連なる反逆者は義村―泰村・光村の血筋であり、盛時の血筋の正当性は確保されているわけである。頼朝将軍記にも、盛連の父義連の忠義を上総広常の非礼と対比して顕彰する逸話が見られ（養和元年〔一一八一〕六月十九日）、三浦氏佐原流の位置づけは一貫している。

また、蓮仏（俗名諏訪盛重）が時頼に、泰村の弟家村が密かに相談に来たことを内通した働き（寛元四年〔一二四六〕六月六日）や、泰村が武具を集積していることを察知した佐々木氏信（佐々木信綱の子）の諜報活動（宝治元年〔一二四七〕六月一日）なども、各家の勲功伝であろう。

一方、敗者の側のドラマも活写される。たとえば泰村の妹を妻とする西阿（俗名毛利季光。大江広元の四男）が、彼女の説得で変心し泰村方に参る、という物語が語られるし（六月四日、五日）、同じく泰村の妹婿として三浦に与同した千葉秀胤一族の追討合戦も壮絶である（六日、七日）。後日、宿老結城朝光が義村・泰村を回顧し、合力できなかったことを涙ながらに悔いた際には、時頼もかえってこれを賞賛したという（二十九日）。あるいは、三浦家村は生死不明のままついに行方知れずとなってしまったが、その子息はのちに弘長騒動を起こすことになる（弘長元年〔一二六一〕六月二十二日）。

このように、滅んだはずの一族の無念が温存されてしまうのは、『吾妻鏡』の構想のほころびとも言える。しかし、そうしたほころびによってこそ、この合戦叙述の不気味さ、あるいは文学性が生じている。いくつもの物語が交錯し、時に不協和音を響かせながら進行する複線的な叙述こそが、この史書の開巻以来の大きな魅力であることを、ここで再び確認しておきたい。

終章　歴史像の構築

歴史は物語でできている

芥川龍之介の『藪の中』は、発表から百年以上経った今も、言い知れぬ魅力を放ち続ける文学作品の一つである。ある過去の事象に対して、当事者たちの証言が食い違う。客観的事実は、確かにたった一つであるはずなのに、もはや真相を確かめるすべはない。その真相について、議論は今も絶えない。この作品の不気味な魅力はむしろ、現在に至り、いよいよ度合いを増しているように思う。

たとえば、ウクライナの地をめぐって、同国とロシアとは別々の過去像を語る。たとえば、竹島の帰属をめぐって、韓国と日本とは互いに異なる歴史を見ている。たとえば、南沙諸島をめぐって、中国・台湾・ベトナム・フィリピン・マレーシア・ブルネイがそれぞれのいきさつを語り領有権を主張してすれ違う。あるいは、そのうちの台湾は独立国なのか中国の一部なのか、立場によって位置づけが変わる。

一見、不可解な現象である。人によっては（いや、むしろ多くの人が）、正しい歴史は一つだけだと自らの信ずる正義を主張したくもなるだろう（だからこそ、人間はいつまでも戦争を続けているのだろう）。しかし、それらがどのような仕組みによって生じる矛盾あるいは対立なのか、本書をここまで読んでいただけたならば、おのずと了解されるのではないだろうか。

歴史とは、客観的事実ではない。もちろん、客観的事実としての過去がなかったわけではない。しかし、過去は叙述されて初めて歴史となる。そして、叙述にはその主体が必要である。叙述主体の現在から過去が振り返られ、事象が系列化され意味づけられることで、初めて立ち現れる構築物。それが歴史である。出来事の解釈・意味づけの連なり。後付けの論理で都合よく作られるもの。そして叙述主体のアイデンティティを支えるもの。されば、国境をめぐる解釈の齟齬（そご）、すなわち、あちら側から見た歴史とこちら側から見た歴史とが異なるという事態は、ほとんど必然的に生じうる。事実は一つであるはずなのに、解釈・意味づけにより別々のものが見えてくるのだから。

かように、歴史が言語表現によって構築された物語であり、歴史の叙述が現在の正当性を担保すべく過去を語り直す営為である以上、鎌倉幕府の正史『吾妻鏡』もまた物語であり、編纂主体およびそれに参与する家々の自己肯定が語られていることはそれこそ必然である。

したがって、『吾妻鏡』から歴史的事実をすくい上げようとするとき、ただ記述内容の真偽のみを判じて満足するのは皮相的な読み方であろう。むしろ、この史書がどのような物語を語っているのかを読み取り、なぜそのような過去像が創られたのかを考察することこそ実り多い。歴史書を物語と捉え直し読み直す行為は、藪の中の真相をつかむための一つの手掛かりとなるのである。巨視的に言えば、そこには有史以来繰り返されてきた人間の普遍的な営み、人間の真理が刻まれているのであって、自己の肯定に資する情報を選択的に信じようとする我々自身の姿に対する自覚を促すだろう。またより具体的な事実追求の視点に立てば、そこから『吾妻鏡』の虚偽の傾向を把握することができるようになるだろう。従来正しいと信じられてきた記事、あるいは真偽不明の記事も、この史書の叙述傾向を踏まえることで、信憑性を判断する際の確度を引き上げることができるわけである。

作話・創出・省筆

さて、そうした視角から捉え直したとき、『吾妻鏡』の後半部分に関しては、いかなる評価を下し得ようか。いかにも物語的で明らかな虚構も多い前半部分に対して、事務的な記録の羅列のような後半部分は、従来、物語性が希薄で信憑性が高いとされてきた。しかし、本当にそうだろうか。

前章で八代国治の指摘を紹介したが、『吾妻鏡』の前半と後半とで叙述態度の断層が見出せることは衆目の一致するところである。前半は、緊迫感のある合戦記が続くだけでなく、読者をひきつける視点の誘導や人物の対比的配置、あるいは因果関係の明確なプロット的方法などを駆使して叙述される。その基幹的な筋は、まず「貴種」頼朝が「曩祖将軍」頼義の跡を襲い、平直方の子孫たる北条氏をはじめとする多くの御家人たちの助力を得て「源家再興」を成し遂げる。そして頼朝の政道は、悪王化した頼家・実朝ではなく、徳人泰時に継承される、というものである。北条氏を最上位としながらそれに反した視界をも含み込む、御家人たちの家の歴史が多声的に語られており、「文学的」と称して大過ない。そして、出来事同士を結びつけ積極的に文脈を作話したり、出来事そのものを都合よく創出するといった、虚構による物語構築の方法が縦横に駆使されている。

他方、承久の乱よりのちの『吾妻鏡』後半は様相が異なる。ただ宝治合戦記事のみがかろうじて前半の趣を残してはいるが、他は総じて記事が羅列的で、面白みに欠ける印象を免れない。「無味乾燥」という八代の評は妥当である。前章で述べた伊賀氏事件もそうだが、政治史上大きな事件であってもその叙述は緊張感が薄く、既定路線をなぞるような予定調和的記述に終始して迫真性に乏しい。「記録的」と言われるが、その一方で不穏な話題を巧みに省筆し、あるいは曲筆を交えつつ、得宗家を顕彰するという枠組みに収めてしまっているのである。

こうした虚構の方法に注目して捉え直してみると、後半部分において特徴的なのは、文脈の作話や出来事の創出よりも、むしろより消極的な、省筆という方法である。すなわち、不都合な事実を語らないことで読者の理解を操作する方法である。本書では作話・創出の方法を中心に見てきたが、最後に、『吾妻鏡』のもう一つの相貌を暴くべく、省筆の方法を多く用いた『吾妻鏡』後半部分を改めて分析していこう。合わせて、そうした前半と後半の断層の原因や評価についても考察していきたい。

後鳥羽院の黙殺

たとえば、第七章で述べたように、後鳥羽院の怨霊に関する話題はことごとく消去されている。実際には、延応元年（一二三九）二月に院が崩御すると、同年十二月の三浦義村の頓死、および翌年正月の北条時房の急死を、院の怨霊の所為とする風説が京都で流布している（『平戸記』正月二十八日）。当時の密接な朝幕関係からすると、この認識が鎌倉に伝わらなかったはずはない。にもかかわらず、『吾妻鏡』は義村・時房の死を淡々としか記さない。

また、欠落している仁治三年（一二四二）の政情は、不穏をきわめたものだった。正月には四条天皇が急死し、後嵯峨天皇が即位することとなる。『五代帝王物語』によると、四条天皇の死を聞いた泰時は熟慮の結果と鶴岡八幡宮の籤が一致したことから後嵯峨践祚（皇位の継承）を決めた。そして使者安達義景に、もし京都に到着したときすでに順徳院の皇子が即位していたら「おろしまいらすべし（退位させ申し上げよ）」と命じたという政局であった。また、六月に泰時が没して孫の経時が十九歳で執権に就任することになったが、承久の乱で泰時が入洛した日付と重なったことから、泰時の死も後鳥羽院の怨霊の所為と考えられていた（『平戸記』六月二十日、『経光卿記抄』）。

ところが、『吾妻鏡』はこの年が欠巻となっている。頼朝の死去の年もそうであったが、この重要な巻の欠脱が意図的なものかどうかは不明である。しかし少なくとも、現存する『吾妻鏡』は、得宗家に仇をなしその正当性を揺るがす可能性のある後鳥羽院の怨霊について、きれいに語り落としている。

あるいは、宝治合戦直前にあたる宝治元年（一二四七）四月二十五日には、鶴岡八幡宮の北西の山麓に後鳥羽院の怨霊を慰撫するための寺社を創建したとの記事がある。これは本来相当の重みを持つはずの記事で、南北朝期から室町時代成立の史書『神明鏡』によると、前年の寛元の政変が後鳥羽院の怨霊の仕業であることを恐れて祀ったものであったという。また同時期成立の年代記『皇代暦』によると、将軍頼嗣の妻（執権時頼の妹）の発病について託宣があり、後鳥羽院を祀ったともいう。このように、後鳥羽院の怨霊は実際には鎌倉でもかなり恐れられており、幕府も鎮魂のための努力をしていたことになる。ところが、『吾妻鏡』のこの記事には一切の背景が記されず、ただ淡々と次の話題へと移る。

怨霊とは一般的に、不遇の人物や政治的敗者の無念に対する想像力の産物である（高木信『平家物語・装置としての古典』）。怨霊を隠蔽する『吾妻鏡』後半の筆致は、そうした他者への想像力を喪失していると言える。前半にあった「文学的」様相を失い、「無味乾燥」になるという印象は、この変化の結果と考えられるのではないか。同様の傾向は、将軍・執権が相次いで交代する幕府体制の転換点に生じた、寛元の政変（宮騒動）の記事群でも見て取れる。

寛元の政変

将軍が九条頼経から子息頼嗣に交代したのは寛元二年（一二四四）四月で、執権が北条経時から弟時頼に交代したのは同四年三月である。そして同年五月に、寛元の政変が起こる。この間には多くの災異記事が並べられるが、一方で事件そのものについてはごくさりげなく記述される。

たとえば寛元二年四月二十一日には、頼嗣が元服して将軍に就任したことを記すが、この交代は天変によって頼経がにわかに思い立ったことと述べ、さしたる意味づけなしに淡々と描かれて、実際にはあったはずの政治的軋轢は少しも語られない。また、翌寛元三年七月五日には頼経が出家するが、『吾妻鏡』では単に年来の素懐と天変や病気のためとして、政治的な経緯は一切記されない。あるいは寛元四年三月二十三日には経時邸での「深秘（じんぴ）の御沙汰」により経時から時頼へ執権が移ったと語られるが、このとき、嘘偽（うそいつわ）りのない「真実」の「御意」から譲ったのだと明記されるのも、いかにも弁解じみて疑わしい。近年の研究によると、名越家の策動もあり、時頼の執権就任は『吾妻鏡』

が記すほど自明ではなかった（高橋慎一朗『北条時頼』）。

このように、幕府中枢の不安定さを示すはずの事件においても、この頃の記述は淡々としており、具体的な対立が全く描かれないため、現行秩序の外側にうごめく他の秩序の可能性が捨象（しゃしょう）される。あるいは、勝者の歴史の裏側に必然的に生じるはずの敗者たちの物語に対する眼差（まなざ）しを喪失した、と言い換えることもできるだろう。この点が、八代国治をして「文学的」と言わしめた『吾妻鏡』前半との、決定的な差異であろう。

寛元の政変はその延長上にある。幕府の主導権を握ろうとする九条家派勢力が粛清され、前将軍頼経が京都へ送還された事件であるが、前章で述べた通り、あたかも名越光時という個人の「逆心」（五月二十四日）の帰結であるかのごとく矮小化される。『吾妻鏡』では、災異の並ぶ文脈から神仏の意思と位置づけることで必然化し、また個人の逆心に帰することで、幕府の根幹を揺るがしかねなかったはずの危機の印象を払拭している。

災異記事の空転

ここまで、『吾妻鏡』後半の叙述が危機をぼかし敗者たちの視界を締め出すこと、そのために文学性を喪失していることを見てきた。しかし、唯一の例外として、宝治元年（一二四七）六月の宝治合戦記事群は特筆に値する。前章で見た通り、摂家将軍の謀叛という危機の迫真性、反逆者三浦光村の異様な人物造形、そして目撃者の口を通して語られる敗者たちの声が記されており、これらの諸点は『吾妻鏡』後半においては稀な要素である。

ところで、宝治合戦後も災異記事は継続的に現れる。たとえば九月十六日には山中で毎夜田楽（笛・太鼓などを鳴らして歌い舞う芸能）の気配があったと書かれ、翌年六月九日、十一日、十六日には相模川の赤化が、同六月十五日、十八日には夏の雪が記録されている。さらに九月七日と十九日に黄蝶の群飛が語られるが、前者は由比ヶ浜から鶴岡八幡宮・頼朝法華堂にかけて見られ、後者は三浦岬の方から名越の辺に出現したとあり、寛元の政変および宝治合戦との関連が読み取れる。また十一月十五日には、九月十日に津軽で人のような大魚の死骸が現れたとの報が記される。これは河海の赤化や黄蝶群飛と合わせて、宝治合戦の前兆として記されていたものと同じ現象である。

歴史的事実として、三浦氏が滅亡しても九条家に絡む対立が決着したわけではなく、寛元の政変・宝治合戦は四年後（建長三年〔一二五一〕）の建長の政変へと政治史的に連続している。したがってこれらは建長の政変の前兆と捉えるのが妥当であろう。しかし、これらの災異記事は『吾妻鏡』の文脈の中では明確な意味が読み取り難い。というのも、この後起こる建長の政変も、寛元の政変と同様に詳細がぼかされているからである。かなりの長期にわたって延々と災異が記されてはいるが、政変を天意と位置づける以上の機能は果たしておらず、政治的な対立軸が不明なままなのだ。

建長の政変

建長の政変とは、歴史学的には、九条家の勢力と反九条家派（後嵯峨院・西園寺家・二条家・得宗家）の対立が背景にあるクーデター未遂事件である。その結果として、九条家の摂家将軍が廃絶し、親王将軍時代が始まることとなる。

『吾妻鏡』の記述を追うと、まず建長三年（一二五一）十二月二日に、足利氏の当主泰氏（やすうじ）が三十六歳で突然出家する。『吾妻鏡』には「ただ修行の宿願による」と書かれるが、わざわざそのように記すのはかえって疑わしい。源氏一門で家格の高い足利氏は、宝治合戦で三浦氏が失脚して以降、北条氏に対抗しうる唯一の一族であった。そこで謀叛人たちは泰氏を執権に就けようと画策したが、泰氏は状況の不利を悟り、いちはやく出家という形で手を打ったと理解される（村井章介『北条時宗と蒙古襲来』）。

続く五日、二十二日には騒動があったと記され、二十六日には、鎌倉中騒動の末に了行（りょうぎょう）法師らを捕縛したところ「逆心」がことごとく露顕したと語られる。そして二十七日に、謀叛の衆を誅殺・配流したこと、御家人が雲霞のごとく群参したことが記される。

近年の研究によると、直接の与同人は宝治合戦で敗北した三浦氏・千葉氏の残党であった。了行は千葉氏の出身で三浦氏にもゆかりがあり、九条家の事業に参加する立場にあったため、九条道家の指示を両氏に伝達していた。また、この事件で九条家一族は多く処罰を受けたが、道家の子のうち二条良実（にじょうよしざね）とその子息は処罰を免れている（『鎌倉年代記裏書』十二月二十七日)。道家は寛元の政変・宝治合戦による頼経失脚を良実の讒言として義絶しているが(『九条家文書』)、良実は反九条家派として時頼と近い位置にあったらしい(高橋慎一朗『北条時頼』など)。

ところが、将軍の実家である九条家をめぐるそうした政局を、『吾妻鏡』は一切語らない。不穏さこそ滲み出るものの、対立軸もその経緯もきれいに省かれている。翌建長四年(一二五二)正月七日にも騒動があったと記されるが内容は不明である。そして十一日には、鶴岡八幡宮と大慈寺における怪異および鳶の大量死が記される。これは、続く十二日の事件の前兆であろう。すなわち、後鳥羽院の護持僧だった長賢の霊が少女に憑依して承久年中のことを話し、「自分は後鳥羽院の使者として関東に下向し時頼邸にいたが、隆弁の護持で手出しができず、今は帰洛するが来年再び下向する」と語った事件である。かくして翌十三日には「昨夜の天狗霊託の事」により時頼の隆弁への信仰が増したと語られる。

なお、『吾妻鏡』で後鳥羽院の怨霊の影響を語る逸話は、この記事が最初で最後である。この事件は『吾妻鏡』の文脈上、建長の政変を後鳥羽院の怨霊の所為と位置づけ、その反逆が隆弁の調伏により失敗した、と読むのが自然であろう。しかし、その射程を承久の乱まで遡らせることはできない。というのも、この怨霊調伏記事の扱いは、幕府の護持僧隆弁による他の霊験記事(後述)に紛れてしまっているからである。この逸話は『吾妻鏡』後半にちりばめられた隆弁の勲功譚の系列にこそ連なるもので、この正史の文脈としては、得宗家にとって正当性が相対化されてしまうものではなく、むしろ隆弁に守護される安定性を語った記事と読める。

そして翌二月二十日、時頼と重時が内密に親王将軍下向を打診したことが記される。幕府の武力で院政が護られるという体制がすでに定着していた上、後嵯峨院と幕府の関係も良好であったため、実朝暗殺の後とは異なり、皇子の下向が円滑に決定したようである（高橋慎一朗『北条時頼』）。

このように、建長の政変は将軍家の交代という大事を招いたが、『吾妻鏡』はこれを災異と結びつけることで天意と位置づけ、なおかつ政治的背景を省筆して淡々と語り流す。一方で、時頼・時宗には隆弁の護持により神仏の加護があることを並行的に強調する。構図は明快だが、敵対者の具体像、あるいは現体制を相対化しうる不気味さを備えた他者の存在が、描かれることなく隠蔽されている。また宝治合戦からの連続性も語られず、文脈が断ち切られるため、実際にはあったはずの脅威の迫真性が損なわれている。「無味乾燥」との評はここでもまことにふさわしい。

隆弁の守護と時宗の誕生

建長年間（一二四九〜五六）には慶事もあった。得宗家嫡流、時宗の誕生である。『吾妻鏡』ではこれもまた、隆弁の活躍と一体として語られている。隆弁については、ここまでにも、無双の法験で神仏の加護をとりつけ得宗家の危機を救う逸話が数多く語られてきた。以下、これについて整理しておこう。

隆弁は大納言藤原隆房（ふじわらのたかふさ）の子で、園城寺（おんじょうじ）に学んだ貴僧であり、長期にわたって鶴岡八幡宮別当を務めた幕府随一の護持僧である。『吾妻鏡』には、隆弁の法験を語る逸話が非常に多い。たとえば寛元元年（一二四三）以降、隆弁による病気平癒の祈禱がたびたび記され、その法力が称揚されている。寛元三年八月十八日には、九条頼嗣が自身の病気平癒の祈禱を隆弁に依頼し、九月十四日に平癒したとあるが、これに関して九月九日には、頼嗣の母と隆弁がともに夢告を受け、必ず平癒することを確信したとある。隆弁の法験の確かさを語る逸話である。ただし、十四日に祈禱を懇願する父頼経の自筆書状が引用され、その中で隆弁の法験が賞賛されているが、文中で頼嗣を「三位（さんみ）中将」と称しているのは問題である。実際には頼嗣はこのときまだ四位（しい）少将であり、六年後の建長三年（一二五一）に三位中将となってそれが通称化するので、この一連の隆弁顕彰記事は切り貼りの誤謬（ごびゅう）か、あるいは後世に創作されたものと考えられる。隆弁顕彰説話には、「固辞するが再三の依頼で祈禱を引き受ける」「夢告や予言により成就が約束される」「貴人の自筆書状が引用される」などのパターンが見られるが、この記事もそれらを兼ね備えており、創作の疑いが濃厚である。

さて、隆弁はその後しばらく在京していたが、寛元四年（一二四六）九月二十七日には時頼の再三にわたる懇願によって鎌倉に帰還したと書かれる。これ自体が時頼からの無二の信頼を物語る顕彰記事である。そして前章で述べた通り、翌年の宝治合戦記事群では、安達義景と時頼の依頼でそれぞれ秘法を修（しゅ）して戦勝に貢献し、格別の評価を得て鶴岡八幡宮別当に就任したと語られる。その過程でも、宝治元年（一二四七）六月十三日には時頼自筆の礼状が引用されて絶讃される。また七月四日には、隆弁は別当就任を再三辞退したが時頼の三顧の礼により実現したことが語られている。このように隆弁は、抜群の法験による名誉と時頼からの絶大な信頼を得た高僧として、明らかに特筆されている。

そして、余人をもって替え難い隆弁の活躍を顕著に語るのが、時宗の誕生にまつわる記事群である。建長二年（一二五〇）八月二十七日、時頼の妻が懐妊する。そして十二月五日に時頼が安産の祈禱のため隆弁を京都から召喚するが、このとき、隆弁は八月の懐妊を予言していたことが付言される。十三日には着帯の儀（安産祈願の儀式）を隆弁が取り仕切り、翌年正月八日、十七日にも隆弁による安産の祈禱が語られて、時宗の誕生が隆弁の法力に全面的に依存していたことが印象づけられる。また出産の前月、時頼の代拝をする奉幣使（ほうへいし）として隆弁が武蔵国鷲大明神（わしだいみょうじん）（埼玉県久喜市）へ赴いたとあるが（建長三年四月十三日）、これも安産祈願であろう。帰還した二十二日に祈願成就の奇瑞や託宣がいくつもあったと報告されている。

そうした記事群に続く五月十四日、隆弁が「出産は明日の酉の刻（日没前後）だろう」と予言する。そして翌十五日、なかなかその気配がなく時頼は疑問を抱くが、夕方になって予言通り出産したという。併せて、昨年正月より隆弁が祈禱を行ってきたことが確認され、妊娠を暗示する八幡神の霊夢と伊豆三島社による出生日時の夢告があったことが明かされる。なお、二十七日には、時頼が隆弁に「今度の平産は全て御法験のおかげだ。予言がみな的中したことは言い尽くせないほどすばらしい」との「御書」を遣わしたとあり、二十九日には時頼に何度も頼まれ産後の母体平癒の祈禱をしたとの記事が続く。例のパターンを踏襲しており、ここでも創作が疑われるが、時頼の後継者である時宗の誕生は、徹頭徹尾、隆弁の支えあってのこととして描かれている。

時頼の嫡子として生まれ、のちに貞時の父となる時宗は、『吾妻鏡』において最後の主人公である。たとえば康元元年（一二五六）十一月二十二日には、時頼が極楽寺重時の嫡子長時に執権と邸宅とを譲った際、「ただし時宗が幼い間の代理だ」と述べたとあり、時宗が時頼の政道を継承する未来を既定路線として明記している。また翌年二月二十六日の時宗の元服記事はきわめて詳細で、『吾妻鏡』中最も詳しい元服の記録である。あるいは、弘長元年（一二六一）四月二十五日、十一歳となった時宗が小笠懸（おがさがけ）（小さい的を馬上から射る競技）の美技を披露した際、人々は歓声を上げ将軍も感心した。このとき時頼は「我が家を受け継ぐにふさわしい器だ」と褒めたという。そのように描かれる時宗の誕生が、全面的に隆弁の功績とされているわけである。

なお、隆弁の法験記事はこの後も多く見られる。建長四年（一二五二）正月に後鳥羽院の御霊の使者が少女に憑依し、隆弁の法力を畏れて退散することを語って、時頼の隆弁への信仰が増したとの記事はすでに述べた。この年は、前年末以来の政変の処理に始まり、四月には将軍の交代もあったが、隆弁の勲功譚に連なる記事が特に多い年でもある。請雨の法験や病平癒の成功が、予言や夢告と絡めていくつも語られる。

たとえば八月二十二日、将軍宗尊親王の病により隆弁が祈禱したところ、その最中に霊夢があり、同じ夢を宗尊も見たという。それは、赤い顔をして青い衣をまとった獅子のような童子二人が宗尊を追うが祈禱の声で退散した、というものであった。この夢の通り、翌日には病が平癒したとある。

こうした霊験譚は多いが、第四章でも触れた北条政村の息女に比企能員の娘の怨霊が憑依した事件は鮮烈である（文応元年〔一二六〇〕十月十五日）。その怨霊は、角のある大蛇となって比企谷の土中で苦しんでいることを語り、人々は恐怖したという。これに対して政村が隆弁を招いて供養の儀を行ったところ、説法の最中に姫君が蛇身のような奇妙な動きをしながら苦しんだ。そこで隆弁が加持を行うと鎮まり、姫は回復したという（十一月二十七日）。

このように印象的な逸話に彩られながら、隆弁は一貫して神仏の加護を取り付ける役割を果たし、『吾妻鏡』後半において時頼・時宗の幕府統治者としての絶対性を支えている。一連の逸話群には超常的なものが多いことから、ある程度まとまった隆弁の伝記的資料があり、それを『吾妻鏡』が素材として取り込んだものと推測される。中には後鳥羽院や比企能員など政治的敗者の縁者の怨霊を描く、かなりの不気味さを湛えた記事も含む。しかしそれらも、さしたる祟りをなさぬままことごとく調伏されるため、過去の眺望を問い直す敗者の無念の声は、歴史の正しさを裏付ける隆弁の法験によってあえなくかき消されてしまう。

鎌倉幕府の正史は確かに、後半に至って文学性を失う。しかしそれは、客観的事実を述べる記事が増えたからではない。叙述時点での支配的な見方とは異なる眺望、これまでに構築してきたものとは別の歴史の可能性を、作為的に封殺したからであろう。

宗尊親王の帰洛

後鳥羽院にせよ三浦氏の残党にせよ、『吾妻鏡』の語る歴史を足下から揺るがしかねない怨霊、あるいは敗者の側の論理を、後半部分の叙述は視野に入れようとしない。危機的な出来事を描く際も災異記事により天意と位置づけられるばかりで、その危機はぼかされあるいは隠蔽される。その後にかろうじて残るのは、隆弁の護持による得宗家の絶対性という、単線的な勝者の眺望である。「無味乾燥にして興味少し」と評される所以を説明すると、以上のようになるのではないか。

建長の政変後、宗尊将軍記はほとんどが記録（儀式、立法、裁判、地震・火事）や陰陽道関係記事（天変、方違え、勘文、祭祀）で占められている。大きな事件としては、重時・時頼の出家、頼経・頼嗣の死去などが挙げられるが、相変わらず災異記事が頻出するものの緊張感は不在である。では最後に、現存する『吾妻鏡』の最末尾に位置している、宗尊親王の帰洛に関する叙述を確認しておこう。

文永二年（一二六五）十二月十四日、彗星が出現し、翌年正月にかけて頻繁に続報が記される。また二月一日には泥の雨が降ったとあり、地の文で困惑が語られる。そして三月五日には、雷鳴と雹が記され、春の雹は兵乱と飢餓の前兆であると付言される。さらに四月二十一日には鎌倉中で飛礫（投石）があり、関東では初めてのことと評されるとともに、飛礫は泰時が禁止した行為であり、怪しむべきことである、と添えられる。中世社会において飛礫は神仏の意思表示と考えられていた以上（網野善彦『異形の王権』）、これも災異の一種である。

そうした記事を受けるように、六月二十日、将軍側近の松殿僧正良基が失踪したために時宗邸で「深秘の御沙汰」があったと語られる。続く二十三日には、原因不明の騒動により、宗尊の妻子が退避したとある。さらに翌二十四日には、大地震の発生とともに、今度は宗尊の護持僧左大臣法印厳恵の失踪が記される。そして続く二十六日、七月一日には、大騒動により近国の御家人たちが武装して群参したとある。なお、七月三日には木星が五諸侯第三星（双子座イオタ星）に重なったという天変が記されるが、これは実際には起きていない現象であり、翌日の宗尊廃将軍を導く前兆記事であろうとの指摘がある（湯浅吉美『暦と天文の古代中世史』）。また、同日には大騒動も記され、近国の御家人が武装して群参したものの御所は警備がなく閑散としていたため人々はこれを怪しんだという。翌四日にも大騒動があり、名越教時（朝時の子で光時の弟）が武装した軍勢を率いて移動した上、時宗の制止にも陳謝しなかったことが記される。そして同日、宗尊の門出が語られ、次の二十日には、宗尊が京都に到着したとある。これが『吾妻鏡』の最終記事である。このように、宗尊が帰洛する経緯も要領を得ず、災異記事の配置によって天意として位置づけられるのみである。淡々として詳細は語られず、危機感も緊張感もない。

歴史学の明らかにするところによると、この事件のきっかけは、将軍の妻室と良基との密通事件であったという。宗尊が強硬措置を求めて父後嵯峨院に相談したが、院は消極的で、幕府としても宗尊の行動は執権・連署を無視した独走であったため、宗尊は孤立した（近藤成一『鎌倉幕府と朝廷』）。そして名越教時の動きや宗尊が送還されたことは、事件の背後に将軍と結びつこうとする反得宗派勢力の策動があったことを示している。

事実として相当に不穏な状況であったはずだが、この記事群も特に意味づけされることなく語り流されて、焦点が拡散するように『吾妻鏡』の編年体はここで途切れる。この先の巻が現在に遺されていないのは当初からの予定か、あるいは散逸、未完、叙述構想に窮した末の中絶、いずれによるかは不明である。ともあれ、『吾妻鏡』後半は擱筆に至るまでかくも散漫な叙述であることが見て取れよう。では最後に、その原因を検討してまとめに代えたい。

正史の限界

ここでは一つの可能性として、同時代の正史を作成することにまつわる根本的な困難を検討しておきたい。『吾妻鏡』後半部分で、得宗家の絶対性の物語とは別の眺望を開示する他者や、その位置づけを含めた立体感ある歴史の流れが描けていないのは、記述対象となる時代が、体験者世代の多く残る、記憶に生々しい近過去だからではないだろうか。

たとえば、『吾妻鏡』の最終記事から編纂時期までのおよそ三十五年間の記事が作成される、と仮定しよう。そのとき、物語られるべき大きな事件は何があるかと考えると、おそらく二つの問題系列が想起される。一つは、全国規模で未曽有の激震が走った蒙古襲来の系列。もう一つは、安達氏が排斥された霜月騒動、および執権貞時が御内人平頼綱を排した平禅門の乱の系列である。

ところが、いざそれらを叙述しようとすると、前者は、まだ利害関係者が多く存命であり、幕府の正史として忠臣を限定すると支障が生じる。竹崎季長（たけざきすえなが）の『蒙古襲来絵詞』や石清水八幡宮の『八幡愚童訓』は、蒙古撃退に功があったと主張し恩賞を求めるために作成されたものである。そのような、過去像の私的な語り直しは、それぞれの立場の利益を主張するために行われた。しかし幕府の統治者として、その意味で公的に利害を調整する得宗家の立場から俯瞰的に語り直す作業は、まだ困難だったはずである。

また後者は、乱の結果から逆算すると、安達氏を討った平頼綱を反逆者とする軍記物語を構築する必要がある。しかし、これも利害関係者が多く存命である以上、逆臣や忠臣を公式に認定すると必ず異論が生じ衝突を生むため、正史としては語りにくい。立場により見え方が変わってしまうという現象。まさに、「真相は藪の中」の状況に陥るのが現代史である。

たとえば、南北朝の動乱を記した『太平記』は、観応の擾乱（一三五〇～五二年）以前に足利直義（足利尊氏の弟）に献上されたが、誤りが多いとして修正を命じられた。その後も書き継がれて、直義の死も記される現在のような形になったのは一三七〇年代と考えられているが、応永九年（一四〇二）に今川了俊が記した『難太平記』において、「宮方の情報に偏している」と批判されることとなる。これらの事実は、評価の定まらない同時代史の編集作業がいかに困難かをよく示しているだろう。正史の編纂となればなおさらである。そもそも正しき過去を語る正史とは、その起源である中国においては、新たな王朝が前朝の政治の得失を明らかにするために記すものであった。

『吾妻鏡』における寛元・建長の政変および宗尊親王帰洛事件を叙述するにあたっても、藪の中の困難がすでにあったはずである。当事者がほぼ死に絶えている承久の乱までと異なり、『吾妻鏡』編纂の六十年ほど前にあたる一二四〇年頃を境として、叙述するに際し存命の直接体験者に配慮が必要な時代となってくる。しかし、本書で述べてきたように、『吾妻鏡』

は軍記物語の方法に強く依拠して歴史を叙述している。だから忠臣と反逆者の認定を憚ることで有効性を失った結果、後半の叙述は精彩を欠くこととなったのではないだろうか。宝治合戦が例外たりえたのは、当の三浦泰村一族が滅亡したために反逆者と認定することに支障が少なく、また安達氏は幾重もの姻戚関係で得宗家とほとんど一体化していたために、主たる忠臣として描くことを憚る必要がなかったからであろう。

『吾妻鏡』はその編年体の配列の上に、幕政史上重要ないくつかの合戦を軍記物語的手法を用いて叙述することによって、幕府統治者の正当性を保証するための歴史像を構築することに成功した稀有の歴史書である。その編纂作業は、幕府を構成する御家人たちの功績をちりばめることで、各家のアイデンティティを言語によって創出してゆくという、ダイナミックな営為が展開される現場でもあった。

だが、それぞれの立場の利害調整という現実的なしがらみによってその契機を喪失したとき、出来事を意味づけるべく横溢していた言葉の力は失われ、『吾妻鏡』は単線的に支配者の絶対性を語る規範の書へと姿を変えていった。事象の解釈や価値判断が積極的になされなくなれば、歴史叙述は出来事の羅列となり、焦点の定まらない過去は像を結ばず、歴史は立体感ある眺望を持ち得なくなる。かくして、虚構に彩られた鎌倉幕府の正史は精彩を失い、やがて散逸し、約三百年後に再び関東で幕府を開く徳川家康により収集されて新たな解釈を付与されるまで、時を待つこととなったのである。

あとがき

本書は、前著『『吾妻鏡』の合戦叙述と〈歴史〉構築』（和泉書院）に引き続き、『吾妻鏡』が歴史をどのように語っているかを明らかにしようとする試みである。専門家向けの研究書としてまとめた前著に対して、一般向けにかみ砕くのみならず、源平合戦や比企氏の乱など新たな研究が蓄積されつつあるトピックを整理できたことは自分にとって収穫だった。新書の執筆は、これまで取り組んだことのない作業でなかなか要領を得なかったが、普段中高生に教えている身としてはやりがいに満ちた仕事でもあった。ともすれば研究者同士の狭い共同体に閉じこもりがちなマインドを、広く一般に還元する作業へと導いてくれたのは生徒たちである。彼らの瑞々しい感性を思い浮かべながら仮想の読者とすることで、なんとかここまで書き上げることができた。まずは彼らに御礼を述べたい。

筆者は日本史ではなく国語科の教員である。『吾妻鏡』の研究をしています、と言うとときどき誤解されるのだが、筆者の研究対象は、鎌倉時代の歴史的実態がどうであったかということではない。史実そのものではなく、あくまで『吾妻鏡』という書物が歴史をどのように語っているか、ということを考察してきた。もちろんその過程で、『吾妻鏡』が史実とどう重なりどう異なるのか、歴史学の先行研究を参照しながら両者の距離を測定してゆく作業がきわめて重要であることは間違いない。それは『吾妻鏡』の叙述のオリジナリティを見極める上で大きな鍵になるからだ。人間が過去をどのように語り直し、意味づけ、更新してゆくのか、という問題に、私は惹かれ続けている。

　過去は現在を支えてくれる。そして進むべき未来を指し示してくれる。未来が見通せるのは、過去から現在に至る筋道が、確たる意味を携えてすっと通っていると感じられるからだろう。だから人間は、未来の見通しに窮するとき、過去を振り返り、現在につながる歴史を再系列化して語り直し、過去像を更新しようとする。たとえば日本中世において『平家物語』などの軍記物語や『愚管抄』などの史論書、あるいは本書で扱った『吾妻鏡』などの史書が生成されてきたことは、そうした営為の一典型例と言えよう。かくして「正しい歴史」という物語は、その時その時における現在を支え続けてきただろう。

　しかし、いや、それゆえに、歴史は虚偽を含んでいる。『吾妻鏡』を読んでいると、そのことにはたと気づかされて戦慄することがしばしばあるのだ。社会環境の中で自然と教え込まれ、常識として内面化していた「正しい歴史」が、約七百年前のとある書物に記された、独自の構想と文脈を備えた物語の一節にすぎなかったのだとわかってしまう衝撃。しかしそこには先入観の束縛から解き放たれるような快楽が付随する。安定していたはずの景色の見え方ががらりと変わってしまうその快楽こそ、筆者が歴史叙述の研究に取り組む原動力である。

安定したものよりも変化することを面白く思い、可能性との戯れを求めてしまう性格ゆえに、筆者が文学研究を志したことは必然だったのだろう。思えば生まれ育った山口県の瀬戸内海沿岸では、平家蟹という甲羅に平家の怨霊の形相を帯びた蟹が獲れ、寝る前には父親が耳なし芳一の話を語り聞かせてくれたものだ……。こんなふうに、私たちは過去を再系列化して語り直し、理路整然と歴史を紡いで自己の現在を肯定しようとする。それは個人のレベルでも社会のレベルでも同様であろう。弁慶真筆の奉書を家宝とする家があってもよいし、頼朝を匿ったことをアイデンティティとする村があってもよいと思う。ただ、信じ込んで抜け出せなくなるのでなければ。『吾妻鏡』の編者は、おそらく自覚的に、政治の一環としてそれをやっていた。

だが一方で、別々の「正しい歴史」が衝突する事態は、古今東西を問わず人類の普遍的な課題であり続けている。前著のあとがきではロシアによるウクライナ侵攻に触れたが、本書を書き始めた後、イスラエルがパレスチナを蹂躙し始めた。住民たちは憎しみ合い、為政者たちはそれぞれにみな正義の代表のような顔をしている。何をか言わんやである。

歴史とは過去の事実の羅列ではない。事実同士が、あるいは虚構を交えつつ関係づけられ、一定の意味を与えられ、ストーリー性を付加されて初めて歴史となる。つまり私たちの心に安定を与えてくれるのは、事実よりも、虚偽を含んだ物語である。そのことを自覚し続けることがいかに難しいことかと思う。国内外の政治や経済において危機が叫ばれ、また人類史上最も多量の情報が飛び交う昨今、物語に依存する人間の思考の危うさについて、いくら強調しても強調しすぎることはないだろう。自戒の念を込めながら。

筆末にもまた謝辞を述べたい。本書の企画・編集にご尽力いただいた並木光晴氏には、私の要領の悪さからいろいろとご迷惑をおかけしたことと思う。また、本書成稿にあたり全般にわたってご助言をいただいた岩田慎平氏、また事あるごとに励ましの言葉をかけてくださる野口実先生には、学生時代からお世話になりっぱなしである。そして家族。私にとって現在という安定した（しかも絶えず変化し続ける）物語に浴しながらのうのうと研究を続けていられるのは、とりわけ妻と三人の娘たちのおかげである。他にも、ここには書ききれないが、多くの皆様からの助言や刺激や支え、いずれが欠けても本書が生まれることはなかった。心より感謝の気持ちを申し上げたい。

二〇二四年五月

藪本勝治

参考文献一覧

秋山敬『甲斐源氏の勃興と展開』（岩田書院、二〇一三年）
秋山哲雄『敗者の日本史　7　鎌倉幕府滅亡と北条氏一族』（吉川弘文館、二〇一三年）
浅子勝二郎「二つの造像銘札をめぐって―運慶の作品と称せられる諸像についての小考―」（『史学』三三―三・四、一九六一年）
網野善彦『異形の王権』（平凡社、一九八六年。一九九三年に平凡社ライブラリーより再刊）
池田浩貴「『吾妻鏡』の動物怪異と動乱予兆―黄蝶群飛と鷺怪に与えられた意味付け―」（『常民文化』三八、二〇一五年）
生駒孝臣「源頼政と以仁王―摂津源氏一門の宿命―」（野口実編『中世の人物　京・鎌倉の時代編　第二巻　治承～文治の内乱と鎌倉幕府の成立』清文堂出版、二〇一四年）
石井進『日本の歴史　7　鎌倉幕府』（中央公論社、一九六五年。二〇〇四年に改版）
石井進『鎌倉武士の実像　合戦と暮しのおきて』（平凡社、一九八七年。二〇〇二年に平凡社ライブラリーより再刊）
石井進「中世の諏訪信仰と諏訪氏」（『石井進著作集　第五巻』岩波書店、二〇〇五年。初出一九九七年）
石母田正「一谷合戦の史料について―『吾妻鏡』の本文批判の試みの一環として―」（『石母田正著作集　第九巻』岩波書店、一九八九年。初出一九五八年）
市川浩史『吾妻鏡の思想史―北条時頼を読む―』（吉川弘文館、二〇〇二年）
伊藤正義「治承四年・頼朝権力の「創世記」―以仁王令旨の史料批判と後白河院宣の可能性―」（『文化財学雑誌』九、二〇一三年）
井上聡「『吾妻鏡』の諸本と伝来」（五味文彦・本郷和人・西田友広・遠藤珠紀・杉山巖編『現代語訳　吾妻鏡

別巻　鎌倉時代を探る』吉川弘文館、二〇一六年）
井上聡「『吾妻鏡』の成立とその構成および伝来をめぐって」（『悠久』一五〇、二〇一七年）
入間田宣夫「鎌倉幕府と奥羽両国」（小林清治・大石直正編『中世奥羽の世界』東京大学出版会、一九七八年。二〇二二年に吉川弘文館より再刊）
岩田尚一「北条義時の大倉亭と『吾妻鏡』戌神霊験譚の原史料」（『鎌倉遺文研究』四三、二〇一九年）
岩田慎平「北条時房論―承久の乱以前を中心に―」（『古代文化』六八―二、二〇一六年）
岩田慎平『北条義時　鎌倉殿を補佐した二代目執権』（中央公論新社、二〇二一年）
上横手雅敬『日本中世政治史研究』（塙書房、一九七〇年）
遠藤慶太『六国史――日本書紀に始まる古代の「正史」』（中央公論新社、二〇一六年）
王玉玲「『吾妻鏡』災異記事の編纂方針及び意義」（『創価大学人文論集』二四、二〇一二年）
大石直正「奥州合戦」（佐藤和彦・谷口榮編『吾妻鏡事典』東京堂出版、二〇〇七年）
大塚紀弘『日宋貿易と仏教文化』（吉川弘文館、二〇一七年）
大津雄一『軍記と王権のイデオロギー』（翰林書房、二〇〇五年）
岡田清一『北条義時―これ運命の縮まるべき端か―』（ミネルヴァ書房、二〇一九年）
折口信夫「日本文学の発生」（『日本文学講座　第一巻』改造社、一九三三年）
小和田哲男「『吾妻鏡』と徳川家康」（『悠久』一五〇、二〇一七年）
海津一朗『新　神風と悪党の世紀　神国日本の舞台裏』（文学通信、二〇一八年。初出一九九五年）
加栗貴夫「奥州合戦をめぐる諸相―鶴岡八幡宮・旗・奥州征伐祈禱―」（『青山史学』二五、二〇〇七年）
笠松宏至「徳政・偽文書・吾妻鏡」（同『中世人との対話』東京大学出版会、一九九七年。初出一九六三年）
笠松宏至『徳政令　中世の法と慣習』（岩波書店、一九八三年。二〇二二年に講談社学術文庫より再刊）
笠松宏至「『吾妻鏡』の〝地の文のみ〟の幕府法（同『中世人との対話』東京大学出版会、一九九七年）
川合康『源平合戦の虚像を剝ぐ　治承・寿永内乱史研究』（講談社、一九九六年。二〇一〇年に講談社学術文庫より再刊）
川合康『源頼朝―すでに朝の大将軍たるなり―』（ミネルヴァ書房、二〇二一年）。

木村茂光「頼朝政権と甲斐源氏」(『武田氏研究』五八、二〇一八年)
日下力『中世日本文学の探求』(汲古書院、二〇一九年)
久保田和彦「鎌倉幕府「連署」制の成立に関する一考察」(『鎌倉遺文研究』四一、二〇一八年)
熊谷隆之「モンゴル襲来と鎌倉幕府」(『岩波講座 日本歴史 第7巻 中世2』岩波書店、二〇一四年)
河内祥輔「鎌倉幕府と天皇」(河内祥輔・新田一郎『天皇の歴史 04 天皇と中世の武家』講談社、二〇一一年)
小林清治「石那坂合戦の時と所」(『すぎのめ』二四、二〇〇一年)
小林直樹「『吾妻鏡』における頼家狩猟伝承―北条泰時との対比の視点から―」(『国語国文』八〇―一、二〇一一年)
五味文彦「『吾妻鏡』の成立と編纂」(鎌倉遺文研究会編『鎌倉期社会と史料論』東京堂出版、二〇〇二年)
五味文彦『増補 吾妻鏡の方法 事実と神話にみる中世(新装版)』(吉川弘文館、二〇一八年)
五来重『高野聖』(角川書店、一九六五年。二〇一一年に角川ソフィア文庫より再刊)
近藤成一『シリーズ日本中世史② 鎌倉幕府と朝廷』(岩波書店、二〇一六年)
今野慶信「後鳥羽院の怨霊―利用される怨霊―」(鈴木彰・樋口州男編『後鳥羽院のすべて』新人物往来社、二〇〇九年)
佐伯真一「注釈 腰越」(『幸若舞曲研究 五』三弥井書店、一九八七年)
佐伯智広「『吾妻鏡』空白の三年間」(『立命館文学』六七七、二〇二二年)
坂井孝一『源実朝 「東国の王権」を夢見た将軍』(講談社、二〇一四年)
坂井孝一『承久の乱 真の「武者の世」を告げる大乱』(中央公論新社、二〇一八年)
坂井孝一『源氏将軍断絶 なぜ頼朝の血は三代で途絶えたか』(PHP研究所、二〇二一年)
坂井孝一『考証 鎌倉殿をめぐる人びと』(HNK出版、二〇二二年)
櫻井陽子『『平家物語』本文考』(汲古書院、二〇一三年)
佐々木紀一「北条時家略伝」(『米沢史学』一五、一九九九年)
佐々木紀一「『平家物語』・『東鏡』「山木夜討」の成立について」(上横手雅敬編『中世公武権力の構造と展開』吉川弘文館、二〇〇一年)

塩澤寛樹「願成就院の造仏と運慶」(『金沢文庫研究』三一四、二〇〇五年)
志立正知「鎌倉期における関東武士の自己意識と『平家物語』」(『国語と国文学』八五―一一、二〇〇八年)
杉橋隆夫「富士川合戦の前提―甲斐路「鉢田」合戦考―」(『立命館文学』五〇九、一九八八年)
鈴木彰「合戦空間の創出」(川合康編『平家物語を読む』吉川弘文館、二〇〇九年)
関口崇史「知られざる源実朝後の「非源氏将軍」の系譜」(同編『征夷大将軍研究の最前線　ここまでわかった「武家の棟梁」の実像』洋泉社、二〇一八年)
高木信『平家物語・装置としての古典』(春風社、二〇〇八年)
高橋慎一朗『北条時頼』(吉川弘文館、二〇一三年)
高橋典幸「『吾妻鏡』の『明月記』利用」(『明月記』(建暦三年五月)を読む」『明月記研究』九、二〇〇四年)
高橋秀樹「いくさの情報と記録」(大三輪龍彦・関幸彦・福田豊彦編『義経とその時代』山川出版社、二〇〇五年)
高橋秀樹「吾妻鏡」(大津雄一・日下力・佐伯真一・櫻井陽子編『平家物語大事典』東京書籍、二〇一〇年)
高橋秀樹『三浦一族の中世』(吉川弘文館、二〇一五年)
高橋秀樹『三浦一族の研究』(吉川弘文館、二〇一六年)
高橋秀樹『対立の東国史　2　北条氏と三浦氏』(吉川弘文館、二〇二一年)
髙橋昌明『武士の成立　武士像の創出』(東京大学出版会、一九九九年)
髙橋昌明『都鄙大乱　「源平合戦」の真実』(岩波書店、二〇二一年)
武久堅『平家物語成立過程考』(桜楓社、一九八六年)
谷口耕一『以仁王の乱』(岩田書院、二〇二四年)
冨倉徳次郎『平家物語全注釈　中巻』(角川書店、一九六七年)
永井晋『鎌倉幕府の転換点　『吾妻鏡』を読みなおす』(日本放送出版協会、二〇〇〇年。二〇一九年に吉川弘文館より再刊)
永井晋「北条実時と小侍所発給文書」(北条氏研究会編『北条氏発給文書の研究　附　発給文書目録』勉誠出版、二〇一九年)

永井晋『比企氏の乱　実史』（まつやま書房、二〇二二年）
長村祥知『中世公武関係と承久の乱』（吉川弘文館、二〇一五年）
長村祥知『源頼朝と木曽義仲』（吉川弘文館、二〇二三年）
西川広平「甲斐源氏――東国に成立したもう一つの「政権」」（野口実編『中世の人物　京・鎌倉の時代編　第二巻　治承～文治の内乱と鎌倉幕府の成立』清文堂出版、二〇一四年）
西田友広「解説――『吾妻鏡』の成立・受容・諸本」（同編『ビギナーズ・クラシックス日本の古典　吾妻鏡』KADOKAWA、二〇二一年）
貫達人「吾妻鏡の曲筆」（『金沢文庫研究』一五―七、一九六九年）
野口武司「『吾妻鏡』にみる小山朝光の活動」（小川信先生の古希記念論集を刊行する会編『日本中世政治社会の研究』続群書類従完成会、一九九一年）
野口実『坂東武士団の成立と発展』（戎光祥出版、二〇一三年。初出一九八二年）
野口実『東国武士と京都』（同成社、二〇一五年）
野口実『増補改訂　中世東国武士団の研究』（戎光祥出版、二〇二一年。初出一九九四年）
野口実「後鳥羽院政の成立と鎌倉の政変」（野口実・長村祥知・坂口太郎『京都の中世史　3　公武政権の競合と協調』吉川弘文館、二〇二二年）
野口実『北条時政―頼朝の妻の父、近日の珍物か―』（ミネルヴァ書房、二〇二二年）
羽下徳彦「以仁王〈令旨〉試考」（同『中世日本の政治と史料』吉川弘文館、一九九五年）
菱沼一憲『源義経の合戦と戦略　その伝説と実像』（角川書店、二〇〇五年）
兵藤裕己『王権と物語』（青弓社、一九八九年。二〇一〇年に岩波文庫より再刊）
兵藤裕己『平家物語の読み方』（筑摩書房、二〇一一年）
平井聖ほか編修『日本城郭大系　第3巻　山形・宮城・福島』（新人物往来社、一九八一年）
平田俊春『平家物語の批判的研究　下巻』（国書刊行会、一九九〇年）
福田豊彦・服部幸造『源平闘諍録（下）　坂東で生まれた平家物語』（講談社、二〇〇〇年）
藤本頼人『源頼家とその時代　二代目鎌倉殿と宿老たち』（吉川弘文館、二〇二三年）

細川重男『鎌倉政権得宗専制論』（吉川弘文館、二〇〇〇年）
細川重男『北条氏と鎌倉幕府』（講談社、二〇一一年）
細川重男『鎌倉幕府の滅亡』（吉川弘文館、二〇一一年）
細川涼一『中世寺院の風景　中世民衆の生活と心性』（新曜社、一九九七年）
本郷恵子『日本の歴史　第六巻　京・鎌倉　ふたつの王権』（小学館、二〇〇八年）
前川祐一郎「室町時代における『吾妻鏡』―東京大学史料編纂所所蔵清元定本吾妻鏡を手がかりに―」（『明月記研究』五、二〇〇〇年）
益田宗「吾妻鏡の本文批判のための覚書―吾妻鏡と明月記との関係―」（『東京大学史料編纂所報』六、一九七二年）
真鍋淳哉「三浦義村―八難六奇の謀略、不可思議の者―」（平雅行編『中世の人物　京・鎌倉の時代編　第三巻　公武権力の変容と仏教界』清文堂出版、二〇一四年）
源健一郎「中世伝承世界の〈実朝〉―『吾妻鏡』唐船出帆記事試論―」（渡部泰明編『源実朝　虚実を越えて』勉誠出版、二〇一九年）
村井章介『北条時宗と蒙古襲来　時代・世界・個人を読む』（日本放送出版協会、二〇〇一年）
元木泰雄『武士の成立』（吉川弘文館、一九九四年）
元木泰雄『源義経』（吉川弘文館、二〇〇七年）
元木泰雄『河内源氏　頼朝を生んだ武士本流』（中央公論新社、二〇一一年）
元木泰雄『源頼朝　武家政治の創始者』（中央公論新社、二〇一九年）
森幸夫『北条重時』（吉川弘文館、二〇〇九年）
八代国治『吾妻鏡の研究』（吉川弘文館、一九一三年）
柳田国男『物語と語り物』（角川書店、一九四六年）
藪本勝治『義経記　権威と逸脱の力学』（和泉書院、二〇一五年）
藪本勝治『『吾妻鏡』の合戦叙述と〈歴史〉構築』（和泉書院、二〇二二年）
藪本勝治「『吾妻鏡』と『平家物語』の共通原史料について（上）」（『灘中学校・灘高等学校教育研究紀要』一四、

二〇二四年）
山岡敬和「「貴種流離譚」とは何か」（『国文学　解釈と教材の研究』五四—四、二〇〇九年）
山本幸司『日本の歴史　09　頼朝の天下草創』（講談社、二〇〇一年）
山本みなみ『史伝 北条義時　武家政権を確立した権力者の実像』（小学館、二〇二一年）
湯浅治久『東国の動乱史　3　蒙古襲来と鎌倉幕府の滅亡』（吉川弘文館、二〇一二年）
湯浅吉美『暦と天文の古代中世史』（吉川弘文館、二〇〇九年）
湯浅吉美「『吾妻鏡』に見える彗星と客星について—鎌倉天文道の苦闘—」（『埼玉学園大学紀要　人間学部篇』一二、二〇一二年）
弓削繁『六代勝事記の成立と展開』（風間書房、二〇〇三年）
湯山学「北条氏と律宗（北京律）—覚園寺開山智海心慧を中心に—」（『鎌倉』四〇、一九八二年）
吉井宏「阿津賀志山防塁を考える」（大三輪龍彦・関幸彦・福田豊彦編『義経とその時代』山川出版社、二〇〇五年）
吉田東伍『大日本地名辞書　第七巻　奥羽』（冨山房、一九〇六年）
龍粛『鎌倉時代　上』（春秋社、一九五七年）

関連略年表

（編集部作成）

和暦（西暦）	将軍	執権	出来事
保元 元年（一一五六）			保元の乱
平治 元年（一一五九）			平治の乱
治承 元年（一一七七）			鹿ヶ谷の陰謀
三年（一一七九）			平清盛、後白河法皇を幽閉
四年（一一八〇）			源頼政・以仁王挙兵、敗死。福原に遷都。源頼朝挙兵。源義仲挙兵
寿永 二年（一一八三）			平家の都落ち。頼朝の東国支配権確立
文治 元年（一一八五）			平家滅亡。頼朝、守護・地頭任命権獲得
五年（一一八九）			頼朝、藤原泰衡を討ち、奥州を平定
建久 三年（一一九二）	頼朝		頼朝、征夷大将軍となる
正治 元年（一一九九）	〃		頼朝死去。頼家、家督相続。十三人合議制
建仁 二年（一二〇二）	頼家		頼家、将軍となる
三年（一二〇三）	実朝	時政	頼家、将軍を廃され、実朝、将軍となる
元久 元年（一二〇四）	〃	〃	頼家、幽閉先で殺害される
建暦 三年（一二一三）	〃	義時	和田合戦。北条義時、侍所別当を兼ねる
承久 元年（一二一九）	〃	〃	将軍実朝、公暁に殺害される（源氏将軍断絶）

三年（一二二一）		〃	承久の乱。六波羅探題設置
元仁 元年（一二二四）		泰時	伊賀氏事件。北条泰時、執権となる
嘉禄 二年（一二二六）	頼経	〃	九条頼経、将軍となる（摂家将軍の初め）
貞永 元年（一二三二）	〃	〃	御成敗式目制定
寛元 四年（一二四六）	頼嗣	時頼	寛元の政変（宮騒動）
宝治 元年（一二四七）	〃	〃	宝治合戦
建長 三年（一二五一）	〃	〃	建長の政変
四年（一二五二）	宗尊	〃	宗尊親王、将軍となる（親王将軍の初め）
文永 九年（一二七二）	惟康	時宗	二月騒動
十一年（一二七四）	〃	〃	文永の役
弘安 四年（一二八一）	〃	〃	弘安の役
八年（一二八五）	〃	貞時	霜月騒動
正応 六年（一二九三）	久明	〃	平禅門の乱
永仁 五年（一二九七）	〃	〃	永仁の徳政令
嘉元 三年（一三〇五）	〃	師時	嘉元の乱
正中 元年（一三二四）	守邦	高時	正中の変
元弘 元年（一三三一）	〃	守時	元弘の変
三年（一三三三）	〃	〃	鎌倉幕府滅亡

地図作成　ケー・アイ・プランニング

藪本勝治（やぶもと・かつはる）

1983年（昭和58年），山口県に生まれる．神戸大学文学部卒業後，同大学大学院人文学研究科に進み，博士（文学）を取得．現在，灘中学校・高等学校教諭．専門分野は日本中世文学．著書に『義経記　権威と逸脱の力学』『『吾妻鏡』の合戦叙述と〈歴史〉構築』（いずれも和泉書院），『乱世を語りつぐ』（分担執筆，花鳥社）など．

吾妻鏡（あずまかがみ）
—鎌倉幕府（かまくらばくふ）「正史（せいし）」の虚実（きょじつ）
中公新書 *2814*

2024年7月25日初版
2024年10月20日6版

著　者　藪本勝治
発行者　安部順一

本文印刷　三晃印刷
カバー印刷　大熊整美堂
製　　本　小泉製本

発行所　中央公論新社
〒100-8152
東京都千代田区大手町 1-7-1
電話　販売 03-5299-1730
　　　編集 03-5299-1830
URL https://www.chuko.co.jp/

Published by CHUOKORON-SHINSHA, INC.
Printed in Japan　ISBN978-4-12-102814-3 C1221

日本史

d 2